KB147492

초
일
류

정상
국가

초일류 정상국가
다음 세대와 함께하는
포스트코로나 시대의 정치

초판인쇄 1판 2쇄 2021년 7월 1일

저자 황교안 / **발행인** 최검열

편집책임 구본희 / **출판총괄** 도기섭

편집 신소미, 이수정 / **펴낸곳** 도서출판 밀알

등록번호 제1-158호

주소 서울시 강남구 논현로 507, 성지하이츠빌딩 3차 1412호

전화 02) 529-0140 / **팩스** 02) 6008-7524

ISBN 978-89-418-0335-5

■ 잘못된 책은 교환해 드립니다.

초일류

정상국가

황교안

다음 세대와 함께하는
포스트코로나 시대의 정치

CONTENTS

CONTENTS

CONTENTS

다음 세대와 함께...

몇 년 전 페이스북에 이런 글을 올린 일이 있다.

"이런 나라가 있습니까?"

거리에서 마음 놓고 휴대폰 만지며 돌아다닐 수 있는 안전한 나라,

범죄 검거율 세계 2위인 치안이 확보된 나라,

지하철 평가 세계 1위,

세계에 드물게 "여성부"가 존재하는 나라,

GDP 세계 11위, 수출 세계 8위,

단기간(2년)에 IMF를 극복한 나라,

세계 다섯 번째 고속철도 보유국,

과거 식민지 국가 중에서 유일하게 OECD에 가입한 나라,

LCD 생산 세계 2위, 반도체 생산 세계 1위,

WB의 기업하기 좋은 환경 평가 5위,

철강 제조 산업 세계 1위,

세계 건설 산업 규모 3위,

글로벌 제조업 경쟁력 세계 3위,

세계 자동차 생산규모 3위,

국제전기통신연합이 발표한 ICT 발전지수 세계 1위,

특허시장 점유율 세계 7위의 나라,

세계 주요국 교육체계 평가 순위 1위,

학교정보화시설 세계 1위,

역대 기능올림픽에서 최근 연속 5회 종합우승한 나라,

국민의 90% 이상이 자기 나라 국기를 가지고 있는 유일한 나라,

세계에서도 드물게 UN사무총장을 배출한 나라,

평균 IQ가 105를 넘어 세계 1위인 나라,

문맹률 1% 미만인 유일한 나라,

OECD 공공데이터 개방 평가결과 세계 1위,

새마을운동으로 아시아 많은 나라들의 발전 모델이 된 나라,

세계 2차 대전 이후 신생독립국 가운데 민주화와 경제성장을
동시에 이룬 유일한 나라,

초고속 인터넷망 보급률 세계 1위,

컴퓨터 보급률 세계 1위,

빠른 인터넷 속도, 빠른 서비스,
오직 대중교통만으로 어느 도시든 편하게 이동할 수 있는 나라,
세계에서 A/S가 가장 신속한 나라,
블룸버그 선정 세계혁신국가 1위인 나라.

물론 우리 대한민국 이야기이다. 국민 한 사람 한 사람이 편안하
게 잘 사는 나라, 공정하고 정의롭고 자유로운 나라, 희망이 있는
나라. 이것이 내가 꿈꾸는 나라다.

문득 어린 시절이 아련하게 떠오른다. 이북에서 맨손으로 피난
와 고물상을 하시며 어렵게 가정을 꾸려 가셨던 아버지, 마흔세 살
에 낳은 어린 나를 업고 시장에서 행상을 하시며 반찬거리라도 마
련하려 애쓰셨던 어머니, 학교 끝난 후엔 길거리에서 명아주 나물
을 뜯어 와 어머니께 저녁 반찬 만드시라고 갖다드린 후 구슬치
기·딱지치기했던 가난했지만 행복했던 나의 어린 시절, 아버지마
저 돌아가시고 난 후 대학 입학을 포기하려 했던 나에게 생전 처음
화를 내시며 "내 머리카락이라도 팔아서 공부를 시킬 테니 대학에
들어가라"고 하셨던 어머니 말씀이 생각난다. 나는 과거보다는 현
재를, 현재보다는 미래를 기대하며 살 수 있는 위대한 대한민국에
감사하며 살아왔다. 무엇보다도 내 자신이 개천에서도 용이 날 수
있는 우리나라의 시스템 속에서 많은 성장을 이룰 수 있었다. 그런
데 지금 대한민국 국민의 삶은 너무 피폐해졌고, 계층 사다리는 무
너져버렸다. 만일 내가 지금 대한민국의 청년으로 살고 있다면 현
재의 나와 같은 위치에 이르는 일은 아마 상상하기 힘들 것 같다.

설상가상으로 코로나가 불청객으로 우리들 삶에 끼어들기 시작하면서 더욱더 암울해진 미래. 그것도 불편한 마스크까지 쓰고 다니면서 하루하루를 힘겹게 버텨 나가는 나날들이 이제는 일상이 되어버렸다. 생존의 수레바퀴 속에서 지칠 대로 지친 수많은 이웃들의 아픔을 하루빨리 회복시켜드리지 않고서는 포스트코로나 시대의 대한민국의 미래는 너무나 암울하다.

시작부터 너무 부정적인 얘기를 하는 것이 아닐까라는 생각이 들면서도 현재 우리가 마주한 현실을 냉정하게 바라볼수록 지금의 상황이 절대로 녹록지 않음을 다시 한 번 느낄 수 있다. 환자가 수술을 받으려면 먼저 기초체력부터 회복해야 한다. 지금 우리나라는 중증환자와 같은 상태다. 집값도, 세금도, 일자리도, 저출산 문제도, 코로나 백신수급 문제도, 탈원전 문제도, 외교안보도, 교육 분야도 모두 정상이 아니다. 하루속히 정상으로 회복해야만 우리에게 미래가 있다.

이 책의 제목을 '초일류 정상국가: 다음 세대와 함께하는 포스트코로나 시대의 정치'로 정한 것은 다음 세대가 우리 사회의 주인공 자리에 앉지 않는 한 우리나라의 미래는 초일류가 되기 어렵다는 확신이 있기 때문이다. 그런데 '초일류 정상(頂上)국가'가 되기 위해서는 먼저 '정상(正常)국가로의 회복'이 절실히 필요하다. 이는 단순히 잘못된 국정을 바로잡고 코로나 이전 과거 상태로 돌아가자는 소리가 아니다. 무너진 일상이 하루빨리 제자리로 돌아오고, 잃어버린 미래에 대한 청사진과 역동성을 되찾아 더욱 도약하는 '세계 초일류 정상(頂上)국가'로 우뚝 설 날을 상상하며 달릴 수 있는 희망을 품는 나라로 만들자는 것이다.

그래서 리더는 국민을 위한 '미래 기획자'로 바로서야 한다. 국가를 책임지는 리더는 사실상 현재(present) 리더십을 통해 국민들의 미래(future)를 바꾸는 존재이기 때문이다. 겹겹이 쌓인 과거(past) 속 관성과 고정관념에 갇히지 않고, 리더 자신부터 누구보다 새로운 국가 미래상을 끊임없이 고민하고 현실화시켜야 하는 것이다.

나는 '정상(正常)국가로의 회복'을 크게 두 가지, '국정의 정상화'와 '가치의 정상화'로 설명하고자 한다. 이어서 이러한 회복을 통해 '초일류 정상(頂上)국가로 가는 길'이 무엇인지 대해서도 간략히 적어보고자 한다.

정상(正常)국가로의 회복

국정의 정상화

우리나라가 초일류 국가가 되기 위해서는 우선 국정을 정상화(正常化)해야 한다.

우리나라의 중산층 상당수는 고용 참사와 자영업 붕괴로 인해 빈곤층으로 전락하기에 이르렀다. 이는 코로나 사태 이전에 이미 가시화되고 있었는데 코로나19로 더욱 가중되고 있다. 국민이 힘들고, 특히 서민이 고통 받고 있다. 그래서 국정 정상화의 첫 걸음은 서민경제 회복에 맞춰야 한다. 내가 생각하는 국정의 정상화에 대하여 서민경제, 일자리, 기업활력, 국가경쟁력, 국민안전, 외교안보, 교육의 정상화 순으로 간략히 살펴보려 한다.

첫째, 서민경제 정상화

서민경제 정상화를 위해서는 의식주(衣食住) 문제부터 해결되어야 한다. 지금 서민이 가장 고통 받고 있는 문제는 바로 주(住) 즉, 집 문제, 부동산 문제이다. 부동산 가격을 안정시켜 서민이 편안하게 살 집을 마련할 수 있게 해야 한다. 한국경제연구원도 최근 5년간 한국의 경제정책 불안정성이 주요 20개국 중 두 번째로 높다는 조사결과를 발표했는데 그 주된 원인으로 부동산 정책을 꼽았다.

부동산가격 잡기만큼은 자신 있다던 문재인 정부는 2021년 4월까지 모두 25차례의 부동산 대책을 발표했으나, 집값을 잡기는커녕 오히려 그때마다 집값을 폭등시키고 말았다. 2013년 평균 5억원 하던 서울 아파트 가격이 2020년에는 두 배나 뛰어 평균 10억원을 넘었다. 집이 있는 사람과 없는 사람의 자산가치는 하늘과 땅 차이만큼 벌어져버렸고 '벼락거지', '영끌'이라는 신조어마저 생기게 되었다. 서민들과 청년들의 허탈감과 분노는 그 어떤 말이나 글로 표현하기가 부족할 정도다.

부동산 정책의 핵심은 '살기 좋은 주택'의 충분한 공급, 그리고 '내 집 마련이 가능한 집값'이다. 이를 위해서는 첫째, 민간기업에 의한 재건축·재개발 사업의 활성화, 둘째, 집값이 과도하게 올라가지 않게 하는 실효적 정책이 필요하다. 이를 위해서는 분양가 상한제 제한 완화, 공공주택의 분양원가 공개 등을 적극 검토해야 한다.

또한, 서민층, 신혼부부, 청년들의 내 집 마련을 위해서는 '반값 아파트' 공급도 필요하다. 토지는 정부가 보유하거나 장기 임대해 주고, 건물만 개인이 소유하는 형태의 '토지임대부 주택' 공급으로 가능하다. 땅값이 필요 없으니 집값이 반값으로 공급 가능해지는 것이다.

이러한 아파트는 민간건설사가 참여하게 되면 다시 가격이 올라가기 쉬우니 LH공사, SH공사 등이 직접 시공하여 저렴하게 공급하도록 해야 한다. 다만 LH공사, SH공사의 공정성과 신뢰회복이 관건이므로 이들의 경영혁신이 선행되어야 한다. 또한 민간건설사의 공급 축소, 재정적 부담 등 부작용이 나타나지 않도록 면밀하게 관리함으로써 지속 가능성을 확보할 필요가 있다. 결국 '내 집 마련의 꿈'이 회복되어야 한다. '살 집'이 있고 '싼 집'이 제공될 수 있는 이러한 부동산 정책을 '행복한 마이홈 프로젝트'라 부르고 싶다.

나아가 국민의 세금 부담도 경감해야 한다.

집을 사려니 취득세가 너무 높아서, 가지고 있자니 보유세가 너무 높아서, 팔자니 양도세가 너무 높아서 이러지도 저러지도 못한다고 하소연하는 국민이 정말 많다. 게다가 공시가는 너무 부정확하고 불공정하여 집 한 채 가진 은퇴 어르신들은 공시가에 맞춰 같이 오르는 의료보험료 내기도 너무나 버거운 상황이다. 가히 세금 폭탄이라 할 만하다. 국가 재정을 멋대로 운영하고 퍼주기로 생색은 냈지만 결국 그 피해는 고스란히 국민이 떠안는 구조가 되었다.

국가운영에 필요한 세수를 늘이는 방법으로는 세율을 높이는 방법도 있지만, 세원이 풍부해지면 저절로 세수가 늘어나게 된다. 기업이 활발하게 기업 활동을 하여 성과를 내면 저절로 세원이 풍부해지고, 기업의 성과가 높아져 그 결과 세금을 많이 납부하는 선순환이 된다. 그러나 지금 문재인 정권은 기업 활동을 옥죄고 세금만 올리고 있으니, 이렇게 되면 기업은 버틸 여력이 없어지고 국민도 덩달아 힘들어진다. 기업의 활기를 살려 세원을 넓히면 국민의 세금 부담을 줄일 수 있다.

둘째, 일자리 정상화

일자리 정상화를 위해서는 규제개혁, 노동시장의 유연성을 살리고, 최저임금 규제, 근로시간 규제를 개혁하여 중소기업 강국으로 도약하도록 해야 한다.

차례대로 살펴보자면 먼저, 획기적 규제개혁이 필요하다.

이는 민생과 직결되어 있다. 전경련은 2016년도에 7대 갈라파고스 규제를 개혁하면 92만3천 개의 일자리가 창출된다고 보고한 바 있으며, 이 같은 신규 일자리는 2014년 청년실업자 수의 약 2.4배 규모에 달한다고 하였다. 이를 통해 규제개혁만 해도 엄청난 일자리 효과가 난다는 것을 알 수 있으며 실행하기 어려운 일도 아니라고 생각한다.

나는 과거 국무총리 시절 50여 개 법률에 산재해 있는 인증규제 법률을 일괄 개정한 일이 있다. '인증'은 제품이나 서비스 등이 표준 및 기준에 적합한지 여부를 평가·증명하는 제도를 말한다. 기업의 경쟁력을 높이고 국민의 선택권을 보장하기 위해 도입한 것인데 시간이 지나면서 기업을 지원하기 위해 도입된 인증 제도가 오히려 경제적 부담이나 시장진출의 제한으로 이어져 중소기업의 부담을 높인다는 지적이 많았다. 이것을 인증규제라고 한다. 그중 국제기준에 맞지 않거나 불필요하고 불합리한 인증규제를 대폭 개선하는 규제개혁을 한 것이다. 이런 규제개혁을 통해 한 해 1만 2000개의 일자리가 창출된 것으로 분석됐다.

한두 개 법률개정으로 풀리지 않는 규제를 확 풀기 위해서는 '선시행 후규제의 원칙'을 세워야 하며, 선시행에 따른 시행착오는 관련 당사자가 부담케 하면 된다. 당사자 책임 하에 자유로운 기업 경제활동이 가능하게 하는 것으로 경제와 일자리 문제를 동시에 해결하는 비결이 바로 여기에 있다. 이를 위해 규제 관련 행정조직의 개혁도 필요한데, '책임 행정 면책제도'를 본격 시행함으로써 규제개혁을 위해 적극 행정을 펼치면 평가 가점을 부여하고, 적극 행정을 폈는데 결과적으로 문제가 발생한 경우 과감하게 면책하는 것이다. 법을 통한 규제 개선과 동시에 규제 담당 공직자의 창의적, 도전적 직무수행을 장려하는 방법이라 할 수 있다.

노동시장의 유연성 역시 중요한 문제이다.

노동시장 유연성(labour market flexibility)은 노동력 시장이 사회 및 경제의 변화에 맞추어 변화하는 정도를 말한다. 노동시장의 유연성에 대해서는 많은 논의가 있지만 몇 가지는 꼭 해결해야 한다.

'근로형태의 유연성'은 파트타임 근로, 탄력시간근무제 등 고용 관계를 유지한 상태에서 근로형태를 다양화하는 것이며, "외부화"란 파견근로, 하청(하도급계약)과 같은 간접고용형태의 유연성을 말한다. "기능적 유연화"도 필요한데 이는 직종의 수요에 따른 전환 배치 및 이동으로 유연성을 확보하는 것이다. 나아가 성과에 따른 임금 지불 등의 "임금 유연성"도 필요하다.

대부분의 국민들도 이와 같은 노동시장의 유연성 강화라는 근본 취지에 동의하는 것으로 나타나고 있으나, 그 범위나 정도는 쉽게 결론 내리기 어려운 문제이다. 따라서 국민의 뜻을 물어 수렴, 반영해야 한다.

최저임금 규제도 국민의 삶과 직결되는 문제이다. 경제성장에 따라 최저임금이 올라가는 것은 자연스러운 현상이다. 그러나 최저임금의 인상이 과도하면 경제와 기업이 견디지 못한다. 문 정권 들어 최저임금의 과도한 인상으로 인해 중소기업, 소상공인들의 고통은 이루 말할 수 없게 되었다. 문재인 정권 초기 2년간 최저임금을 29.1% 올렸다. 임금 지출이 급속도로 올라가니 기업은 고용을 계속 유지하기 어려워졌으며, 작은 기업은 생존 자체도 위협을 받게 되어 이미 수많은 중소기업과 소상공인들이 문을 닫았다. 최저임금제도는 반드시 필요하지만, 최저임금 인상률은 경제성장률 등 객관적 근거에 따라 합리적으로 조정해 가야 한다. 즉시 법과 규정을 개정하여 중소기업, 소상공인의 숨통을 열어드려야 한다.

또한, 근로시간 규제도 반드시 고쳐야 한다. 지금은 주 52시간이 근로시간의 최대한이며, 이를 어기면 형사처벌까지 받게 된다. 나라 경제가 발전하고 선진화하면서 근로시간을 줄이는 것은 필요하지만 무리하게 한도를 정해서 강제하는 것은 잘못된 것이다. 기본적 개선 방향은 제시하지만 각 기업들의 상황에 맞게 탄력성을 부여해야 한다. 예를 들어 신기술, 신산업에서는 단기간에 성과를 내야 하는 경우가 많은데 근로시간 규제 때문에 기술개발 성과 확보에 장애가 될 수 있다. 자녀 양육 등 상황에 따라 좀 더 많은 수입을 얻어야 할 경우에는 건강을 유지하면서도 좀 더 일하고, 그에 따라 소득을 늘릴 기회를 열어주는 탄력적 적용이 필요하다. 그 범위를 어떻게 할 것인지, 즉 근로시간의 한계 그리고 근로시간의 탄력성 부여는 어떤 경우에 가능한지 국민들의 뜻을 모아 개선의 방향과 범위를 결정해야 한다.

셋째, 기업활력 정상화

우리나라의 경우 중소기업 숫자는 전체 기업 수의 99%에 달하는 절대적 상황이다. 이러한 중소기업의 경쟁력을 획기적으로 높이고, 이를 통해 좋은 일자리를 많이 만들어내는 것은 참으로 중요하고 또한 반드시 추진해야 하는 과제이다.

대한민국을 "스타트업 네이션(Startup Nation)"으로 탈바꿈시켜 4차 산업 관련 혁신 스타트업들을 많이 만들어내고, 유니콘 기업으로 성장시켜 전체 경제 분위기를 향상하고 또한 이를 통해 양질의 일자리를 창출해야 한다. 대한민국 전체가 창업 플랫폼으로 참여할 수 있도록 제반 제도 및 인프라 모두를 개혁하는 것이 필요하다. 기업들의 생존 메커니즘을 이해하고 파악한 후 정부가 새로운 샌드박스, 규제프리존을 과감히 만들어주고, 특정 지역에 클러스터를 이루어 산업정체성을 확보할 수 있게 해주어야 한다. 이를 통해 더 많은 신규 투자를 이끌어냄과 동시에 관련된 제반 시설과 규제완화 등을 뒷받침해주어 새로운 경제 생태계를 곳곳에 만들어내야 한다.

지금 세계는 스마트도시로의 전환에 스타트업을 연계시켜 도시들이 가지고 있는 문제점들을 4차 산업 기술로 해결하고 있다. 무인드론, 자율주행 자동차 등 다양한 첨단 기술이 활용될 수 있도록 불필요한 규제를 없애고, 스타트업들이 활용할 수 있도록 비즈니스 생태계를 만들어 준다면 다양한 지역을 기반으로 한 스타트업들이 생길 것으로 기대한다. 이를 활성화시키기 위해 '벤처·창업 경연대회'를 매일 또는 주기적으로 개최하고 지원해주는 것도 하나의 방안이 될 것이다.

넷째, 국가경쟁력 정상화

　나아가 국가경쟁력을 정상화하기 위해서 4차 산업혁명 시대에 걸맞은 혁신주도성장이 필요하다. 이를 위해 융·복합 혁신특구를 육성하는 것이 필요하다. 실제로 AI는 우리 사회 내 엄청난 변화와 혜택을 안겨 주었다. 엄청난 양의 데이터에 대한 분류 및 그룹화 방법과 딥러닝 기술이 들어서면서 인간을 능가하는 정보처리역량으로 우리가 생각해내지 못한 해법들을 예측하기 시작했다. 문제는 앞으로 필요한 데이터 양이 더 엄청나다는 것이다. 가령 자율주행 자동차가 도입되어 세계에 있는 모든 차종들이 하나의 IT기기로 탈바꿈한다든가, 모든 주택들이 스마트 하우스로 변화되어 자동관리기능들이 추가된다면 데이터 증가추세는 극대화될 것이다. 그러나 이런 시대적 변화가 눈앞에 들이닥쳤음에도 불구하고 한국경제는 AI 패러다임 변화 가운데 총체적인 위기상황에 놓여 있다. 한국무역협회 국제무역연구원에 따르면 대한민국의 4차 산업혁명 경쟁력은 세계 주요국 가운데 19위에 불과하다. 특히 우리나라가 같은 아시아권인 싱가포르(1위), 대만(14위), 그리고 일본(15위)에 미치지 못한다는 것은 준비 부재로 인한 혁신부족으로 진단할 수밖에 없다. 그러므로 혁신주도성장을 위한 밑그림을 정부가 주도해서 만들어야 한다. 일류 수준의 융·복합 생태계를 조성하고 돈(자본), 사람(인재), 비즈니스(산업) 등이 결합된 혁신특구를 만들어 그곳에서 세계적 수준의 K-패러다임을 대유행시키는 것이 필요하다.

문재인 정부의 탈원전 정책도 반드시 바로잡아야 한다. 탈원전 정책이 시행된 후 한전, 한수원은 극심한 타격을 받고 있다. 2016년 약 12조까지 올라갔던 영업이익이 2019년 불과 3년 만에 약 1조 3500억원 적자 기업으로 돌아섰고 현재까지도 예전 수준으로의 회복은 요원해 보인다. 2019년 말에는 주택용 절전 할인혜택도 종료되었으며 전기료 추가 인상도 불 보듯 뻔하다. 정부는 600조 원 원전시장을 스스로 걷어차 에너지 백년대계를 '날치기'하는 정권이라는 보도가 나올 정도이다.

우리 원전은 안전하다. 전문가들은 과학적으로 원전보다 더 안전한 발전소는 거의 없다고 해도 과언이 아니라고 증언하고 있다. 2011년 발생한 후쿠시마 원전사고는 엄밀히 말하면 쓰나미 사고였다. 순수한 원전사고인 체르노빌 사고 이후 35년간 세계적으로도 원전 중대사고는 발생하지 않았다.

문재인 정권은 우리나라의 탈원전은 고집하면서 북한이나 다른 나라에는 원전을 지어주겠다고 하니 도무지 국민들은 이해할 수가 없는 상황이다. 석유·가스 등 전통적 에너지 자원이 전혀 없는 우리나라의 에너지원은 원전과 태양광 등의 신재생에너지가 거의 전부이다. 신재생에너지 생산은 아직 절대 부족하다. 탈원전 후 만약 석유·가스 수입에 차질이 생기면 우리는 극심한 에너지 고갈 상태에 빠질 수밖에 없다. 그린뉴딜 시대의 에너지 안보 중요성에 비추어서도 탈원전 정책은 속히 바로잡아야 한다. 국민의 삶을 지키는 에너지 문제가 정책과 아집의 희생양이 되어서는 안 되기 때문이다.

다섯째, 국민안전 정상화

국민안전의 정상화는 생명과 직결되는 문제이다.

감염병 코로나19가 국민의 건강을 극심하게 위협하고 있다. 우리나라에 코로나 확진자가 처음 발생한 것은 2020년 1월 20일이다. 그로부터 1년이 넘도록 코로나19는 잡히지 않고 있다. 2021년 5월 20일 기준으로 확진자는 134,117명, 사망자는 1,916명에 달한다. 전 세계적으로 백신 접종이 활발히 진행되고 있으나 우리나라는 그것도 지지부진하여 언제 마스크를 벗을 수 있을지 예측조차 할 수 없는 상황이다. 이는 국민과 의료진의 자발적인 방역 노력 덕분에 방역이 어느 정도 잘 진행되고 있었으나 방심한 정부가 제때 백신공급 계약을 체결하지 않았기 때문이다. 이미 코로나 확산 초창기부터 전문가들이 정부에 백신 계약을 건의했음에도 불구하고 정부가 늑장 대응한 것으로 알려지자 국민들이 분노하고 있다. 이로 인해 생명과 건강문제뿐만 아니라, 경제활동의 재개를 막는 결과가 되었기 때문이다.

한편으론 대형 산불, 대형 화재가 끊이지 않고 있다. 문재인 정권이 들어서기 전 2017년 2월 국민안전처는 안전사고 사망자 수가 2015년 31,582명, 2016년 30,944명으로 계속 감소하는 등 5년 연속 감소하고 있다고 발표했다. 그러나 문 정권이 들어서자 2018년 31,111명으로 증가했다.

문재인 정권은 멀쩡한 '국민안전처'를 없애 버렸다. 어떤 상황에서도 국민안전이 나라의 최우선 목표가 되어야 한다. 국민의 안전이 회복되어야 하는 이유다.

여섯째, 외교 · 안보 정상화

외교안보의 정상화도 너무나 중요하다.

대한민국이 국제적 외톨이가 되고 있다. 이제는 대한민국의 위상에 걸맞게 국제사회를 이끌어 가는 선진외교로 업그레이드되어야 한다. 문재인 정권은 미·북 정상회담을 '중개'하고 남북관계를 개선해 전쟁 없는 한반도를 만들었다고 하면서 유엔을 비롯한 국제사회에서 북한을 대변하는 데 외교역량을 쏟아붓고 있다. 하노이 미·북 협상 이후에도 북한의 도발·막말이 한도를 넘었는데도 김정은을 두둔만 하고 있다. 한반도 전쟁 억지력의 핵심인 동맹전략보다 한·중 협력이 '동북아 평화의 축'이라는 말도 서슴지 않았다. 그러나 우리나라에 필요한 것은 한미동맹의 완전한 복원이며 주변국과의 다자외교도 강화되어야 한다. 지난 2020년 8월 쿼드(Quad)가 출범했다. 미국, 일본, 인도, 오스트레일리아 4개국을 통합한 국제기구다. 그러나 우리나라는 모호한 입장을 취하다가 참여하지 않았고 지금도 참여하지 않고 있다. 최근 쿼드 플러스가 추진되고 있다. 우리 안보 외교를 위해서도 적극적 입장으로 전환해야 한다. 아마추어가 아닌 프로들이 외교역량의 중추가 되어야 한다. 이것이 정상이다.

대북정책도 회복되어야 한다. 끝없는 북한 눈치 보기가 아니라

'한반도 진짜 평화'를 위한 대북정책으로 전환해야 한다. 미국을 비롯한 국제사회와 함께 북한 비핵화 정책을 강력히 추진해야 한다. 북한은 계속 핵 실험, 탄도미사일을 시험 발사하며 도발의 수위를 높여 가고 있는데, 이는 결국 대한민국에 대한 다양한 위협이 되는 것이다.

남북대화는 끈기 있게 지속 추진해 나아가되 북한 국제화, 시장화 프로젝트도 추진해야 한다. 이것이 통일의 기반이 되기 때문이다. 남북 공동연락사무소 무단 파괴와 같은 북한의 도발에 대해서는 단호한 조처를 하고, 잘못된 '남북군사협정'부터 확실히 고쳐나가되 인도적 지원 등 남북대화는 이어감으로써 통일의 기반을 확보해 나가야 한다.

안보는 국민의 생명 · 안전과 직결되는 것이고, 외교는 우리의 국익과 위상에 막대한 영향을 미치는 것이다. 그런데 안보는 우리 혼자 지키기 쉽지 않고, 격변하는 세계정세 속에서 외교가 소홀해서도 안 된다. 무엇보다도 근본적으로 외교 안보 정책을 제대로 수립하고자 하는 대통령의 인식변화가 중요하다.

일곱째, 교육 정상화

교육이 바로 되어야 한다.

가장 문제가 많지만, 또한 가장 바꾸기 힘든 분야가 바로 교육이다. 그러나 교육개혁은 우리의 미래를 위해서도 지속 추진해야 한다.

먼저 조국 사태에서 본 바와 같은 불공정, 불의의 입시비리는 반드시 바로잡아야 하는 과제다. 이는 '게임의 공정한 룰'에 대한 문제이기 때문이다.

공교육을 정상화하여 사교육 부담을 줄이는 것이 학부모·학생들의 사교육 부담을 덜어주는 방법일 터인데, 사교육 스타강사를 따라가는 수험생들의 니즈를 공교육에서 어떻게 실현시킬 수 있을지에 대한 깊은 고민이 필요하다. 공교육 교사들은 임용고시를 거친 탁월한 분들이다. 교사들에 대한 획기적 처우개선과 수업 외 부담을 최소화하고 인센티브를 제공하는 등 그들의 열정을 끌어낼 수 있는 시스템을 구축해야 한다.

나아가 한국형 마이스터고의 기능적 강화를 통해 청소년의 다양한 역량을 키워 대학 진학 이외의 다양한 진로를 마련하고, 자신의 직업이 사회적으로 인정을 받으며 동시에 높은 소득을 올릴 수 있도록 해야 한다. 그러면 학벌주의 또한 자연스럽게 타파될 수 있을 것이다.

또한 암기식 학습 부담을 덜어주고 다양한 체험활동과 진로모색이 가능한 자유학기제, 자유학년제 등이 확대 시행되고 있는 상황에서 오히려 관련 지원금은 줄어들어 학생들에게 꿈과 진로에 대해 탐색하는 시간을 제공하자는 취지를 제대로 살리지 못하고 있다. 따라서 자유학기제, 자유학년제의 취지를 제대로 살리기 위해서는 충분한 예산 지원이 필요하며 단순히 외부 강사만을 초빙하는 데에 그치지 않고 중학생도 직업을 체험할 수 있는 미니 인턴

제 등 다양한 양질의 커리큘럼 개발이 필요하다.

한편 4차 산업혁명 시대에 대비하여 선진국에서는 STEM(과학, 기술, 공학, 수학) 열풍 등 교육혁신이 일어나고 있는 반면 우리나라는 장기간의 하향 평준화와 교육통제 정책으로 우수인재 양성이 부족하다. 인공지능(AI), 블록체인 등 첨단 분야 인재 확보에 차질이 생기게 되면 급변하는 세계경제질서 속에서 앞서 나갈 수 없다.

또한 더 어린 학생, 유아들을 위해서는 종일학교, 종일보육 시스템을 대폭 확대해야 한다. 국가가 '전주기 교육 · 보육'을 책임 지원함으로써 저출산문제 해결에도 기여할 수 있을 것이다.

교육개혁 과제를 성공적으로 수행하기 위해서는 '교육부 폐지' 수준의 혁신이 필요하다. 교육부가 바뀌지 않으니 교육도 바뀌지 않기 때문이다.

지금까지는 국정의 정상화 방안을 이야기했다. 그러나 여기서 멈춰서는 안 된다. 더 중요한 것이 '가치의 정상화'이다.

가치의 정상화

첫째, 정의 · 공정 · 자유의 정상화

지금 우리가 반드시 지켜야 할 가장 소중한 가치는 역시 정의와 공정과 자유이다.

그런데 문재인 정권 들어 유독 정의와 공정에 대해 많이들 언급하고 있으나 실제로는 그 어느 때보다도 정의와 공정의 가치가 흔들리고 있다. 586운동권 세력들은 권력을 잡자마자 본색을 드러냈다. 정의와 공정은 단지 포장용이었을 뿐 실제로는 불의와 불공정의 악취가 끊이지 않았다. 문재인 정권하에서 조국 전 법무부장관 일가, 추미애 전 법무부장관, 윤미향 정의기억연대 이사장, 김경수 경남도지사, LH직원 등의 불평등, 불공정, 불의 그리고 이를 숨기기 위한 거짓말, 위선의 실상을 국민들은 낱낱이 목도했다. 게다가 반성은커녕 오히려 당당하게 큰소리치는 그들의 적반하장에 국민들은 분노했고, 청년들은 울분을 토했다. 이것이 현정권의 민낯이다. 이 모두 정상이 아니다. 우리가 잊고 있던 사이에 뿌리마저 뽑혀가는 정의와 공정의 가치를 회복해야 한다. 우리 미래세대에게 정의롭고 공정한 정상(正常)국가를 물려주어야 한다.

그런 와중에 자유의 가치도 흔들리고 있다. 문재인 정권은 심지어 대한민국 헌법에서까지 '자유'라는 단어 자체를 지우려 하고 있다. 문재인 정부 들어 '자유'라는 말 자체가 거의 들리지 않고 있다. 그러나 우리가 지키려고 하는 민주주의는 헌법에 명시된 '자유민주주의'이다. '자유민주주의'는 '자유주의'와 '민주주의'의 결합체이다. 자유주의는 개인의 자유를 중시한다. 그런데 지금 대한민국에서 개인의 자유는 존중되지 못하고 있다. 국가가 국민이 집을 사는 것까지 간섭하고 막아설 뿐만 아니라, '표현의 자유'를 제한하고 있다는 인권문제로 미연방의회 청문회의 대상이 되는 부끄러운 지경까지 이르게 되었다. '기업 옥죄기'를 넘어서 코로나19를 빌미로 한 '국민 옥죄기'도 도를 넘었다. 기준 자체가 애매하고 비합리적이며 가족까지도 제대로 만날 수 없게 되었다. 굵고 짧게 해야 할 사회적 거리 두기를 길게 하고 있다. 국민의 고통은 인내하기 어려운 상황이 되고 있다. 문재인 정권 들어 정권과 다른 입장만 보여도 부당한 세무조사에 들어간다는 말도 적지 않다. 국가주의 나라에서 흔한 일이 지금 대한민국에서 벌어지고 있다. 개인정보가 국가에 의해 관리되며 공공연히 사회주의가 선전되기도 한다. 우리나라가 과연 자유주의 나라가 맞는가? 자유의 가치는 반드시 지켜내야 한다.

둘째, 자유민주주의 · 시장경제 · 법치의 정상화

자유민주주의와 시장경제, 법치의 헌법적 가치가 회복되어야 한다.

지금 우리나라의 자유민주주의 자체도 흔들리고 있으며 시장경제도 국가주도 통제에 의해 왜곡되고 있다. 자유에 기반하지 아니한 민주주의는 진정한 민주주의가 아니다. 사회민주주의, 인민민주주의는 우리가 추구하는 민주주의가 아니다. 그래서 헌법가치를 지키는 것이 중요한 것이다. 시장경제의 내용도 상황과 시대 변화에 따라 수정 · 보완될 수 있으나, 그럴 경우에도 시장과 국민이 자유롭고 창의적으로 이끌어가는 시장경제의 본질적 가치가 훼손되어서는 안 된다.

나아가 지금 우리나라에서는 헌법가치의 핵심 중 하나인 법치가 훼손되고 있다. 미국 하버드 대학의 스티븐 레비츠키·다니엘 지블렛 교수는 "어떻게 민주주의는 무너지는가(How Democracies Die)"라는 공저에서 민주주의의 위기를 이렇게 설파하고 있다.

> "냉전 기간 동안 전 세계에서 일어난 민주주의 죽음 가운데 75%는 쿠데타에 의한 것이었다…. 냉전이 끝나고 민주주의 붕괴는 대부분 군인이 아니라 선출된 지도자의 손에서 이루어지고 있다…. 최근의 민주주의 붕괴는 의회나 법원의 승인을 받았다는 점에서 '합법적'이다…. 헌법을 비롯한 형식적 민주주의 제도는 온전히 남아 있다. 시민들은 예전과 다름없이 투표를 한다. 선출된 독재자는 민주주의 틀은 그대로 보전하지만, 그 내용물은 완전히 갉아먹는다."

법치(法治)란 법에 의한 통치가 이루어지는 것을 말한다. 즉 사람이나 폭력이 아닌 법이 지배하는 국가원리이다. 법치의 반대는 인치(人治)이다. 법치가 무너지면 권력자의 횡포가 시작된다. 마음에 들지 않는 사람에 대해서는 죄도 안 되는 것을 죄라고 얽어매고, 작은 잘못을 침소봉대하여 중벌을 내리며 자기편은 심한 범죄도 눈감아 주게 된다. 이래서야 민주국가라고 할 수 있겠는가? 국민의 인권이 보장될 수 있겠는가? 국민이 편안하고 행복할 수 있겠는가? 이러한 불의와 불공정을 막기 위해 인류가 고안해낸 제도가 바로 법치인 것이다. 그러나 법을 농단하는 세력이 법의 이름을 빌려 정의롭지 못한 행위를 하는 것은 진정한 법치라고 할 수 없다. 공정하고 객관적인 법에 의한 통치, 이것이 정상적 자유민주국가다.

법이 잘 지켜지고 사회가 안전해야 투자도 이뤄지고 그래서 경제도 살아나게 된다. 무법천지에 누가 위험을 무릅쓰고 투자를 할까? 한국개발연구원(KDI)은 '우리나라가 OECD 국가의 평균 법·질서 수준을 유지했을 경우 연평균 0.99%포인트의 경제성장을 추가적으로 이룰 수 있었을 것'이라고 발표한 바도 있다. 지난 10년간 우리나라 경제성장률이 연평균 2.53%였음을 감안하면 매년 1%라는 것은 정말 대단한 것이다. 이처럼 법질서는 국민 경제에도 엄청난 영향을 미치는 가치이다.

그런데 지금 대한민국의 법치가 무너지고 있다. 대통령이 무리하게 임명한 대법원장은 대통령의 뜻에 따라 법을 훼손하고 있다. 법원뿐 아니라 검찰에도 친문세력이 있다고 한다. '친정권 판사', '친문검사'라는 단어 자체가 존재해서는 안 된다. 이러한 단어가 버젓이 등장한다는 것 자체가 공정한 법 집행을 훼손하고 있다는 증거인 셈이다. 집권여당은 법을 함부로 제정하여 정의와 공정을 망가뜨리고 있을 뿐만 아니라, 심지어 국가예산 운용에도 원칙이 없다. '재정준칙' 역시 형해화된 지 이미 오래되었다.

공수처법(고위공직자범죄수사처 설치 및 운영에 관한 법률)은 검찰개혁을 위해 만들었다고 하지만 사실은 불필요한 검찰개악법이다. 그동안 국민을 실망시켜드린 검찰의 부족함이 너무 많고, 반드시 개혁해야 하지만 검찰의 기능 자체를 무력화하는 것은 답이 아니다. 새로 만든 공수처가 다시 국민의 신뢰를 잃으면 그때는 어떻게 할 것인가? 발족 초기인 벌써부터 그런 조짐이 나타나고 있다. 그러면 또 다른 특별한 수사기관을 만들 것인가? 아니다. 검찰을 제대로 고쳐 제 역할을 하게 해야 한다. 공수처는 옥상옥이다. 검찰의 잘못과 문제점에 대해서는 과감한 개혁이 필요하나 그 개혁은 새로운 수사기관을 만드는 것이 아니라 검찰의 폐해를 혁명적으로 고쳐나가는 것이어야 한다. 형사사법기관의 신뢰회복, 진정한 개혁을 위해서는 제 살을 깎아야지 다른 살을 만드는 것이 아니다. 사법정의를 현저히 왜곡하는 공수처법은 즉시 폐지해야 한다. 검찰·경찰에 대한 국민 중심의 진정한 개혁을 통해 정의와 인권을 지켜나가야 한다.

정상(正常)국가로의 회복은 과거로 돌아가자는 것이 아니다. 오늘의 난관을 넘어 미래로 가기 위한 회복, 증오와 갈등을 넘어 국민 통합의 새 시대로 가기 위한 회복이다. 정치논리가 아니라 국민 중심 논리로 국민의 삶을 지키기 위한 회복이다.

초일류 정상(頂上)국가로 가는 길

앞으로 우리나라는 '초일류 정상(頂上)국가(G2)'로 힘차게 도약해야 한다. 이제는 나라도, 사회도, 국민의 삶도 세계정상이 되어야 한다. G2를 꿈꾼다. 우리나라가 G2가 된다는 것은 허황한 꿈이 아니라 가능성에 근거한 전망이다. 권위 있는 미국계 다국적 투자은행 골드만삭스는 우리나라가 통일되고 성장 기조를 유지하면 2050년에는 G2가 될 수 있다고 예측한 바도 있다.

초일류 정상(頂上)국가로 가는 길을 논함에 있어서 우리는 과거, 현재, 미래 모두를 아우르는 다양한 관점으로 접근해야만 한다. 그래서 왜 정상(正常)국가로의 회복이 필요한지부터 시작하여 코로나 이전의 과거로부터 누적된 우리 정치·사회적 문제점들과 현재 위기의 본질을 성찰할 필요가 있다. 아울러 초일류 정상(頂上)국가로 가기 위해 미래에 방점을 둔 포스트코로나 시대의 과제들을 이 책에서는 일곱 가지로 분류했는데, 성장쇼크, 인구위기, 기후환경, 국제분쟁, AI혁명, 평등과 자유와 공정, 그리고 정부개혁 순으로 말하고자 한다.

성장쇼크는 코로나 이후 재편될 코로나노믹스 경제를 의미하며 우리 사회 내 양극화 문제가 그 핵심이 될 것이다. 인구위기는 말 그대로 인구절벽으로 대표되는 대한민국 인구학적 위협에 대한 생각과 대안이며, 기후환경 역시 코로나보다 더 위험한 자연재해 및 에너지 위기와 연결된 문제로 그 준비방안에 대해 논할 것이다. 국제분쟁은 미·중 분쟁으로 투키디데스 함정에 놓인 대한민국의 글로벌 역할과 역량 강화에 집중할 것이며, AI혁명은 급변하는 과학기술 트렌드 가운데 기술과 인간의 미래공존모델에 대해 살펴볼 것이다. 평등과 자유와 공정은 갈수록 다원화되는 가치 시대 속 인간의 존엄과 기본권을 국가가 다각도로 어떻게 보장해 줄 수 있는지에 대한 논의이다. 마지막으로는 포스트코로나 이후를 감당할 수 있는 초일류 정부의 출현을 위해 구체적으로 어떤 정부개혁 모델이 적합한지에 대한 의견을 피력할 것이다.

미래 리더십은 포스트코로나 시대 문제들을 해결하기 위한 해법을 찾아내는 데 있어 이전과는 전혀 다른 차원의 상상력과 창의성을 필요로 할 것이다. 한 시대를 풍미했던 산업화 시절 영웅들의 성장 만능주의 리더십과 오늘날 대세로 자리매김한 민주화 세대의 분배 만능주의 리더십 모두 미래 담론을 해결하는 데 있어서는 '반쪽자리' 답안에 불과하기 때문이다.

앞으로 내 정치 여정의 초점은 우리나라를 초일류 정상(頂上)국가로 만드는 데 있으며, 우리나라가 "'정상(正常)국가'로 회복되어야 '초일류 정상(頂上)국가'가 된다"는 신념에 맞춰질 것이다. 가깝게는 잃어버린 국민 일상의 회복을 의미하지만 결국 이전에 가능했던 우리 사회의 발전 가능성까지 포괄한다고 볼 수 있다. 비록 코로나 이전의 삶이 지금보다는 나았을지 몰라도 그때의 일상 또한 많은 변화를 필요로 했던 시기였기 때문에 나의 행보는 오롯이 다음 세대와 미래에 맞춰져 있다.

어느덧 희망이란 단어가 사치가 되어 버린 많은 국민들 가슴 가운데 다시금 정치가 바람직한 미래를 보여줄 긍정적인 상징으로 자리 잡을 수 있기를 바랄 뿐이다. 가장 어두운 절망 속에서도 하루하루를 힘겹게 버텨 나가는 우리 자랑스러운 국민 한 분 한 분께 이 책을 바친다.

2021. 6.
황 교 안

제1부
정상(正常)국가로의
회복

초일류 정상국가 다음 세대와 함께하는 포스트코로나 시대의 정치

제1장

왜 정상(正常)국가로의 회복인가?

지금 대한민국은 정상(正常)이 아니다. 회복은 어려움 속에서 피어난다.

누구나 피하고 싶어하는 고난의 시간 가운데 조용히 싹트고 힘겹게 뿌리내리면서 온몸으로 꽃망울을 터뜨리는 기나긴 치유의 순간이 곧 회복인 것이다.

회복은 힘겨운 지금을 바탕으로 과거에 좋았던 시절을 그리워하며 미래를 개척하는 것이지만 그렇다고 '과거회귀'를 회복의 완성으로 착각해서는 곤란하다. 분명 코로나19 이전의 우리의 삶이 더 나았다고는 하지만 과거 역시 많은 회복을 필요로 했던 문제점들이 쌓여 있었기 때문이다. 오늘날 코로나19로 인해 더 힘들어진 것이지 과거라고 해서 살기 좋았던 것은 아니었다.

이전과 같이 꿈을 꿀 수 있으면서도 현재의 어려움을 넘어 과거의 좋았던 시절보다 더 나은 미래를 이뤄내는 것이 회복의 목표여야 한다. 특히 이 과정에서 우리 정치가 국민들에게 보여주지 못한 정상(正常)국가로의 회복 청사진을 하루빨리 정비하여 잃어버린 희망의 불꽃을 틔우고 다시 한번 모두의 가슴 가운데 역동성을 심어 주어야만 한다.

정치는 '사람 덩어리'이다. 사람들을 위해 사람들이 모여 사람의 꿈과 이상을 현실화시켜주는 것이 정치이다. 그런 맥락에서 봤을 때 정치는 삶의 곳곳에 배어들어 있다. 사소하게는 젊은 연인이나 학생 커플들을 보아도 애정전선을 둘러싼 달달한 정치가 진행되기도 하고, 직장을 다니는 일반 직장인들 역시 사내정치로부터 자유로운 사람은 한 명도 없다. 그만큼 인간 본성과 연결된 정치의 속성은 그 자체로 사람들이 모인 곳이라면 당연히 나타날 수밖에 없고 결국 정치는 사람을 위해 존재하는 목표이자 수단이 되어야 한다.

그러나 지금의 정치 현주소를 바라보면 과연 우리 정치가 사람들의 희망을 세워주기 위해 하는 것인지에 대해 깊은 회의와 실망감이 든다. '사람 덩어리'로 지칭되는 정치의 속성을 감안할 때 정치가 모두의 삶을 이롭게 하기 위해서는 정치 주체인 리더가 자신의 욕심을 내려놔야 한다.

역설적이게도 한 사람이 정치 주체로 자리 잡기 위해서는 '권력의지'로 대표되는 정치적 진취성이 있어야 한다. 그러나 그 권력의지가 끝없는 탐욕과 권력집착으로 변질될 때에는 권력의 목표는 오로지 자신 스스로만을 위해 존재하게 되며 이 과정에서 모든 정치적 행위는 그가 책임지는 다수의 삶을 파괴한 채 오직 자신과 그 패거리들만을 위한 이기적 형태로 타락하게 된다.

무엇보다 코로나19로 인한 국민적 고통은 이루 말할 수 없는 수준에 이르렀고, 앞으로의 삶 역시 이전과는 전혀 다른 새로운 시대적 흐름과 변화에 편입되었다. 이런 엄중한 시기 가운데 우리 정치가 국민적 회복이 아닌 특정 정치적 세력과 진영의 회복만을 맹목적으로 지향하고 추종하게 된다면 앞으로의 대한민국의 회복 DNA는 걷잡을 수 없이 훼손될 것이다.

모두의 회복을 책임지는 정치야말로 국민들에 대한 의무를 오롯이 실천하는 바람직한 목표이자 이상이다. 그러기 위해서는 정치 리더는 바른 진취성을 바탕으로 진영과 계층 그리고 세대 등을 넘어선 '하나 됨'의 정신으로 국민들의 무너진 꿈을 되찾아주어야 한다. 그래야 정상(正常)국가가 된다. 그래서 회복이 중요하다.

1. 정치 본질의 회복
: 사람이 살 만한 나라를 만드는 것은 정치의 본질이다

국민이 잘사는 나라를 만드는 것이야말로 정치인의 가장 중요한 덕목이면서도 무거운 책임이다. 2017년 5월 대통령 권한대행을 마치고 자연인으로 돌아온 내가 집에서 컴퓨터를 켜고 가장 먼저 습관적으로 한 것이 바로 우리 정치가 국민들이 살 만한 나라를 제대로 만들어 가고 있는지에 대해 메모하는 것이었다. 켜켜이 쌓여 있는 우리 정치의 장점과 단점들을 자연인 황교안의 시선으로 하루하루 한 장씩 써나가다 보니 어느새 수북이 쌓이게 되었다.

한 번도 경험해 보지 못한 좋은 나라가 만들어지기를 기대했건만 어느새 그 기대심리는 배신감으로 다가오고 있었다. 양심 DNA가 상실된 내로남불 위선이 대한민국과 국민들에게 끼치는 피해가 얼마나 큰지를 온 국민이 깨닫게 되었다. '사람이 먼저다'라는 초심의 상실은 어느덧 불평등한 기회와 불공정한 과정, 그리고 정의롭지 못한 결과로 점철되었고, 우리나라가 사람이 살기에 너무 불행한 국가로 전락하고 말았음을 보여주었다.

진영논리에 갇힌 비판이 아니라 한 국민으로서 깊은 실망감을 뼈저리게 느낀 순간이었다. 기대를 저버린 정치의 실종은 이내 기본을 해내지 못하는 정치의 타락이었으며 그때부터 평생을 법조인, 행정가로서 살아왔던 내가 가슴에 정치를 품기 시작했다. 그때가 2018년 한겨울이었다.

그렇게 정치에 들어오기를 마음먹고 막스 베버가 언급한 '정치인은 열정에 찬 모험가'란 말처럼 스스로 도전하리라 다짐한 후 매몰차게 이 바닥에 뛰어들었다. 이후 당시 제1야당이었던 자유한국당에 입당하여 당 대표직에 도전했고, 2019년 2월 말 그렇게 나는 당 대표로 선출되어 정치인으로서의 첫발을 내딛게 되었다.

정치에 입문한 순간부터 새로운 정치를 하는 진정성 있는 정치인이 되기로 마음먹었다. 내가 국민이 살 만한 나라를 만드는 데 도움이 되기 위해서는 '정치를 위해서 살아가는 정치인'이 되어야지 '정치에 의해서 살아가는 정치인'이 되어서는 안 된다는 것을 늘 가슴 속에 품으며 하루하루를 보냈다.

무엇보다 정치인에게 있어서 중요한 것은 '양심'과 '염치'라고 본다. 아무리 권모술수와 화려한 언변이 생존도구로 정당화되는 정치세계라고는 하지만 한 정치인의 진정성은 스스로를 속이지 않고 사람이 살 만한 세상을 그려내는 데 자신의 정치적 상상력을 발휘하고, 이를 국민들에게 솔직하게 제시할 줄 알아야 한다.

그러나 이미 많은 국민들이 체감하고 있는 것처럼 정치의 본질은 무뎌지다 못해 무너졌다. 살 만한 세상을 만들기 위해서는 무엇보다 '정치 본질의 회복'이 그 어느 때보다 중요하다.

2. 정치 공감의 회복
   :코로나19 생존 시대와 배부른 여의도

2020년부터 코로나19가 기승을 부리기 시작하면서 정치의 기능은 그 어느 때보다 커지고 중요해졌다. 뉴노멀(New Normal)을 넘어 비정상(Abnormal)이 우리 사회를 지배하기 시작했고, 이전과는 전혀 다른 시대 흐름 속에서 사람들을 살리기 위한 정치의 역할과 국민의 요구는 더욱 많아지고 새로워졌다.

가장 큰 문제는 시도 때도 없이 흘러내리는 마스크와의 어색한 동행이 일상화된 삶 가운데 사람들은 점점 불편을 넘어 생존에 문제가 생겼음을 직감하기 시작했다. 역시 불편한 마스크는 시작에 불과했다. 이후 '나' 개인이나 '우리' 사회가 감당해야 할 코로나 위기는 삶의 곳곳에 침투하여 모두의 일상을 심각하게 파괴해 버렸다.

원래도 알바자리 구하기 힘들고 취업하기도 어려웠던 세상이었지만 코로나가 들어선 세상은 더욱 잔혹했다. 주변 가게는 문 닫고, 일자리는 더욱 없어지고, 가족과 친구들은 만나기 힘들어지며, 집에 틀어박힌 일상은 날이 갈수록 답답할 뿐이다.

그나마 나 스스로야 안정된 삶 속에서 인내하면 그만이지만 우리 삶 속 그늘진 곳에 있는 수많은 젊은 친구들과 약자들에게는 참는 것이 능사가 아니었다. 안정된 집안에서 생계 걱정 없는 사람들에게 코로나는 단순히 집안에 박혀있는 수고에 불과하지만 그렇지 않은 수많은 이들에게는 사망선고나 다를 바가 없다.

그때 느꼈다. 코로나보다 더 무서운 것이 '생존'이라는 것을 말이다.

여의도 정치인으로 살아가면서 국민 한 분 한 분의 삶의 현장을 경험하고 공감하는 것은 생각보다 쉽지 않은 일이다. 무엇보다 머리로는 이해하지만, 가슴으로 와 닿지 않을 경우에는 사실상 강 건너 불구경하는 꼴의 공감 수준에 불과하다고 보는 것이 정확하다.

한 번은 공무원 시험을 준비하는 한 대학생을 본 적이 있다. 자연스레 근황을 묻는 중에 문득 학생들이 하루 끼니를 제대로 챙겨 먹지 못한다는 사실을 듣고 적잖이 충격을 받았다. 실제로 듣고 보니 별다른 소득이 없는 학생이 하루 세끼를 밖에서 제대로 먹으려면 넉넉잡아 2만 원 정도가 필요하다. 그렇게 '밥값'으로만 월 60만 원을 마음 편하게 지출할 수 있는 젊은이들이 몇 되지도 않을뿐더러 기본 집세와 통신비 등 다른 생활 필수비용들을 감안하면 왜 하루 세끼가 사치일 수밖에 없는지 금방 답이 나온다.

여의도 주류들은 하루 세끼를 걱정하지 않는다. 아니, 의원 배지달고 사회적 지위만 담보되면 먹고사는 데 큰 무리가 없으니 그만큼 정서적으로 일반 국민들과 멀어질 수밖에 없다. 코로나19 불청객으로 국민들은 생존전선 속 사경을 헤매고 있지만 여의도는 배부르다. 생존전선 속 국민들의 고통을 더욱 체감하고 이를 자기 일처럼 내면화시킬 수 있는 여의도의 공감능력 회복이 절실하다. 왜냐하면 정치 리더십의 공감이 전제되지 않고서는 정치가 국민생존의 회복을 제대로 돕기란 사실상 불가능하기 때문이다.

3. 민주성장판의 회복
   : 왜곡된 팬덤 민주주의로 전락한
   대한민국

정치는 세상을 어떻게 해서든 바꾸고자 하기에 개인의 신념과 철학이 배어들어 간다. 즉 정치는 일정 수준 이상의 종교성을 띤다. 세상을 어떤 시각으로 바라보느냐에 따라 그 문제해결에 대한 기본관점과 대안이 달라지듯 정치 내 여러 진영에서부터 시작하여 다양한 이데올로기나 인물 중심으로 세력화된다는 것이다.

다양한 신념들로 만들어진 다원화된 가치들의 공존은 우리 민주주의 자양분이자 공화주의의 상징이다. 이견은 있을 수 있어도 결국은 선의의 경쟁을 통해 '더 나은 세상'을 만들겠다는 각자의 생각들이 정반합을 이뤄 우리 민주주의는 지속적으로 성장한다.

문제는 오늘날 대한민국 민주성장판이 완전히 닫혀 버렸다는 데에 있다. 그 배경에는 이성적이면서 합리적인 사고에 기초한 '팬'이라는 수준을 넘어 맹목적인 집단숭배로 변질된 '팬덤' 정치가 강하게 자리하고 있다.

팬덤 민주주의는 하늘이 돈다는 '현대판 천동설'이다. 본인들의 눈에 보이는 것만을 기준으로 세상을 판단하고 선악을 구분하고자 한다. 본인도 다른 사람의 눈에는 타자라는 사실을 인식하지 못한, 우주의 관점에서 지구를 바라보지 못한, '코페르니쿠스의 전환' 이전 단계인 것이다. 가장 대표적인 사례가 바로 문재인 대통령을 일방적으로 추종하는 '문재인 팬'들인데 이는 과거 故 노무현 대통령의 '노무현을 사랑하는 사람들의 모임(이하 노사모)'과도 전혀 다른 양상을 띤다. 적어도 내가 기억하는 노사모 회원들은 故 노무현 대통령에 대한 최소한의 자기검열과 비판적 기능을 수행했지만, 지금의 문재인 팬심은 크게 세 가지 극대화된 특성들을 보인다.

첫째는 배타성인데 문빠들의 팬덤 정치는 타자에 대한 이해가 아예 생략되어 있다. 오직 본인들이 추종하는 문재인이란 지구를 중심으로 모든 만물이 주위를 돌고 돌 뿐이다. 절대화된 문 대통령에 대한 맹목적인 지지는 무오류주의로 발전하여 최소한의 비판적 이성이나 합리적 의심마저도 완전히 무용지물로 만들어버린다. 마치 집단인격이 문 대통령이라는 하나의 상징물과 동일시되어 그가 행하는 그 어떤 잘못이나 실수도 그저 '우리 이니 하고 싶은 대로 해'라는 면죄부로 정당화될 뿐이다.

둘째는 파괴성인데 문빠 팬덤 정치는 경쟁적 위치에 있는 타자나 반대 대안들을 철저히 파괴하려는 편향된 폭력성을 보인다. 마치 천동설을 절대적 상식이자 선으로 강요했던 중세 기득권이 지동설을 입증할 수 있었던 갈릴레오를 끝까지 위협하고 주저앉히는 것과 같다. 대통령 무오류주의에 세뇌된 팬덤은 더 이상 타자와의 합리적 토론이나 설득이 불가능하다. 팬덤 세력의 주주로 스스로를 몰입시킨 개별 과격 팬들에게는 더 이상 민주주의적 토론이나 선의의 경쟁 따위는 중요하지 않기 때문이다. 적은 보이는 즉시 수단과 방법을 가리지 않고 집중적으로 공격하되 그 대상은 외부 반대 진영이 1차 타깃이지만 이내 내부 반대자들에게도 무자비한 탄압이 이뤄지는 것이다. 오늘날 민주당 내 문빠들의 비이성적 행태에 제대로 문제 제기할 수 있는 합리적 정치인이 거의 나오지 않는 것도 바로 이 파괴성에 대한 두려움 때문이다. 무엇보다 이런 팬덤 정치의 파괴적 본능은 한 국가의 통합DNA를 회복 불가능의 수준으로까지 훼손시켰으며 이미 남북분단보다 더 살벌한 남남분열은 현재진행형이다.

셋째로는 기만성이다. 팬덤 정치는 타자에 대한 배타성과 파괴성이 어느 정도 완성된 후에는 최종적으로 자기기만에 이르게 된다. 자신을 둘러싼 모든 타자와 환경을 제거하고 왕따시켰으니 이제는 자기 스스로만 속이면 유토피아 철학이 완성되기 때문이다. 문제는 유토피아라고 생각했던 결말에 다다른 순간 팬덤 정치 당사자들을 포함한 사회 전체의 디스토피아가 본격적으로 펼쳐지게 된다.

거짓과 자기합리화를 위한 그 다음의 거짓들이 누적될 대로 누적되어 이제는 사회 내 무엇이 진실이고 거짓인지에 대한 가치 혼란에 빠지기 시작한다. 진실을 망각한 팬덤은 더 큰 광기와 숭배에 스스로를 몰입시키고, 결국은 마약의 끝이 사망에 이르는 것처럼 과도한 기만은 결국 자체적인 몰락을 불러일으키게 된다.

가장 대표적인 사례가 '조국 사태'이다. 문빠 팬덤이 그토록 수호하고자 했던 문재인 대통령의 후계자 조국이 저질렀던 위선적 행태와 거짓에 얼마나 많은 기만들이 동원되었는지는 이미 상식적인 국민들이라면 잘 알고 있다. 조국 본인의 사모펀드 문제를 비롯하여 부인 정경심 교수의 동양대 표창장 위조사건을 포함한 아들과 딸 등의 허위 인턴 이력과 편법 입시 및 취업 등이 적법절차에 따라 드러났음에도 이를 도저히 인정할 기색을 보이지 않았다. 오히려 우리나라 근간의 사법체계 그 자체를 부정하며 자기네들 입맛대로 바꾸고자 했으니 내로남불 결정체 그 자체였다.

결국은 '조국 사태'와 팬덤 정치의 무분별한 기만행태는 전 국민의 공분을 사 2019년 개천절에 100만 시민 시위를 불러일으켰지만, 그 와중에도 문빠들을 비롯한 팬덤 세력들은 공정을 부르짖는 수많은 일반시민들을 태극기세력으로 프레임 걸기에 혈안이 되어 있었다. 그렇게 대한민국은 공정의 가치가 상실된 소위 진보의 민낯을 목도해 버렸고, 이 과정에서 팬덤을 넘어선 올바른 진보 인사들의 정치적 독립을 촉진시켰다.

대의민주주의를 채택한 국가에서 투표행위를 통해 정치인을 선발하는 속성상 일부 정치인들을 중심으로 팬이 형성되는 것은 지극히 자연스러운 일이다. 그러나 민주성장판을 침해하는 수준의 팬덤 정치의 폐해는 지난 수년간 대한민국을 철저히 분열시켰고 심지어는 팬덤을 상징하는 정치권력의 타락을 더욱 촉진시켰다.

정치가 어느 순간부터 아고라로 대표되는 공론장 내 토론이 아닌 콜로세움 내 죽을 때까지 싸우는 글레디에이터로 변질된 것은 현대 민주주의의 비극이자 한 국가의 통합과 화합을 철저하게 파괴하는 위협요소이다. 특히 정치는 단순히 즐기고 유행하는 일반 대중매체나 팝 문화와 달리 한 국가와 개인의 생존을 좌지우지할 수 있는 실제 권력과 연결된다. 정치의 오락화는 단순히 유희로만 끝나는 것이 아니라 다양한 이해관계들이 어우러지는 대한민국 공화주의 정신을 매우 가볍게 하향 평준화시키는 꼴이라 할 수 있다.

특히 이런 팬덤의 유혹은 정치인 스스로부터가 제어하고 건전한 발전모델로 성장할 수 있도록 유도해야 한다. 일순간에는 팬덤에 편승한 인기영합주의와 그에 수반되는 권력이 편리할 수 있을지 모르지만 이러한 유혹에 중독된 대한민국 정치는 공화를 바탕으로 한 진정한 민주주의의 성장을 완전히 가로막는 결과를 초래할 것이다. 대한민국 현대정치에 있어 가장 큰 도전 과제 중 하나가 바로 이 팬덤 민주주의로 인한 민주주의의 파괴현상이라고 볼 수 있다.

4. 청년의 회복 : 무너진 미래세대의 자존감

내가 정치를 하는 가장 큰 이유를 꼽자면 바로 청년을 살리기 위함이다. 달리 표현하자면 나 이후의 미래세대에게 더 나은 대한민국을 물려주고, 이미 탁월한 역량과 시대정신으로 무장된 그들의 진취성으로 말미암아 우리나라를 사람 살기에 더욱 좋은 나라로 발전시키는 것이야말로 내 평생의 소원이다. 그러나 이런 바람과는 달리 미래세대는 자존감 자체가 무너져버린 상태이다. 소위 말해 죽음의 트라이앵글로 대표되는 '청년 3불'로 인해 희망 이전에 쓰디쓴 절망을 체감한 미래세대가 더 이상 동기부여가 되지 않은 채 '체념 상태'로 고정된 것이다.

'청년 3불'의 핵심은 '과거의 불평등'과 '현재의 불공정' 그리고 '미래의 불확실성' 등으로 종합된 현대판 미래세대 좌절 패키지다. 곰곰이 생각해보면 나의 삶과 비교했을 때 지금의 청년들은 말 그대로 흙수저로 태어난 이상 절대로 대한민국의 주류로 들어가기 쉽지 않을 것이란 생각이 들었다. 물론 나 역시 가난했지만 적어도 그때는 기회가 있었다. 불평등, 불공정, 불확실성 모두가 깃든 빈곤의 시대였지만 또 한편으로는 그 빈곤을 메울 수 있는 역동과 기회가 넘치던 시대였기에 개인의 노력만으로도 충분히 가난의 굴레를 벗어나 자신의 태생적 수저를 극복할 수 있었던 시기였다.

이제 와서 돌이켜보면 청년들에게 '라떼는 말이지(나 때는 말이지)'하면서 나의 어설픈 흙수저 경험담을 얘기하면서 가난을 고백할 이유가 없었다. 최소한의 경험담으로 개인적 차원의 희망을 잃지 말라는 격려 차원으로 말하기에는 아직도 유효하다고 보지만 과거의 나와 동일한 수준의 기대심을 품고 도전하라는 말은 지금의 구조적 변화를 감안할 때 차마 입에서 떨어지지 않는다.

사회구조가 너무 변해 버렸다. 공부를 잘해도 기회가 있었고 공부를 못해도 다른 차원의 성공 수단이 존재했던 과거의 사회에 비해 지금은 공부를 잘해도 기회가 없고 공부를 못하면 더 치열한 생존전선에 내몰리는 '레드오션의 시대'에 돌입한 것이다. 물리적인 노력만으로는 자산 격차로 대표되는 계급론으로부터 절대 벗어날 수 없으니 결국 미래세대가 몰리는 영역은 안전지대나 더 큰 수익을 낼 수 있는 주식·코인(암호화폐)·부동산 등에 쏠리게 된다. 안전지대라 함은 최소한의 종자돈 내지는 현재 생존을 안정적으로 보장해 줄 수 있는 직장이라 보면 된다. 그래서 너나 할 것 없이 공무원 열풍이 일어나는 것이고, 공부 좀 한다는 친구들은 죄다 전문직종으로 대표되는 법학전문대학원·의학전문대학원·치의학전문대학원 등으로 과감하게 올인하는 것이다. 그나마 이러한 선택지를 놓고 미래를 생각해 볼 수 있는 청년도 어떻게 보면 소수라고 볼 수 있다. 결국은 절대 다수의 미래세대는 좌절을 넘어 체념의 상태에 놓여있다고 봐야 한다.

가장 심각한 것은 미래세대에게 '자유'가 없다는 것이다. 물론 우리가 일반적으로 생각하는 자유의 범위는 과거 기성세대와 견주어 보면 비교 불가능한 수준으로 발전했지만 내가 말하는 자유의 박탈이라 함은 보다 더 구조적인 차원에서 바라본 것이다. 아주 쉽게 말해 우리 10대들에게 물어보자. 입시 굴레 속 정상적인 학생들에게 대학 서열이라는 학벌주의 구조로부터 자유로운 친구들이 얼마나 될까? 그리고 그 소모적인 입시경쟁을 넘어 이들이 잡을 수 있는 기회도 선배 세대에 비해 그리 많지 않을 것이다. 우리나라 역사상 최초로 자식세대가 부모세대에 비해 더 가난하고 힘겨운 삶을 살아가게 된다는 현상이 서서히 현실화되고 있는 것이다.

예전에 나온 드라마이지만 '미생'이 던지는 메시지는 시간이 지나도 여전히 유효하다고 본다. 최선을 다해 달려왔음에도 불구하고 부조리한 구조와 정서 그리고 사회적 관성에 부딪혀 스스로를 강제로 적응시킬 수밖에 없는 처연한 현실에 젊은이들은 상처받고 고민에 빠지게 된다. 장그래라는 고졸 출신 인턴에게는 꿈도 꿀 수 없는 원 인터내셔널 정규직이라는 현실적인 한계뿐만 아니라, 자격을 갖춘 안영이 · 장백기 · 한석율 등의 정규직 꿈을 이룬 동료들도 답답한 현실 굴레 가운데 갇힐 수밖에 없는 게 미생의 핵심이라고 생각한다.

한번은 내가 미생 이야기를 한 청년에게 했더니 그 청년의말은 다음과같았다.

"대표님께서 하나 확실히 아셔야 할 것은 장그래를 제외한 미생의 주인공들도 사실상 청년그룹 안에서 줄 세우기를 하면 상위 1% 안에 넉넉히 들어갑니다. 미생의 무대가 되는 원 인터내셔널은 현재의 포스코 인터내셔널인데 여기에 정규직 전환 인턴으로 들어간다는 것은 사실상 최고 스펙의 소유자일 확률이 매우 높습니다. 과거에 어땠는지는 몰라도 지금의 20대나 30대 초반이 그 회사를 들어간다는 것은 대한민국 최고수준의 학부를 졸업하고 영어와 제2외국어를 구사할 줄 알며, 그게 부족하더라도 그것을 넘어서는 탁월한 기타 요소가 있어야 합니다. 죄송하지만 대표님 대학 시절 이력으로 지원하면 100% 서류 탈락입니다. 사실상 99%의 청년들은 미생의 3인방조차 될 수 없는 잔인한 현실과 마주하는 것이지요. 그리고 드라마 초입처럼 장그래라는 고졸 출신 낙하산이 그걸 넘어서 들어온다면 상상 초월의 내부 따돌림과 공정성 시비에 휘말릴 수밖에 없습니다."

배부른 여의도를 언급하면서 정치 공감의 회복이 절실하다고 얘기했지만 정작 그때 그 청년이 나에게 말해준 설명을 곱씹어 보면 여전히 우리 청년들은 전혀 공감받지 못한 채 하루하루를 힘겹게 살아가고 있음을 체감할 수 있다. 결론적으로 미래세대를 옥죄는 청년 3불 현상에 대해 기성세대가 길을 과감히 터주지 않고서는 구조적으로 억압된 이들의 자유를 풀어줄 길이 없다. 그리고 이 자유의 문제는 비단 미래세대 개인의 불행으로만 끝나지 않는다. 오늘날 그토록 정치권에서 문제라고 얘기하는 인구절벽 문제도 결국은 본질적으로 따져볼 때 나의 삶을 물려주고 싶지 않거나 물려주고 싶지만, 현실장벽에 부딪혀 물려줄 수 없는 상태라고 해석될 수 있다.

여기서 정치적 상상력이 중요해진다. 정치 리더는 문제를 해결하는 존재이면서도 향후 발생할 미래 문제를 선결적으로 해결하기 위한 비전을 정립하는 것이 중요하다. 그런 차원에서 접근해 볼 때 나는 '수요자 중심의 문제해결 기회 부여'야말로 미래세대의 자존감 회복의 시작이라 본다.

잠재성은 클지 몰라도 기성세대와 비교했을 때 청년은 여전히 사회적 약자라고 본다. 특히 장유유서(長幼有序)에 익숙한 대한민국 연령주의 문화를 감안할 때, 때가 되지 않으면 기회 자체를 주지 않는 문화는 여전히 큰 숙제로 남아 있다. 그래서 청년에게 '권력'을 주어야 한다. 적어도 자신들의 문제를 스스로 해결할 수 있는 권한과 지원을 기성세대가 먼저 제공해주어야만 그들이 수요 대상자가 되는 주변 청년들을 위한 문제해결의 주체세력으로 새롭게 자리매김할 수 있기 때문이다.

그래서 역대 최강의 스펙을 자랑한다는 2030세대 청년들을 도울 청와대 청년수석비서관을 새로 세우고 청년청을 신설하여 기획재정부·고용노동부·교육부 등에 산재한 청년 취업 및 일자리 업무를 총괄하며, 교육부·중기청·과학기술정통부·산업통상자원부 등에 산재한 청년창업 지원업무를 모아 그들의 시선으로 전담시키는 것이 중요한 출발점이라고 생각한다.

5. 세대갈등 회복 : '꼰대'와의 화해

앞서 언급한 미래세대의 자존감 문제는 기성세대가 간과했던 세대갈등 문제와 긴밀히 연결된다.

대한민국은 사실상 세 부류의 각기 다른 성장배경을 지닌 국민들이 살아가는 곳이다. 지금의 60대 이상으로 대표되는 산업화 세대, 지금의 중년 인구를 이루는 민주화 386세대, 그리고 오늘날 2030 젊은 인구를 대표하는 M·Z(밀레니얼·Z)세대이다. 순차적으로 언급하자면 산업화 세대는 '후진국'이었던 대한민국을, 민주화 세대는 '개발도상국'이었던 대한민국을, 그리고 M·Z세대는 '선진국'인 대한민국을 배경으로 자라온 세대이다.

시대적 배경이 달랐기에 삶에 대한 철학과 코드 역시 상이해짐은 어쩌면 너무나 자연스러운 일이다. 그러나 문제는 기득권을 쥐고 있는 기성세대가 자신의 경험과 자산을 내세워 아랫세대에 대한 권위적 훈계로 일관할 경우 미래세대와의 유의미한 관계를 형성하지 못한 채 스스로 따돌림을 자처하게 된다는 것이다. 이러한 세대 간 불화와 이질성은 정치영역에서 더욱 도드라지게 나타난다.

대한민국에서 '꼰대'라는 용어는 젊은 친구들에게 있어 단순한 욕 이상이다. 과거의 관성으로부터 헤어 나오지 못한 채 끊임없이 지적과 훈계로 일관하는 소통부재의 어른 상이 '꼰대'이고, 젊은 세대는 '꼰대' 낙인을 찍은 어른과는 과감하게 심리적 거리 두기나 손절을 선언한다. 나는 우리 사회 내 세대갈등을 잠재적인 국가 위협요소로 분류한다. 세대 간의 이해와 공감이 바탕 되지 않은 국가의 미래는 결국 분열과 반목으로 얼룩진 채 특정 세대에 대한 분노와 혐오를 자아낼 수밖에 없기 때문이다.

일반적으로 존중과 공감에 예민한 젊은 세대일수록 '보수'로 대표되는 기성세대에 대한 반감과 불신이 뿌리 깊게 형성되어 있다. 프레임에 대한 논의는 차치하더라도 기본적으로는 우리 당과 인물들이 보여주었던 '꼰대'의 권위주의적 모습들은 분명히 일반 감수성과는 너무나 거리가 멀었고 한 마디로 비호감이었다. 우선 나부터가 자유롭지 않다. 어떻게 해서든 젊은 세대와의 눈높이를 맞추고, 그들의 입장에 서서 다른 시각으로 문제를 바라보고 생각해야 하는데 생각보다 그걸 습관화하는 것이 쉽지 않았다.

최근에는 정기적으로 젊은 트렌드를 직·간접적으로 일러주는 청년들과 교류하면서 미래세대에 대한 시각과 근원적 불만들에 대한 이해력이 많이 길러졌다. 어쩌면 나의 잣대가 반영된 선의와 노력조차도 젊은이들에게는 자신들의 입장과 생각을 배려해주지 않은 것으로 인식될 수 있음을 많이 느꼈다. 한 가지 유의미하게 관찰한 것은 젊은 친구들이 생각보다 우리나라 기성세대의 권위주의적 태도와 문화 등으로 인해 상처투성이가 되었다는 것이다.

청년은 그 누구보다 더 어른에게 기대고 의지하며 미래에 대한 불확실성과 불안정을 물어보면서 나아가고 싶어하지만 그러기에는 기성세대의 일방주의 소통과 훈계 일색의 태도로 인해 좀처럼 거리를 좁히기 힘들다. 어찌 보면 '꼰대'들도 생각보다 사랑을 받지 못한 채 그저 어려운 시절 어떻게 해서든 살아남아야 한다는 일념 하나만으로 버틴 원조 '존버 세대'이다. 오늘날 젊은이들이 바라는 사랑, 공감, 배려, 존중 등은 한편으로는 먹고살기 힘들었던 기성세대에게는 그저 사치에 불과하다 보니 성공해서도 정서적으로 메마르고 업적만을 내세운 권위주의에 유독 취약한 것이다.

권위와 권위주의는 다르다. 또한, 젊은이들도 권위에 대해 무조건 거부하는 것이 아니다. 가끔가다 '꼰대'라는 단어에 발끈한 기성세대들이 젊은이들에 대한 싸가지 이론을 들고나오기도 하지만 이 친구들을 예단하는 것은 큰 착각이다. 다시 말하자면 청년들도 권위에 순응할 줄 안다. 그들을 진정성 있게 존중하고 자신들의 문제에 공감해주는 실력 있는 기성 멘토들과 마주할 때 이 친구들은 누구보다 진솔하고 담백하게 자신들의 마음을 열어주는 존재이다.

　그러나 문제는 이런 연약한 청년들의 심리를 오히려 역이용하여 오만가지 들러리 세우기로 남용한 어른들의 행태가 윗세대에 대한 미래세대의 의구심을 더욱 증폭시켜버렸다는 것이다. 정치권만 봐도 딱 답이 나온다. 당 대표 시절 한 번은 홍대입구 근처에서 청년들과의 간담회에서 당시 참여한 청년들로부터 정말 따끔한 지적들을 연이어 받았다. 그중 가장 가슴 아팠던 지적은 왜 백주 대낮에 이런 행사를 열어 진짜 참여하기를 희망하는 다수의 일하는 청년들을 배려해 주지 않고 우리 멋대로 시간을 잡아버렸냐는 것이었다. 청년들의 정치에 관한 관심과 참여의지는 생각보다 훨씬 활발하고 능동적이지만 정작 당에서는 이들이 한창 일하고 있을 시간에 행사를 진행했으니 이를 바라본 청년들의 따끔한 지적에 대해 변명할 거리가 없었다. 이것이 바로 들러리 세우기가 아니고 무엇인가? 결국은 기성세대의 편한 잣대로 본인 타임라인에 맞춰 청년들에게 시간 조정할 것을 강요하니 결국 더 큰 실망감만 불러일으킨 꼴이었다.

　세대갈등 문제의 원인 제공자는 일반적으로 기성세대일 확률이 높다. 적어도 사회 구조적으로 바라봤을 때 돈과 권력을 일방적으로 독점한 기성세대가 미래세대에게 과감하게 양보해 주지 않으면 앞으로의 세대갈등 문제를 풀어낼 만한 실마리는 크게 도출해내기가 힘들다. 무엇보다 어른들은 역설적으로 권위주의와 결별하고 젊은 세대로부터 권위를 인정받아야 한다. 미래 시대의 주역이 될 청년들에 대한 기본적인 예의와 겸허함을 갖추고, 이들과 더 소통하기 위해 노력해야만 그 진정성을 체감한 젊은 세대를 중심으로 우리 어른들의 권위가 인정받고 존중받게 될 것이기 때문이다.

후진국 시절 정글의 법칙 속에서 맨손으로 대한민국을 일구어 낸 산업화 세대들에게 있어서는 이런 태도를 갖추는 것이 생각보다 무척 어려울 수밖에 없다. 하지만 인정할 것은 인정해야 한다. 적어도 의식 있는 산업화 주역의 어른들이라면 제2의 도전정신으로 우리 미래세대를 위해 익숙하지 않았던 소통방식과 태도를 새롭게 정비할 필요가 있다.

나는 장담한다. 우리 자랑스러운 미래세대들이 선배세대를 넘어설 역량과 새로운 상상력으로 대한민국을 진정한 초일류 국가로 만들어내 줄 것임을 말이다. 단순히 물질적 풍요로만 대표되는 것이 아니라 정신적 성숙에 기초한 배려와 공감 정신 등이 모두 어우러진 진짜 살 만한 나라가 되리라 나는 확신한다. 그러나 그 꿈이 현실화되기 위해서는 우리 젊은이들을 위한 세대 간 갈등 회복이 하루빨리 전제되어야만 한다. 특히 그 회복을 견인하고 완성 지을 수 있는 세대는 다름 아닌 '꼰대'로 지칭되는 기성세대이다. 꼰대에 의해, 미래세대를 위한, 모두의 대한민국을 새롭게 정립할 세대 간의 대화해가 기성세대의 퇴장 전에 아름답게 맺어져야 할 것이다.

6. 정당의 회복
: 어벤저스(Avengers) 정당혁신

　행정가가 정치인으로 화려하게 데뷔하지만 많은 경우 시행착오를 겪거나 실패하는 이유는 바로 시스템의 차이라고 볼 수 있다. 정확하게 표현하자면 정부 부처에는 탄탄한 인적·물적 시스템이 받쳐주지만, 정당의 경우 그런 시스템 경쟁에서 비교할 수 없을 정도로 뒤처져 있다. 결국, 스타 행정가라 할지라도 기존 조직 틀과 관성에 익숙해져 있는 상태에서 정당이란 정글 속 사파리에 들어섰을 때 철저히 '타잔'으로 변모하지 않으면 약육강식의 법칙에 의해 금방 도태될 수밖에 없다. 그래서 고심 끝에 생각해 낸 것이 '어벤저스 정당혁신'이다.

　정당 비전과 시스템 혁신 역시 그런 맥락에서 기존의 틀을 넘어서 꾸준히 발전될 필요가 있다. 무엇보다 당내 우수 자원의 재정비가 필요하다고 보는데, 첫째 내부 혁신으로는 사무처 직원들이다. 많은 국민들이 TV 속에 나오는 당 지도부와 국회의원들만을 보고 특정 정당의 얼굴을 판단하지만, 실제 보이지 않는 정당의 몸통은 사무처 직원들이다. 우스갯소리로 사무처 직원은 정당 내 유일한 '정규직'이며 웬만한 '비정규직'인 당 지도부와 국회의원들과 비교했을 때 근속 수명이 길다. 그렇기 때문에 시스템 정당의 출발은 바로 이 사무처 인력들을 어떻게 키워주느냐에 따라 그 성패가 1차적으로 갈리게 되는 것이다.

그런 맥락에서 봤을 때 적어도 우리 당(지금의 국민의힘)은 사무처 직원들을 말 그대로 '직원'으로만 여겼지 실제 시스템 구축을 위한 '자원'으로 해석하지 않았던 것 같다. 항상 외부에서 우수인력을 찾고 인재영입하려 하지만 등잔 밑이 어두운 격으로 생각보다 사무처 내 인사들 중 기본 정무감각이나 당내 개혁을 짊어질 만한 젊고 우수한 인재들이 많다. 무엇보다 이들은 엄격한 심사과정을 거쳐 선발되는 공채 인재들이다. 이미 선발자격을 갖춘 실력 있는 친구들이기에 그만큼 중·장기적으로 당내 혁신을 짊어질 만한 기회와 권한을 허용해 줄 필요가 있다.

둘째로는 국회의원들이다. 입법부를 구성하는 개별 헌법기관인 의원들은 사실상 정당의 모든 것을 상징한다. 다만 정당이 시스템적으로 개별 의원들의 이해관계나 역량을 제대로 반영해주지 못하면 의원들 개개인은 결국 각자도생으로 뿔뿔이 흩어져 활동할 수밖에 없다. 그렇다면 이분들의 개성과 역량을 각기 살릴 방안을 구상해야 하는데 현실적인 대안이 바로 의원 전문화 제도이다.

일전에 법무부 장관 재직시절 검사전문화 제도를 추진한 적이 있다. 과거에는 사법시험 합격 이후의 실력만으로도 사건처리가 원활했지만, 사회가 다원화되고 복잡해질수록 다뤄야 할 법률적 사건 역시 기존 법적 지식만으로는 턱없이 모자랄 수밖에 없게 된 것이다. 이에 세 차례에 걸쳐 검사장급 이상 고위 간부와 경력 3년 미만의 새내기 검사를 제외한 전국의 일선 검사 전원을 대상으로 자신이 희망하는 전문 분야를 지원하게 했는데, 희망 전문 분야 조사는 형사, 공안, 특수 등 기존 분류 방식이 아니라 200여 개에 달하는 분야를 제시하고 선택하게 하는 방식으로 진행했다. 이후 검사전문화 제도는 성공적으로 안착하여 검사 개별 문제해결 능력뿐만 아니라, 검찰조직 역량 자체를 한 단계 업그레이드시키는 데 성공했다.

이와 비슷한 컨셉으로 국회의원들 역시 당내 의원 개개인들이 가지고 있는 특장점이 다르고 선호하는 개별 의제들이 다양한 만큼 정당이 나서서 개별 의원들의 특화된 역량을 강화해 그분들의 장점을 더욱 부각시켜줄 수 있도록 돕고 성장하는 모델을 안착시켜야 한다. 전문화 영역을 확실하게 갖춘 의원들은 자신의 특장을 중심으로 더욱 능동적으로 실력을 발휘할 수 있게 될 것이며, 이런 다양한 역량들이 모인 정당의 실력 역시 국민들의 삶을 더 나은 방향으로 도울 수 있는 시스템 정당으로서의 모습을 확실하게 갖출 수 있다고 생각한다. 무엇보다 정치적 비판 못지않게 대안과 근거를 제시할 것을 요구하는 국민적 목소리가 날로 커지고 있다. 특히 야당일수록 투쟁하는 데 있어 국민 설득에 필수적인 비전과 스토리로 무장되어야만 여당과 청와대의 부족한 점을 넘어서 국민들로부터 인정받을 수 있을 것이다.

셋째로는 원외 당협위원장 및 광역·기초의원인데 이분들은 사실상 정당을 대표하는 지역의 총책임자이자 지역별 현황을 관리하는 중요한 인재들이다. 무엇보다 나는 대표 시절 원외 당협위원장들에 대한 빚진 마음이 여전히 크게 남아 있다. 많은 국민들은 잘 모르시지만, 지역구를 총괄하는 원외 당협위원장들은 별도의 보수를 받지 않는다. 사실상 본인들 개개인의 생계를 알아서 챙겨가면서도 지역 내 민원과 주요 정치적 일정에 본인들의 돈과 시간을 쏟아야 하는 분들이다. 따라서 원외 당협위원장 역시 본인들의 특장을 살릴 수 있는 준 전문화 교육 시스템을 도입할 필요가 있으며, 이에 중앙당이 관련 국회 상임위원회를 연결해준다든가 원내 의원들을 협력그룹으로 매칭시켜 최대한 중앙당 내 참여 범위를 확보해 줄 필요가 있다. 아울러 시·도당위원회 당비체계를 수정하여 원외 당협위원장에게 최소한의 활동비를 지급하는 방안도 고려할 필요가 있다고 생각한다.

광역·기초의원의 경우 우리 당의 뿌리이자 미래이다. 특히 광역·기초의원들은 젊은이들에게 최대한 그 문호가 열려 있어야 한다고 보는데 이는 곧 정치의 기본을 익힐 수 있는 가장 중요한 선출직이기 때문이다. 문제는 이런 선출직에 도전할 수 있는 현실적인 사회적·재정적 장벽이 높다는 점과 일정 수준 이상으로는 광역·기초시의원들이 더 큰 선출직에 도전하지 못하는 당내 유리장벽도 하루빨리 개선될 필요성이 있다. 특히 국회의원 공천에 있어 역량이 검증된 광역·기초시의원들을 최대한 배려하여 중앙정계에 진출할 수 있도록 그 문턱을 더욱 낮추고 확대할 필요성이 있다는 데에 공감한다. 무엇보다 공천으로 대표되는 중앙정계 진출 루트가 기본부터 탄탄하게 다져지지 않고서는 결국 영입이라는 명분하에 내부 인재가 평가절하되고 외부인재 키우기에만 몰입하게 될 것이라고 본다.

마지막으로는 여의도연구원이다. 여의도연구원은 우리 당의 싱크탱크이자 재정적으로 독립된 기관으로 정책 전문성에 특화된 곳이다. 매년 평균적으로 정당보조금 30%를 통해 펀딩을 받는 조직이기 때문에 여연은 정당 내 흐름과는 별개로 좀 더 거시적인 정책 분석과 트렌드 연구에 몰입할 수 있다. 특히 여연의 경우 두 가지 혁신이 중요하다고 보는데, 하나는 글로벌화와 지속성이고 또 하나는 산하 청년정책센터의 분리 및 독립기능 수행 등으로 정리해 볼 수 있다.

우선 글로벌화라 함은 여연의 기능을 미국의 브루킹스·헤리티지 연구소와 독일의 아데나워 재단 처럼 그 연구범주와 역량을 더욱 차별화시키는 전략으로 내부역량 강화에 몰두할 필요성이 있다. 단순히 현황 모니터링 수준의 연구와 형식적인 여론조사에 집착하지 말고 전혀 새로운 형태의 연구방향 설정과 미래담론 개척 등을 적극적으로 개진해야만 한다. 예를 들어 재외국민 동포들을 온라인 툴을 응용하여 정책연구에 참여시키는 것도 하나의 방법이 아닐까 싶다. 당 대표 시절 우리 당 국제기능이 턱없이 부족하다는 점을 확인했는데 해외 동포나 젊은 유학생들에게 한국을 넘어선 창의력 넘치는 아이디어나 대안들을 같이 연구해 볼 기회들을 제공한다면 이는 여연의 글로벌 기능을 크게 확장할 수 있는 방법이 되지 않을까 싶다. 특히 우리 당은 재외국민 관리기능이 많이 약화된 상태인데 이 부분을 중심으로 해외 동포들의 참여도를 높여 글로벌 담론의 개발 및 실행 등을 적극적으로 시도해 볼 수 있지 않을까 싶다.

아울러 산하 청년정책센터를 독립시켜 자체적인 예산과 정책연구를 할 수 있는 미래 정책 플랫폼을 개설해 줄 필요가 있다. 당 대표 시절 정치에 몸담은 여러 청년들을 보았지만 이들이 정치에 참여하면서 정책능력을 차분히 개발하고 스스로를 발전시킬 수 있는 로드맵이 사실상 없다는 것을 알게 되었다. 항상 모든 정당이 청년을 외치지만 당내 미래세대가 안정적이면서도 장기적으로 자신의 실력을 기르고 실험해 볼 수 있는 최소한의 당내 장치는 생각보다 미비하다. 무엇보다 정책은 삶과 연결된다. 현장 속 청년들이 경험한 일상의 모습들과 주변인들의 피드백들을 적극적으로 당내 새로운 담론으로 끌고 들어오지 않는다면 우리 당은 다시 빠르게 '여의도화'되어 공감능력에 큰 제약을 받게 될 것이 자명하다. 그리고 이들 젊은 세대에게 가장 중요한 것은 '돈'이다. 예산 없이 청년들에게 자기 쌈짓돈에서 희생할 것을 강요한다면 사실상 청년정치는 돈 있는 젊은이들 또는 돈 많은 부모를 둔 친구들의 전유물로 전락할 가능성이 크다. 적극적으로 미래세대를 지원하여 역량 있는 친구들이 경제적 부담을 넘어 보상까지 받아가면서 스스로 정치에 발을 들이고 참여할 수 있는 기회들을 제공해주어야만 청년정치의 시작이 바로 설 수 있으리라 생각한다.

이야기가 길어졌지만 결국은 이 모든 것들이 내가 구상했던 '어벤저스 정당혁신'으로 수렴된다. 마블의 어벤저스 스토리는 결국 분리되어 있는 각 영웅들의 이야기가 하나씩 브랜드화되어 모두가 좋아하는 영웅들의 서사로 완성된다. 사무처 직원, 국회의원, 원외 당협위원장, 광역·기초시의원, 여의도연구소 등 개별적인 당내 주체들이 하나의 영웅으로 당당하게 설 수 있도록 중앙당의 혁신 리더십과 정치적 상상력의 실현이 시급하다. 마치 아이언맨, 토르,

헐크, 캡틴 아메리카 등등의 스토리들이 모여서 대중들이 애타게 기다리는 앤드게임 스토리가 펼쳐지는 것처럼 당의 역동성을 다원화시켜 살리지 않고서는 언제나 그저 그런 모습으로부터 벗어나기 힘들 것이라고 본다.

정당에 관한 얘기를 상대적으로 길게 얘기한 배경에는 그만큼 당 대표로서 우리 당의 변화와 혁신에 마음만큼 변화를 끌어오지 못했다는 내 개인적인 아쉬움이 크기 때문이다. 어려운 시국 가운데 제1야당의 투쟁을 이끌어내면서 싸워서 이기는 정당, 역량 있는 대안정당, 그리고 미래를 준비하는 정당 등을 적극적으로 피력했지만 충분한 성과를 내지 못한 것이 못내 아쉽다.

7. 선도형 국가로의 회복
: K자 양극화를 넘어설 개념설계의 회복

'문제는 경제야, 이 바보야(It's the economy, stupid!)'를 역사적 선거구호로 내세웠던 클린턴의 발상은 오늘날에도 유효하다. 아니, 유효한 정도를 넘어서 생존전선에 내몰린 벼랑 끝 국민들에게 그 어느 때보다 절절하게 와 닿는 내용일 것이다.

코로나19로 인해 대한민국 경제는 사실상 초토화되었다. 정확히 말하면 처음에는 다들 힘들었지만, 대한민국 양극화의 대분기점이 드디어 터져 나오기 시작한 것이다. 인류 역사상 불평등이 없었던 적은 없지만 앞으로 도래할 양극화의 양상이 이전에는 상상도 할 수 없었던 수준으로 엄청나게 벌어질 것으로 보인다.

2020년 상반기 미국 테크 기업들의 매출 변화만 보더라도 답은 확실하게 나온다. 아마존과 구글 그리고 페이스북 등으로 대표되는 S&P500 빅5 상장기업의 주가상승률은 평균적으로 37% 증가한 반면, 나머지 495개 기업 주가상승률은 평균적으로 마이너스 6%를 기록했다. 이러한 양상은 기업뿐만 아니라 개인으로까지 적용될 수 있다.

IT 정보기술에 익숙한 고학력 디지털 인재를 비롯한 글로벌 대기업 종사자 또는 부유층 및 전문직 등은 서서히 회복에 이를 수 있는 기본 발판과 가능성이 있지만, 대부분의 전통기업들에 소속된 사람들과 서비스 자영업자 그리고 대면 블루칼라 계층의 경우는 그렇지 않다. 이것이 바로 불청객 코로나19가 우리사회에게 안긴 'K자 양극화 공포의 서막'이다.

특히 자영업자의 위기는 통계적으로 역대 최악의 지표를 보이고 있다. 이미 '고용원을 둔 자영업자'가 지난 IMF 사태 이후 역대 최소치로 줄었고, 고용원 없는 자영업자는 최대치를 기록하고 있다. 사실상 비용을 감당할 수 없는 자영업자들이 나 홀로 또는 사업 자체를 포기하는 형태로 힘겹게 이어나가고 있다는 말이다. 이러한 현상이 우리 사회에 특히 심각한 것은 대한민국이 실제로 '자영업 공화국'이기 때문이다. 우리나라 자영업자 비율은 평균적으로 25% 내외를 기록하는데 여기에 자영업과 연관된 일반 가족과 이해관계자까지 종합적으로 감안하면 2,000만 명 이상의 국민들이 직·간접적인 영향을 받게 되는 것이다.

또한, 우리 미래세대의 생존과 직결되는 아르바이트 대란은 더 암울하다. 코로나19 이후 젊은이들의 일자리 수는 2020년 보다 80만 명 가까이 감소했다. 임시직 근로자는 고용계약 기간이 1개월 ~1년 미만, 일용직 근로자는 계약 기간이 1개월 미만인 근로자를 의미하는데, 이는 곧 단기 일자리에 대한 의존도가 상대적으로 높은 청년들의 빈곤과 직결된다고 볼 수 있다.

문제는 이렇게 사라진 일자리들이 이전 상태로 회복되리라는 보장이 전혀 없다는 것이다. 이미 고용 없는 경기회복은 전 세계적으로 빠르게 진행되고 있다. 예를 들어 미국은 지난 2008년 서브프라임 모기지 사태로 촉발된 세계금융위기 이후 국내총생산(GDP)이 이전 수준을 회복하는데 무려 43개월이 걸렸다. 한마디로 대공황 이후 새로운 일자리가 창출되어 과거 상처를 씻어내는 데에만 3년이 넘는 긴 시간이 걸린다는 것이다. 말이 3년이지 생존 절벽에 내몰린 사회적 약자들에게는 사실상 사망선고나 다름없는 현대판 고난의 행군일 뿐이다. 문제는 미국의 경제 대공황 수준을 한참 넘어선 코로나19 사태가 앞으로 얼마나 더 고통을 안겨줄지 알 수 없다는 것이다. 더군다나 백신의 공급이 전국민을 대상으로 빠르게 진행되고 있는 미국과는 대조적으로 백신공급 속도가 세계 100위권 밖에 있는 우리나라의 경우 앞으로의 일자리 회복 속도는 참으로 가늠하기조차 어려운 암울한 실정이다.

결국, 국민빈곤과 양극화 문제는 정치인이라면 최우선적으로 해결해야 할 문제로 설정해 놓고 나아가야 한다. 무엇보다 경제는 '포용모델'을 지향하지 않고서는 더 이상 우리 사회 내 양극화 문제를 해결할 수 없다. 점차 도래할 양극화는 약자 개인의 노력과는 별개의 문제이다. 정치적 진영논리를 떠나 자산 격차 등으로 이미 사회 내 구조적 계층이 정립된 점은 주지의 사실이다. 이런 기본 틀에서는 개인이 자신의 실력 발휘를 통해 성공한다는 것이 사실상 운을 타고 났다든가 엄청난 능력의 소유자가 아니고서는 실질적으로 불가능하다고 보인다. 여기서 국가와 정치 지도자의 역할이 주목받는다. 새로운 발상과 정치적 상상력만이 문제해결의 원동력이 될 것이다.

내가 계속 '새로움'을 강조하는 이유는 그만큼 우리가 마주할 세계는 '멋진 신세계'가 아니라 너무나도 '낯선 신세계'가 될 가능성이 크기 때문이다. 이전과 전혀 다른 문법이 지배하는 사회에서는 기존의 매뉴얼만으로 문제해결이 불가능하다. 우리가 원래 알고 있던 지식과 사고체계를 새로운 틀로 정립시키고, 과감하게 국가 운영체제를 변화시킬 수 있는 중·장기적 변화에 관한 '개념설계'가 그 어느 때보다 중요하다.

이정동 교수의 〈축적의 시간〉에 언급된 개념설계는 앞으로 코로나19 패러다임으로 변할수록 더 중요하게 적용될 수 있다고 본다. 지금까지 대한민국은 실행의 국가였다. 원조를 받던 세계에서 가장 가난한 나라에서 원조를 주는 선진국으로 발전하기까지 기성세대가 지향했던 정신은 故 정주영 회장의 어록 그대로 '해보기나 했어?'였다. 그렇게 우리나라는 뒤처져 있던 국가경쟁력을 선진국 수준으로 끌어올리기 위해 세계에서 유례를 찾아볼 수 없는 최고의 '추격형 국가'로 우뚝 섰다. 쉽게 말하자면 1등을 모방하는 달인으로 꼴찌에서 상위권으로 올라온 것이다.

그러나 앞으로의 진짜 실력은 '선도형 국가'로 우리 스스로를 바꿀 수 있느냐에 달려있다. 이 과정에서 개념설계 역량이 도드라지는데 사실상 이전에 없었던 밑그림을 그리고 그 상상력의 원천을 제대로 설계할 수 있는 창의성의 시대를 의미하는 것이다. 123층의 롯데월드타워를 지은 것은 우리나라 시공사였으나 건물을 지어올리기 전 모든 밑그림들을 그린 곳은 미국·영국·일본 등의 나라들이었다. 결국 '보이는 것'을 이뤄낼 수 있는 '보이지 않는' 밑천을 과감하게 개발하고, 이런 복합적인 역량을 두루 키워낼 수 있는 일류정신을 다시 꽃피우기 위해서는 정치의 도움이 절실하다.

이전과 달리 지금의 세계는 모든 것들이 연결되어 있다. 개인적으로 2007년은 인류 역사의 한 획을 그었던 시기라고 보는데, 바로 그해 스티브 잡스의 아이폰 1세대가 등장하여 본격적인 모바일 시대가 열리기 시작했기 때문이다. 이후 사람과 자본, 상품과 서비스 등 모든 것들이 엄청난 속도로 연결되고 결합되면서 우리의 삶의 양상은 이후 13년간 완전히 다른 형태로 진화되었다. 바로 이 연결사회로 발전한 대한민국의 미래는 앞으로 등장할 리더십이 어떤 정치적 상상력을 발휘하느냐에 따라 완전히 달라진다.

포용 정신을 가슴에 담은 혁신적 개념설계로 무장된 도전정신으로 우리 국민들을 옥죄는 K자 양극화의 공포를 과감하게 부수고 더 나은 회복의 대한민국을 만들어야 할 것이다.

지금까지 회복의 필요성에 관한 얘기들을 죽 나열해 보았다.

과거로의 회귀를 넘어서 더 나은 미래로 성큼 다가서는 것이 회복이요, 그 회복을 이뤄낼 정치의 본질은 바로 사람이 살 만한 나라를 만들어내는 것이다. 그래서 배부른 여의도가 아닌 공감의 정신을 내세워 배고픈 국민들의 삶 속으로 더욱 뛰어들어야 한다. 특정 정파가 대한민국을 장악하고 여론을 왜곡시키는 팬덤의 유혹으로부터 벗어나야 하며, 정당 역시 혁신을 앞세운 어벤저스 정당으로 거듭나 더욱 넓은 스펙트럼 속에서 국민들의 인정을 받을 수 있도록 부단히 노력해야 한다.

특히 회복은 철저히 더 나은 미래에 방점을 찍는 만큼, 미래세대에게 잃어버린 자유를 되찾아주고 그들의 자존감을 다시 세워주어야 한다. 특히 그 과정에서 우리 사회 내 문제로 자리한 세대갈등의 대립 구도를 완화시켜야 하며 기성세대가 권위주의를 버리고 진정성 있는 태도로 다가가 청년들로부터 권위를 인정받는 선순환 구조가 하루빨리 만들어져야 한다. 특히 기성세대들에게는 시간이 많지 않다. 하루빨리 우리가 자랑스럽게 키워낸 능력 있고 생동감 넘치는 젊은이들을 미래의 주체로 안착시켜야 대한민국의 역동성도, 기성세대 삶의 마지막 순간도 보람과 기쁨으로 마무리될 것이다.

한편 회복은 먹고사는 문제와 아주 밀접하게 연결된다. 코로나19로 갈수록 힘들어지는 삶의 고난 가운데 더 이상 성장과 분배 이분법적 논리에 기초한 편향된 답안을 해결책으로 고집해서는 안 된다. 그래서 정치 리더의 상상력은 더욱 중요하다. 단순히 지금의 문제를 해결하는 것을 넘어 10년과 100년 후를 놓고 끊임없이 밑그림을 그려가면서 거시적인 시대 흐름을 상상해야만 국민들의 회복을 가장 훌륭히 이뤄낼 수 있다.

제2장과 제3장은 우리가 무엇으로부터의 회복을 지향할 것인지, 그리고 포스트코로나19 시대 위기의 본질은 무엇인지에 대해 말하고자 한다. 제2장 '무엇으로부터의 회복인가'는 우리 사회에서 코로나19 이전부터 문제되어 왔던, 특히 과거로부터 누적된 대한민국 정치 리더십의 양심, 책임, 능력의 부재현상에 대해 논의할 것이다. 제3장 '위기의 본질'은 보다 더 현재에 집중된 오늘날의 문제들을 종합적으로 분석해 보고, 코로나19 시대의 여러 난제들을 어떻게 미래지향적인 상상력으로 풀어낼 수 있을지에 대해 얘기하고자 한다.

회복의 여정을 향해 이제 본격적으로 포스트코로나 대한민국의 미래를 함께 상상해보자.

제2장
무엇으로부터의 회복인가?

보통 회복을 말할 때 사람들은 '현재'에 주목한다. 아무래도 회복이 원래의 상태로 돌아온다는 뜻을 의미하기에 일반적으로는 어떤 문제가 있어서 그런가 보다 하면서 사람들이 받아들이기 때문이다. 물론 코로나19로 상징되는 시대적 고통으로부터 회복되는 것은 중요하지만 이미 대한민국은 그 이전부터 더욱더 근원적인 회복을 필요로 하는 숱한 문제들과 마주해왔다.

그래서 이번 장에서는 코로나19 시대를 극복하자는 미래형 회복 구상에 앞서 코로나 시대 훨씬 그 이전부터 우리 정치권력이 잃어버린 기본기에 대해 냉정하게 지적하고자 한다. 여기서 나는 '세 가지 부재(不在)'에 주목한다. 양심, 책임, 능력의 부재가 그 핵심이며, 국민적 고통과 불행이 이것들로 말미암아 지금의 코로나와 맞물려 더욱 커졌다는 점이다. 이와 관련하여 지난 수년간 이어져 온 살아있는 권력의 발자취를 하나씩 점검해 보고자 한다.

1. 양심의 부재 : 무양심

거짓말로 일관하지 않는 사람이 바보가 되는 정치는 더 이상 우리 사회 내에 존재해서는 안 된다. 그러나 안타깝게도 지난 수년간 대한민국 정치는 양심 상실의 시대에 접어들어 더 이상 진실과의 대면을 두려워하지 않는다. 오히려 마주한 진실을 뭉개고 으깨면서 거짓을 사실로 둔갑시키는 기적의 연금술사가 되어 국민들을 속이고 기만하는 행태가 하나의 정치상식으로 뿌리내린 것이다.

'셀프 정의'는 한마디로 '한 번도 경험해 보지 못한 기적의 논리'이다

아무리 국민 보기에 잘못되고 비상식적이라 하더라도 몰염치의 셀프 정의 논리를 거치는 순간 가짜는 진짜로 둔갑하고 변명은 방어적인 자기만족 스토리로 변화된다. 가장 대표적인 사례가 바로 지난 4월 7일에 서울과 부산에서 치러진 재·보궐 선거이다.

선 넘는 성범죄로 대한민국을 상징하는 두 도시에서 헌정사상 초유의 보궐 선거가 동시에 치러졌다는 것은 한 마디로 국가적 망신이자 서울과 부산시민들에 대한 국민적 배신이었다. 정치적 진영논리를 떠나 상식의 잣대로만 이 문제를 바라봐도 지금의 여당이 보였던 일련의 모습들은 셀프 정의를 거친 자기합리화와 왜곡된 정당화의 연속이었다.

우선 서울의 경우를 살펴보면 故 박원순 서울시장의 성추행 의혹이 명확하게 드러났음에도 서울시 차원에서 5일장이 치러졌다는 것은 있을 수 없는 일이다. 실제로 당시 문재인 정권의 여성부 장관조차 이 부분에 대해서 피해자 입장에서 적절하지 않다고 지적한 바 있다. 그런데 정작 민주당의 기류는 일반상식과는 정반대의 방향으로 흘러갔다. 민주당 서울시장 주자였던 우상호 의원은 희대의 성범죄 서울시장을 '롤 모델'로 삼겠다는 '모델 호소인'으로 전락했고, 같은 당 젠더폭력특별대책위원장이었던 남인순 의원은 여성인권 분야의 전문가였음에도 불구하고 故 박원순 성범죄 피해 여성을 '피해 호소인'으로 취급했다. 심지어는 민주당 부대변인까지 국민의힘 유력 후보들을 겨냥해 '생지랄 공약'을 내세운 사람들로 표현하면서 자신이 소속된 당의 문제의식은 완전히 망각한 채 스스로의 저급함을 적나라하게 드러냈다.

부산 역시 예외가 아니다. 오거돈 전 부산시장은 2020년 4월 여성 부하 직원을 성추행한 사실을 인정한 뒤 돌연 시장직을 사퇴했다. 그런데 정작 검찰 조사 후 파헤쳐보니 피해자는 한 명 더 있었고, 그중 한 명은 외상 후 스트레스장애(PTSD)를 호소할 정도였다. 버젓이 업무시간에 집무실 등에서 부하 직원을 상대로 반복적인 강제 추행과 성희롱이 반복되었고 이는 곧 성인지 감수성은 고사하고 여성의 존엄 자체를 무참히 짓밟은 추악한 인권 침해 행위였다. 안희정 전 충남도지사, 오거돈 전 부산시장, 그리고 故 박원순 전 서울시장 등 대한민국을 상징하는 주요 단체장들의 성범죄 삼진 스트라이크아웃 사건은 말 그대로 세계적 유례를 찾아볼 수 없는 민주당 성적 일탈 주소를 적나라하게 보여주었다.

'민주' 없는 민주당의 반민주적 당헌 개정 사례 역시 정치적 양심 실종의 대표적 사례이다

우선 집권여당은 일말의 양심적 가책 없이 국민과의 약속을 너무나 쉽게 저버렸다. 실제로 국민들에게 약속했던 '사고지역 무공천' 원칙이 자신들의 정치적 이해관계와 정면으로 어긋나자 전 당원 투표를 내세워 마음대로 바꿔버린 것이다. 민주적 가치를 수호하겠다는 일념으로 스스로의 이름을 '더불어 민주당'이라 칭하는 집권여당의 양심과 원칙은 그렇게 한 순간에 무너져버렸다.

더 안타까운 상황은 국민과의 약속을 저버린 민주당의 당내 민주주의 붕괴이다.

민주당은 대한민국의 집권여당이자 대표 거대정당을 상징하는

대의민주제의 상징이다. 그런 정당이 정작 자기 당의 최고 법규를 결정하는 과정에 있어 민주주의의 기본 요건조차 충족시키지 못한 점은 여러모로 안타깝다. 도리어 문빠 팬덤 세력이 당내 민주주의를 호도하고 여당이 반민주 정당으로 전락했다는 것은 비단 민주당 지지자들에게 뿐만 아니라, 대한민국에도 비극이라 할 수 있다.

실제로 한 정당이 당헌을 바꾼다는 것은 한 국가가 최고 법인 헌법을 바꾸는 행위와 같다. 그렇기에 당헌을 바꾼다는 것은 그만큼 전체 당원의 의사와 심도 있는 토론 등이 절차적으로 엄격히 준수되어야 한다. 그런데 전 당원 투표의 효력발생 요건을 전체 권리당원 투표권자 총수의 3분의 1 이상을 요구했음에도 불구하고 당시 전 당원 투표의 최종 투표율은 이에 모자란 4분의 1에 그쳤다는 것이다. 쉽게 말하자면 이번 재·보궐 선거 공천원칙을 뒤집는 데 참여한 민주당 권리당원들은 26% 안팎에 불과했다. 74%의 권리당원이 참석하지 않은 참여율로 당헌을 바꾸는 정당의 민주주의는 더이상 언급할 가치도 없다. 기본적인 효력조차 의심되는 집권여당의 전 당원 투표 절차가 소수의 과격 문빠들로 구성되는 당내 과격 세력에 의해서만 좌지우지된다는 점은 그만큼 당내 민주주의가 하나의 장식이자 형식에 불과하다는 것을 의미한다.

양심 없는 권력이 자신들의 정보와 인맥을 통해 편법적으로 만들어낸 586운동권의 기득권 카르텔

보통의 사람들이 돈을 버는 방법은 그저 주어진 일터나 직장에서 열심히 일하고 저축하는 것이다. 여기에 종잣돈 여력이 되면 주식이나 부동산 투자 등과 병행하여 수익을 얻는 방식으로 조금씩 자신의 부를 늘려간다. 자녀들 대학 보내는 것도 마찬가지이다. 열심히 공부하는 자녀를 위해 어렵게 뒷바라지하면서 학교, 학원 드나드는 내 아들딸들이 자신보다 더 나은 미래와 마주하기를 간절히 바랄 뿐이다. 이러한 부의 증가나 자녀교육은 지극히 상식적이자 법적으로도 전혀 문제 될 것이 없다. 적어도 대부분의 국민들은 이 보편의 상식에 따라 양심적으로 돈을 벌고 자녀교육을 한다는 것이다.

문제는 '사람이 먼저다'를 외쳤던 현 정권의 상징 인물들이 자신들의 탐욕을 실현하기 위해 권력을 철저히 도구적으로 사용한다는 것이다. 지금 이 순간에도 하루하루를 성실하게 살아가는 일반 국민들의 삶과는 너무나 다른, 운동권 권력 카르텔이 가지고 있는 특별 정보와 인적 네트워크로 만들어진 탐욕의 재테크 정치와 그와 연결된 다양한 이권은 이미 일상화되어 버렸다. 조국의 '내 자식이 먼저다'와 이상직의 '이스타 부실 황제경영'만 보더라도 진보의 양심 실종은 더욱 적나라하게 드러난다.

조국 자녀 입시 비리는 거짓과 권력이 결합되어 나타난 우리 시대 최고의 위선 중 하나이다.

긴말할 필요 없이 아주 간단하게 조국 아내 정경심 씨의 1심 판결 결과만 보더라도 한때 진보의 아이콘을 자처했던 조국 부부의 '내 자식이 먼저다'라는 철학이 적나라하게 드러난다.

- 단국대학교 논문 제1저자 및 인턴 경력 조작
- 공주대학교 논문 초록 저자 및 인턴 경력 조작
- 서울대학교 법학전문대학원 허위 인턴
- 아쿠아팰리스 호텔 허위 인턴
- KIST 인턴 경력 조작
- 동양대학교 어학연구원 봉사활동 조작
- 동양대학교 최성해 총장 표창장 조작
- 동양대학교 보조연구원 활동 조작

남들은 의학전문대학원에 진학하기 위해 치열한 경쟁을 거치면서 의사가 되지만 어느덧 귀족 진보의 '내 자식 특권층 만들기'는 단순 교육과열을 넘어 하나의 범죄행위로까지 발전되어 버렸다. 일반적인 집안에서 어떻게 내 자식을 주요 대학교 논문 제1 저자로 세울 수 있을 것이며, 서울대학교 법학전문대학원 같은 기관에서 그리 쉽게 인턴 이력을 얻어낼 수 있단 말인가? 누구는 피땀 흘려가면서 학교에서 내신과 학생부종합전형 챙기고 수능까지 열심히 준비해 가면서 공부하고 있는데 조국 딸 같은 경우는 너무나 쉽고 불공평하게 의사가 되어 버린다. 이런 세상은 결국 우리 사회 내 새로운 불공정의 시작이고, 붕어·가재·게는 도랑 밖으로 나올 수 없는 세상이다.

조국의 위선은 사실상 문재인 정권의 '공정 붕괴'를 단적으로 보여준다. 단순히 개인적 수준의 일탈과 타락을 넘어 그런 양심 부재의 인물에게 청와대 민정과 대한민국 법무부를 맡겼다는 것 자체가 이 정권의 도덕적 수준과 잣대를 여실히 드러내고 있음을 짐작할 수 있다. 무엇보다 진실이 세상에 드러났음에도 끝까지 변명과 외면으로 상황을 인정하지 않는 태도는 정치적 진영을 떠나 한 인간으로서의 양심을 완전히 저버린 것이다.

더 착잡한 것은 양심의 실종이 조국 전 법무부 장관을 넘어 사법부 수장인 김명수 대법원장의 거짓말로까지 이어진다는 것이다

사법부의 독립성 훼손을 따지기 전에 대한민국 법치를 대표하는 대법원장이 공개적인 거짓말을 한다는 것은 그야말로 상식파괴이다. 버젓한 녹취 증거물이 제시되기 전까지 우리나라 대법원장은 고위 법관의 사퇴를 둘러싼 진실게임에서 끝까지 오리발을 내민 채 상황을 모면하는 데 급급했다. 적어도 법관은 자신이 맡는 업무에 대해서 거짓을 말해서는 안 된다. 상식적인 문제이기보다 법관 스스로가 그런 거짓을 입 밖으로 내뱉은 순간 더 이상 그는 법관이라는 정체성을 가질 수 없기 때문이다.

가장 심각한 것은 삼권분립의 원칙이 너무나 맥없이 무너져버렸다는 점이다. 이미 문재인 정권의 입법보조원으로 전락한 입법부는 그렇다 쳐도 사법부만큼은 정의의 여신 디케의 자존심을 지킬 것이라 기대했다. 그러나 눈을 가리고 엄정하게 사법부의 존엄과 중립을 지켜내리라 생각했던 통념은 하나의 바람에 불과했음을 이번 사태를 통해 확인해 버리고 말았다. 대법원장은 정권과 집권 여당의 눈치를 보면서 법관탄핵에 필요한 제물로 같은 법원 내 고위 법관을 선택했고, 이로 말미암아 디케의 눈가리개는 땅에 떨어졌다. 아이러니한 것은 11년 전 조국 전 법무부장관이 '디케가 울고 있다'라는 내용의 칼럼을 언론에 실었다는 것인데 그의 어록이 그가 몸담고 있는 문재인 정부 내에서 실현된 것은 그만큼 대한민국 법치가 코미디로 전락했다는 것을 의미한다.

이런 사안의 심각성을 아는지 모르는지 김 대법원장의 해명은 단순히 기억이 불분명해서라는 얘기가 전부였다. 신뢰라는 가치를 스스로 무너뜨린 것이 대법원장 자신임에도 불구하고 결국 끝까지 정권의 사법부 하수인을 자처한 채 버티기에 들어갔으니, 이 정도 되면 몰염치가 이 정권 핵심 권력자들에게 아로새겨진 유전자가 아닌가 싶을 정도이다.

셀프 정의는 사법부를 넘어 위선적 반일 비즈니스로 얼룩진 민주당의 윤미향과도 직결된다

대한민국은 35년간의 일제강점기로 인한 상처와 후유증이 현재까지 남아 있는 국가이다. 문제는 우리 정치가 이런 국민적 아픔을 위로하고 회복시켜주기보다 현재까지도 그것을 정치적 이해관계나 선동 도구로 사용한다는 점이다.

윤미향의 경우가 대표적이다. 민족사 가장 아픈 상처 중 하나인 위안부 문제 해결사를 자처했던 정의연(정의기억연대)의 충격적 민낯은 이용수 할머니의 용기 있는 폭로를 통해 여실히 드러났다. 지난 30년 동안 일본군 위안부 피해자이신 할머니들의 상처를 돕겠다며 함께했던 도움의 손길들은 알고 보니 철저히 도구적 차원에서 접근했던 것이었다. 실제로 이용수 할머니는 폭로 기자회견 중 윤미향을 비롯한 운영진들이 자신들을 이용하고 학생들까지 고생시킬 뿐만 아니라, 본인들을 도구로 사용했으며 이로 인해 불면의 밤을 보내고 있음을 언급했다. 정작 이런 할머니의 용기 있는 폭로에 대해 정의연은 평소 그들이 지키겠다고 맹세했던 이용수 할머니를 즉각 공격하기 시작했고, 심신이 취약한 상태로 기억이 왜곡된 해프닝에 불과하다며 발뺌에 나섰다.

진정성을 망각한 시민단체의 수단적 행태가 보란 듯이 세상에 드러났음에도 불구하고 민주당 지도부는 윤미향에게 일시적 당원권 정지 처분을 내림으로써 다시 한번 일본군 위안부 피해 할머니들에게 씻을 수 없는 상처를 입혔다. 무엇보다 마지막 여생을 보내고 계시는 이용수 할머니와 다른 피해 어르신들께서 하루빨리 상처로부터 회복되시기를 간절히 바랄 뿐이다. 일제로부터 받으신 상처에 더해 위장 시민단체로 인해 두 번째 피해를 입으신 사연은 다시는 일어나서는 안 될 우리 시민사회 내 숙제이다. 특히 정치권이야말로 진정성의 회복을 도모하고 진실이 밝혀지도록 끝까지 촉구해야 한다.

이스타항공 사태, '사람이 먼저'임을 외쳤으나 '내 사람만' 챙기는 이상직 황제경영의 상징

임금 체불과 대량정리해고 등으로 얼룩진 이스타항공 사태가 발생한 지 어느덧 1년이 넘었지만 무능하고 무책임한 황제경영으로 인한 수천 명의 이스타 가족들의 고통은 지금도 현재진행형이다. 그러나 회사의 명운과 함께 가야 할 이상직 창업주의 주가는 이와 정반대로 탄탄대로이다. 이상직은 문재인 정권 출범 이후 중소벤처기업진흥공단 이사장을 역임한 데 이어 지난 2016년 낙선의 아픔을 딛고 재선 국회의원으로 여의도에 화려하게 복귀했다. 창업주의 삶은 시간이 지날수록 불패신화를 이어나가고 있는 반면에 절대다수의 이스타 임직원들은 인고의 세월을 보내고 있다.

본래 항공업은 최신 항공기 도입을 비롯하여 항공노선 개설과 공격적인 마케팅 등이 반영된 글로벌 비즈니스다. 또한, 저가형 항공사들이 우후죽순으로 늘어나고 있는 경쟁시장에 돌입한 이후로는 과거 사업 면허만으로도 승승장구했던 호시절과는 완전히 다른 환경에 놓여 있었다. 그런 배경 속에서 전문적인 경영체제를 갖춰야 할 회사가 정작 창업주의 정치 행보가 본격화되면서 여의도에 이은 제2의 취업 장터로 전락해 버렸다. 실제로 여권 실세 정치인들의 이해관계인들과 창업주의 친·인척들이 무분별하게 배치되면서 기업의 수익관리능력은 초심과는 완전히 다른 방향으로 나아가기 시작했다. 결국, 이스타의 재무구조는 그렇게 사업 초기부터 악화된 부실을 감당하지 못한 채 코로나19로 촉발된 불황을 이기지 못하고 마침내 몰락하고 말았다.

이처럼 비즈니스 프로토콜을 완전히 무시했던 황제경영의 실패가 명확해졌지만, 창업주의 실패로 인한 피해는 오롯이 이스타 노동자에게만 전가될 뿐 본인은 기약 없는 지분헌납만 운운한 채 하루속히 이스타항공을 팔아넘기는 데에만 몰입할 뿐이었다. 심지어는 그가 설립한 이스타홀딩스는 편법증여와 탈세 의혹 등을 받고 있으며 해당 회사는 이상직 본인의 자녀 지분으로 단돈 3,000만 원에 설립되어 단 두 달 만에 100억 차입을 통해 이스타항공 주식의 절대과반을 지배하게 된다.

여전히 이스타의 투쟁은 이어지고 있다. 현재 27년 차 베테랑 파일럿 출신인 박이삼 노조위원장이 어려운 싸움을 이어나가고 있는데, 그는 창업주 이상직도 문제이지만 이 씨의 탈당으로 셀프 면죄부로 수수방관하고 있는 민주당의 태도에 더 화가 난다고 고백했다. 한 사례로 박 위원장이 국회 환경노동위원회 국정감사에 참고인 자격으로 출석해 노동자 측의 고통을 호소할 때 여당 의원들이 훼방을 놓으면서 자제를 촉구했다고 한다. 내로남불의 기막힌 행태가 아닐 수 없다.

2. 능력과 책임의 부재 : 무능력과 무책임

단연코 국가 리더십의 아마추어리즘은 시행착오 정도로 끝날 문제가 아니다. 정치 지도자가 짊어져야 할 국가와 국민에 대한 책임은 연습이 아니라 실전이기 때문이다. 그러나 대한민국은 어느새 '아마추어리즘으로 점철된 문재인 대통령의 실험실'로 전락하고 말았다. 국가 지도자의 선의(善意)와 실력은 별개이다. 적어도 '사람이 먼저다'를 외치면서 대한민국을 좋은 의미의 '한 번도 경험해 보지 못한 나라'로 만들겠다는 문 대통령의 초심은 진심이었을 것이라 믿고 싶다.

문제는 더 이상 의도와 상관없이 문재인 대통령의 실력 부재와 책임의식 결여로 오늘날 국민들이 감내해야 할 고통이 너무나 커졌다는 것이다. 자신의 섣부른 이상만 주입한 채 그에 따르는 부정적 정책 결과들에 대해서는 눈과 귀를 닫아버리는 행위는 능력의 문제이기 전에 책임의식마저 없음을 의미한다. 무엇보다 코로나19로 인한 국민들의 삶이 너무나 피폐해졌음에도 불구하고 '문재인의 대한민국 랩(Lab)' 대국민 실험은 버젓이 진행 중이다.

우선 먹고사는 문제가 너무 힘들어졌다

이는 단순히 코로나19의 문제뿐만이 아니다. 이미 그전부터 대한민국과 국민들의 먹고사는 문제는 사실상 불난 집이나 마찬가지였다. 그런 집에 코로나라는 기름이 부어지자마자 걷잡을 수 없이 국민생존에 비상등이 켜진 것이고, 국민들도 그 이전부터 우리 경제가 잘못 돌아가고 있음을 내심 짐작하고 있었다.

시작은 '내 집 마련 꿈'의 상실이다

이미 미친 집값의 전조현상은 4년 전이었던 2017년부터 본격화되었다. '순간의 선택이 평생을 좌우'한다는 말처럼 당시 결혼했던 신혼부부의 삶의 희비는 아파트 '매매'와 '전세'로 갈리기 시작했다. 부동산 상승의 시작점이었던 그 시기에 전세를 얻은 부부는 무리해서라도 집을 사지 않은 것에 대한 후회로 이불 킥을 하게 된 반면 매매를 한 부부는 밥을 먹지 않아도 안도하게 된 것이다.

이런 국민들의 마음을 아는지 모르는지 문재인 대통령의 부동산 실험은 지난 4년간 무려 25차례나 이뤄졌다. 제대로 된 정책적 효과 없이 25번의 부동산 대책 중 22번은 있는 집에 대한 규제나 세금을 올리는 게 전부였고, 23번째 대책에 이르러서야 집을 짓겠다고 했다. 통계청에서 매년 전국 가구 수와 주택 수, 아파트 수를 조사해서 발표하는 것만 봐도 당장에 필요한 조치가 무엇인지 알 수 있음에도 결국 실력 없이 우왕좌왕한 끝에 국민들만 폭망한 것이다. 이른바 벼락거지가 된 것이다.

실제로 지난 2020년 6월 23일 경제정의실천시민연합 발표에 의하면 지난 문재인 정부 3년 동안 서울 아파트값이 약 52% 올라 이명박, 박근혜 정부 시절 총상승률(25%)보다 2배 이상 폭등한 것으로 나타났다. '한 번도 경험해 보지 못한 나라'의 뼈저린 체감효과가 아파트값을 통해 드러난 것이다. 결국, 국민들은 자고 일어나면 1억, 2억 올라 있는 아파트 가격을 보며 패닉 상태에 빠진다. 아파트 '영끌 매수'와 '패닉 바잉' 등이 일어나게 된 이유도 집값이 이렇게 비싼데 '내가 과연 집을 살 수 있을까?'하는 국민들의 불안감이 폭발한 것이다. 젊은 세대들 역시 예외는 아니다. 이미 기안84의 웹툰 '복학왕'만 보더라도 삶의 터전을 마련하지 못한 청년들과 젊은 세대들이 얼마나 힘겹고 기약 없는 미래와 마주하는지 확인할 수 있다. 오죽하면 만화 속 주인공들이 천정부지로 오른 지상 아파트값을 피해 지하도시를 만들어 그곳에서 살게 된다는 발상까지 나왔을까 싶다.

　내 집 마련의 꿈을 앗아간 리더십의 실패는 사실상 국민들의 가장 중요한 삶의 터전을 걷어찬 것과 다름없다. 가장 큰 문제는 자산가치의 폭등으로 말미암아 국민들의 노동의욕이 갈수록 바닥을 치고 있다는 것이다. 그래도 과거에는 10년 동안 열심히 일해서 저축하면 작은 집 하나라도 마련할 수 있다는 동기부여라도 있었고, 실제로 그 바람대로 집을 마련할 수 있었던 시절이 있었다. 성실한 노동과 생활에 대한 대가를 정부가 공급정책으로 잘 지켜준 것이다. 그러나 지금은 다르다. 일확천금 로또에 1등으로 당첨되어도 서울 강남에 좋은 아파트 사는 것이 불가능하다. 이런 현실과 마주한 국민들이 희망보다 체념을 택하고, 우리 젊은이들이 노동의 가치보다는 주식과 부동산에 빚을 내서라도 뛰어드는 현상이 일반화되었다. 갈수록 자산의 격차는 벌어지고 서민들의 일의 의욕은 떨어지니, 이것이야말로 재인노믹스의 부동산 실험이 대한민국과 국민들에게 끼친 최악의 해악이자 죄악이다.

헌법 제35조 제1항을 보면 '모든 국민은 건강하고 쾌적한 환경에서 생활할 권리'를 가진다고 되어 있다. 건강하고 쾌적한 환경에서 생활할 수 있으려면 내가 감당할 수 있는 수준에 맞는 가격의 집이 제공되어야 가능한 일이다. 집은 나와 가족이 살아가기 위해 반드시 필요한 공간이고 그 공간을 갖는 것에 대해 국가는 책무를 다해야 한다.

무엇보다 국민들의 건전한 꿈을 실현시켜주기 위해 공급을 현실화시켜주어야 하는데, 여기서 중요한 점은 기존의 수요 · 공급으로 대표되는 경제적 측면을 넘어 일자리와 교육 그리고 육아, 문화 등 복합적인 사회문화 측면들을 다원적으로 파악하는 멀티 정책 패키지와 비전이 제대로 수립되어야 한다는 것이다. 단순히 강남 집값이 비싸다고 바라보기 이전에 왜 강남에 그토록 많은 수요가 몰릴 수밖에 없는지, 그 수요를 구성하는 집 근방의 일터, 취업, 교육, 문화, 커뮤니티 등 제반 복합요소들을 하나의 시선으로 바라보고 접근하는 것이 중요하다.

또한, 앞으로는 정부가 더욱 적극적으로 나서 서울 주요지역에 포진되어 있는 대지나 공공부지 등을 개발해 일반인들에게는 싸게 공급하고 일부는 정말 어려운 사람들에게 거의 무상으로 제공할 수 있는 복합 대안을 제시해주는 게 필요하다. 국민이 살 곳을 정부가 인위적으로 정하는 것이 아니라 국민들 스스로가 정하는 과정 속에서 정부가 여러 대안들을 제시해 주는 국민권리보장형 해법이 제공되어야 한다. 서민층, 신혼부부, 청년들의 내 집 마련을 위해서는 '반값 아파트' 공급도 필요하다. 토지는 정부가 보유하거나 장기 임대해 주고, 건물만 개인이 소유하는 형태의 '토지임대부 주택' 공급으로 가능하다. 땅값이 필요 없으니 집값이 반값으로 공급 가능해지는 것이다. 이와 비슷한 정책을 시행하는 싱가포르와 스웨덴에서는 관련 정책이 오래전에 시행되어 국민들의 집 마련 부담을 덜어주고 있다. 실제로 싱가포르에 사는 한 청년은 싱가포르 아내와 결혼하게 되었는데 결혼하자마자 토지임대부 정책으로 지어진 공공주택을 받아 바로 안정적인 신혼생활을 할 수 있었다고 한다. 싱가포르는 모든 신혼부부가 주택을 공급받는다. 또한 싱가포르는 35살만 넘으면 결혼 유무에 상관없이 공공주택을 신청하여 쉽게 받을 수 있다.

결국, 가장 중요한 것은 지도자의 능력 있고 책임 있는 안목과 직결된다. 문제는 지금의 문재인 대통령이 임기 중 자신의 그릇된 안목을 변화시킬 의지가 전혀 보이지 않는다는 점이다. 어설픈 아파트 철학부터 버려야 한다. 언제까지 아파트를 빵에 비유하고 투기 운운하면서 실패한 정책을 손에 쥔 채 버티기에 들어갈 것인가? 실패를 인정하지 않는 오만과 실력부재로 일관한 아마추어리즘을 제발 내려놓으라. 부동산을 단순히 부르주아 투기와 프롤레타리안 수요의 이분법적 대결구도로만 바라보는 대통령과 정부부처 장관의 단세포적 사고방식이 이제는 세포 분열할 시기에 이르렀다고 본다.

3. 'K 양극화 주도성장'으로 변질된
문재인 대통령의 소득주도성장 실패

문재인 대통령의 경제정책 상징인 소득주도성장은 사실상 양극화 문제해결에 실패했다. 그것도 아주 처참히 말이다. 통계청이 발표한 2020년 4분기 가계 동향 조사결과만 봐도 답은 명확해진다. 사회적 약자 등의 소득 하위 20%인 1분위 가구의 근로소득이 1년 전보다 13.2% 감소한 반면 최상위 5분위 가구는 1.7% 늘었다. 이렇게 말하면 또 코로나 핑계를 댈 것 같아 미리 얘기하자면 문재인 정부 출범 전·후 근로소득을 기준으로 한 5분위 배율은 지난 정권출범 전 2016년 10.88에서 코로나 시작 전 2019년 11.56배로 증가했음을 확인해 볼 수 있다. 한 마디로 코로나 이전부터 우리나라 양극화 문제는 아마추어적 소득주도성장으로 인해 더욱 심해졌다는 것이다.

문재인 대통령의 아마추어리즘은 소득주도성장의 판타지로 여실히 드러난다. 좋게 말하면 마음씨 좋은 사람이라는 의미이지만 면면을 따져보면 그걸 실현시킬 수 없는 무능력자라는 것이다. 본래 소득주도성장의 취지는 소득이 늘어나 소비가 증가하고, 이에 따른 기업들의 투자가 늘어나 노동생산성 향상과 기업들의 이윤확대로 이어져 끝내 경제성장의 활력을 회복한다는 것이다. 그리고 그런 선순환 효과가 지속적으로 반복되면서 일자리 창출과 임금 인상 등으로 대한민국 모두가 행복해질 수 있다는 논리이다.

그러나 문제는 소득주도성장의 선순환 효과는커녕 오히려 악순환 함정에 빠져버렸다는 것이다. 무리한 최저임금 상승으로 인해 노동비용 상승으로 인한 기업이윤이 감소하였고, 특히 대기업이 아닌 영세한 자영업자들을 중심으로 그 부담이 크게 증가했다. 결국은 투자 감소와 경제동력 상실로 인해 노동수요는 줄어들었고 실업은 오히려 증가해 버린 것이다. 결국에는 희대의 경제성장 정체와 후퇴에 이르렀고, 바로 그런 시기에 코로나19까지 덮쳐 버려 국민들의 삶은 완전히 벼랑 끝으로 내몰리게 된 것이다.

소득과 성장은 달걀과 닭의 관계가 아니다. 성장이 달걀이고 소득이 닭이다. 성장이 전제되지 않는 소득이 있을 수 없음은 너무나 자명한 사실이다. 손에 쥘 만한 기회나 동력이 없는 상태에서 대체 무슨 수로 자신의 소득을 늘리라는 것인가? 결국, 상식 초월의 아마추어리즘은 소득주도성장으로 인한 악순환 고리를 완벽하게 실현시켰다. 청년 실업률은 갈수록 역대 치를 갈아치우고, 안정적인 직장과 전문성을 갖춘 사람들과 달리 우리 사회 내 절대다수를 차지하는 영세자영업자들과 임시·일용직들의 삶은 말 그대로 헬 게이트에 떨어져 버렸다. 소득을 늘려주겠다고 했건만 문재인 대통령의 경제적 무능은 직업을 없애버린 최악의 정책실패를 우리들에게 안겨준 것이다. 말 그대로 'K 양극화 주도성장'의 완성이다.

지옥과 같은 현실 가운데 정작 문재인 대통령은 또다시 코로나19 전 국민 위로금 운운하면서 국민들의 인내심을 건드렸다. 정작 국민들이 원하는 것은 본래 약속되었던 1분기 백신 접종으로 무너진 경제 활력이 복구되어 일상 속 직업 전선으로 이전처럼 뛰어드는 것이다. 평생을 먹고 살 수 있는 발판을 만들어줘야지 언제까지 어설픈 일시 위로금으로 한 두어 달 국민 여론 달래는 심보로 국가를 이끈다는 말인가? 도저히 살 수 없는 집값 만들어 놓은 것도 모자라 이제는 소득 불평등마저도 해결할 수 없으니 말 그대로 문재인 경제 리더십은 총체적 난국이다.

4. 그래서 내 백신은 어디 있는데?

2015년 6월 18일 아직도 국무총리로 취임했던 첫날이 기억난다. 메르스 사태로 인해 우리나라가 비상시국이었을 당시 총리로 취임하여 임명장을 받자마자 취임식도 하지 않은 채 현장으로 달려갔던 순간 말이다. 업무 첫날부터 메르스 종식 때까지 비상근무를 자처한 후 '3대 대처 원칙'을 강조하면서 메르스 종식을 위한 세부 대책과 범정부 차원의 지원방식을 즉각적으로 실행하였고, 그 결과 7월 28일에 이르러 메르스는 발생한 지 70일 만에 완전히 종식되었다.

국가적인 불행이자 힘든 시기였지만 메르스는 분명 코로나와 같은 세계적 대전염병을 대비할 수 있는 사전연습의 기회였다. 실제로 메르스 사태 당시 강조했던 감염병 종합대책에 관한 3대 대처 원칙은 지금 코로나 난국 속에서도 유효한데 그 세부적인 요소들로는 크게 '현장 중심 문제해결'과 '광범위한 선제 조치' 그리고 '즉각적인 실행' 등으로 구성된다.

어떤 전염병이 창궐해도 청와대와 여의도는 안전하다. 정확히 말하면 전염병 현장 당사자들의 삶을 직접 보고 체험하지 않고서는 그저 온실 속에서 별다른 문제의식 없이 탁상행정에 함몰될 위험성이 크다는 것이다. 위대한 국민들과 세계적 수준의 의료진들의 희생으로 초기 방역 대응에는 어느 정도 유의미한 성과를 내었으나 정작 정부가 제대로 된 역할을 수행했는지에 대해서는 여러모로 회의가 든다. 특히 초기에 중국에서의 유입을 제대로 차단하지 못한 점은 참으로 안타깝다. 싱가포르나 대만 등의 성공적 방역은 초기 중국 유입 차단에 성공했기 때문이다. 또한, 현장 속 의료진들에 대한 형편없는 보상체계와 백신을 위한 정부 당국의 광범위한 선제 조치와 즉각적인 실행의 굼뜬 행보도 K-방역의 성공 스토리를 무색하게 만든다.

실제로 정부는 코로나19 대응을 위해 파견된 의료진에 대해 무려 185억 원에 이르는 임금을 체불한 채 'K-열정페이'를 강요했다. 현장 속에서 피땀 흘려가며 국민들 건강을 챙긴 1,400여 명의 의사, 간호사, 간호조무사 등이 기본적인 임금조차 제때 받지 못한 것이다. 정부 당국에서는 예비비 부족분 확보 때문에 내부적으로 협의 중이라는 말만 반복했다고 하는데 희생의 땀으로 얼룩진 의료진들에게 기본조차 챙겨주지 못한 배부른 행정은 현 정부의 무능과 무책임을 적나라하게 보여준다고 본다. 하루빨리 코로나19 최전선에서 힘겹게 싸우는 의료진들에게 제대로 된 보상을 지급하는 것이 국민적 상식이자 도리이다.

K-백신과 K-접종의 안착 역시 하루빨리 진전되어야 하지만 여전히 진척상황은 말로만 처리될 뿐 실질적인 움직임이 보이지 않는다. 오히려 초기 방역 성공에 도취되어 코로나19 장기화 속 가장 중요한 변수인 백신확보 문제를 너무 쉽게 간과해버렸다는 점이 화가 난다. 특히 안전한 백신을 최대한 신속하게 전 국민들에게 접종시켜 향후 집단면역을 위한 포스트코로나 플랜을 제시해야 하는데 여전히 주력 도입 백신으로 분류되는 아스트라제네카의 효능과 안전 문제는 타 제품에 비해 논쟁적이다. 세계 경제 대국인 우리나라의 백신접종 속도가 100위권 밖으로 밀려난 사실은 참으로 부끄러울 정도다.

K-백신 관련하여서는 우리가 이스라엘을 적극적으로 벤치마킹할 필요가 있다. 가장 중요한 것은 선구매이다. 이스라엘은 2021년 2월 말 이미 백신 접종률이 주요국 중 처음으로 50%를 넘겼는데 이는 당시 접종률 0%이었던 대한민국과는 확연히 대조된다. 정부 당국이 선제적이면서도 즉각적으로 글로벌 제약회사와의 파격적인 협상을 통해 전 국민 백신 프로젝트를 성공적으로 안착시켜야 함은 지극히 상식적인데 지금의 속도는 느려도 너무 느리다. 실제로 백신의 항체 지속기간을 감안할 때 내년에도 코로나19 백신 물량은 정부 차원에서 지속적으로 확보해야만 한다. 이를 감안하여 백신 안전성이 입증된 미국 화이자나 모더나 등의 제약회사들

을 상대로 생산시설 부족 문제를 국가적 차원에서 해결해 주겠다고 나서야 한다. 코로나19 출현 이후 완전히 달라진 시대에 대응하기 위해서는 정치 리더십의 문제해결 방식에 있어 더 많은 상상력이 동원될 필요가 있다.

5. 북원추, 거짓과 위선으로 얼룩진 문 정권 탈원전 정책의 양면성

대한민국 원자력발전 기술은 우리나라 과학 및 산업계가 지난 60년간 '영끌'해서 일구어낸 세계 최고의 혁신이자 업적이다. 그러나 이런 위대한 원전 핵심역량은 정치꾼들의 거짓과 위선으로 얼룩진 탈원전의 이름으로 무참히 짓밟히고 해체되기에 이르렀다.

원전은 국가경제발전과 환경보호에 있어서도 미래 린치핀 역할을 전담할 미래기술로 분류된다. 정작 빌 게이츠도 기후문제를 해결하기 위한 방편으로 원전을 이용해야 함을 주장했고, 실제 우리나라의 경우도 원전발전 비중이 늘자 온실가스 배출량 역시 줄어든 것으로 확인된 바 있다. 구체적으로는 원전발전 비중을 3.3% 올렸을 때 석탄과 LNG 온실가스량은 10% 감소한 것으로 환경부 자료에서 이미 나타났다. 그런데 정작 탄소 제로를 지향하는 문재인 정권은 요란한 2050년 탄소중립 전략을 발표하면서도 실제 알맹이에 해당되는 구체적 이행계획 없이 탈원전만 고집하고 있다.

한편 탈원전 기조를 어떻게 해서든 유지하기 위해 월성1호기의 경제성 평가를 조작하는 불법적인 행위까지 자행된 점은 어처구니없는 일이다. 심지어는 이런 경제성 조작에 대한 감사원의 감사 자체를 산업부 관료가 방해했으니 이는 곧 지독히 무능하고 무책임한 정권 차원에서 이루어진 야합으로밖에 해석되지 않는다.

더욱 기막힌 것은 원전 경제성 조작과 감사원 방해 등으로 재판이 진행되고 있는 과정에서 뜬금없이 '북원추(북한지역 원전건설 추진방안)' 사건이 불거진 것이다. 환경과 안전성 등을 종합적으로 감안했을 때 원전은 죽어도 대한민국에 지어서는 안 된다고 하다가 정작 북한에는 경제협력 수단으로 제공해주어야 한다는 발상은 한 마디로 국민에 대한 배신행위이다. 남한은 '탈원전'을, 북한은 '원전올인'을 진행한다는 현 정부의 사고방식은 이 정권이 대체 누구를 위한 원전정책 기조를 갖춘 것인지 그 전제부터가 잘못되었다.

잊어서는 안 되는 점은 북원추 논란으로 상징되는 현 정부의 진정성 없는 탈원전 정책에 대한 심판의 날이 서서히 다가오고 있다는 것이다. 무엇보다 월성1호기의 경제성 평가를 조작하고자 했던 핵심 인사에 대한 사법적인 판단이 가까워지고 있다. 백운규 전 산업부 장관을 비롯한 관련 인사들의 불법적 행태는 이미 감사원을 통해 모두 드러난 만큼 실현 불가능한 탈원전 판타지와 북한 원전 추진 망상에 갇혀 있었던 무능과 무책임은 반드시 국민적, 사법적, 그리고 역사적 심판 등을 엄중히 받을 것이라 확신한다.

차기 정치 리더십이 그 어느 때보다 중요하다. 그나마 불행 중 다행인 점은 산업통상자원부가 지난 2월에 신한울 원자력발전소 3·4호기의 공사계획 인가 기간을 한국수력원자력이 신청한 오는 2023년 12월까지 연장했다는 것이다. 탈원전 판타지로 60년 국가 핵심역량과 국가적 이익을 침해한 세력들에 대한 단죄가 끝난 후에는 차기 정부가 대대적인 에너지 전환 정책 수정을 통해 망가질 대로 망가진 우리 원전기술의 불씨를 어떻게 해서든 다시 살려야만 한다.

6. 헌정 사상 최악의 대한민국 법무부 장관 릴레이 퍼포먼스

대한민국 역사상 가장 무능하고 무책임한 법무부 장관들이 문재인 정부 4년을 통해 배출되었고 지금도 그 기록은 현재진행형이다. 기-승-전 '검찰개혁'이란 정치적 명분으로 대한민국 법치의 구세주를 자처하지만, 지금까지 역대 문재인 정부 법무부 장관들의 행태를 감안하면 무법주의가 우리 법치 안방을 차지한 게 아닌가 싶다.

시작은 단연 '조국'이었다. 진보의 아이콘으로 세상을 더 올바르게 만들어 줄 것이라 기대했던 조국 전 법무부 장관의 민낯은 알고 보니 위선과 거짓으로 얼룩진 '검은 백조(The black swan)'였다.

도저히 일어날 것 같지 않은 일이 일어나는 것을 지칭하는 검은 백조는 월가의 유명 투자가인 나심 니콜라스 탈레브가 저서에서 언급한 내용이다. 본래 의도는 2008년 미국 서브프라임 모기지 사태를 예언하고자 지칭한 것이지만 조국 역시 정치진영을 초월하여 대한민국 공직자의 양심체계를 완전히 무너뜨린 예상치 못한 사례라는 점에서 적용해 볼 만하다.

일반적 상식과 기대 수준을 벗어난 예외적인 존재이면서도 극심한 충격을 동반하는 '검은 백조'는 말 그대로 조국 전 법무부 장관을 통해 우리 사회에 떨어진 거짓과 위선의 아마겟돈이었다. 대한민국 법치를 책임져야 할 장관과 그 부인의 무법과 편법으로 점철된 생활은 전 국민을 충격으로 몰아넣었다. 그를 응원했던 진보도 놀랐고 그를 반대했던 보수도 놀랐다. 당시 고위공직자 중 거의 유일하다시피 사모펀드를 운영하면서 국가 중책사업에 관여하고자 했던 정황부터 시작하여 전국 청년들에게 좌절을 안긴 엄마·아빠 찬스로 완성된 불공정 행태 등은 법무부 장관으로서의 기본을 갖추지 못했음을 너무나 명확하게 보여주었다.

그럼에도 불구하고 그는 떳떳했다. 아니 대한민국 공직자로 살아남고자 그가 선택한 새로운 대국민 기만 가이드라인이 탄생했던 순간이었다. 보통은 자신의 거짓이 드러나면 그 즉시 사과하고 책임지는 것이 일반적이었으나 조국의 경우는 이와 정반대였다. 오히려 더 적극적으로 발뺌하고 명확히 드러난 주장에 대해서는 정면으로 반박하며 자기최면에 가까운 내로남불식 태도로 일관할 뿐이었다. 그의 상식파괴 수준의 몰염치 행태는 많은 국민들을 분노로 몰아넣었고, 결국은 2019년 10월 3일, 백만 명이 넘는 국민들이 광화문 집회에 쏟아져 나와 조국 퇴진과 대통령의 사과를 요구했다.

갈수록 가중되는 대중의 분노와 법정에서 날이 갈수록 유죄로 기울고 있는 조국과 그 일가의 불법적 행위 등으로 인해 결국 그는 법무부 장관직을 사퇴했다. 그의 법무부 장관직 사퇴로 그렇게 대한민국 법치가 사필귀정으로 흐르나 싶었지만 이내 추미애의 등장은 사상 유례없는 검찰총장과의 전면전으로 이어지면서 대한민국 법치의 암울한 수준을 여과 없이 드러냈다.

추미애 전 장관의 가장 큰 실책은 살아있는 권력을 향한 정의를 온몸으로 막아내는 데에 있었다. 윤석열 검찰총장이 현 정부와 연관된 불리한 사건들을 진두지휘하자 이에 권력 홍위병을 자처하여 온몸으로 문재인 대통령을 지켜내기 위해 살신성인했다. 문제는 대한민국의 법치와 정의를 담당하는 주무 부처 장관이 권력의 수호자로 자처하면서 유례없는 검찰총장 찍어내기에 앞장섰다는 것이다. 실제로 그녀는 윤 총장 징계 청구 및 직무 배제 조치 등으로 윤석열 죽이기에 올인했으나 정작 문 대통령과 당에도 별다른 도움도 되지 못한 채 국민적 공분 속에서 먼저 그만두게 되었다.

그다음으로 임명된 박범계 법무부 장관 역시 헌정 사상 유례를 찾아볼 수 없는 '민정수석 패싱' 사건으로 전임 장관들 못지않게 화려한 데뷔를 했다. 법무부 장관이 민정수석을 배제시키면서 교체되어야 할 검찰인사를 유임시킨다는 것은 사실상 조국으로부터 이어지는 그들만의 '무법 레거시'를 이어나가겠다는 것이다. 한마디로 국가적 정의와 진실을 수호해야할 법치 수립보다는 자신들이 독점하고 있는 권력의 비리를 축소 은폐하고 심지어는 정당화시키겠다는 의지라 볼 수 있다.

민정수석은 청와대 내 핵심인사로 분류된다. 국민 여론과 민심을 대통령에게 보고하는 것은 물론이요, 공직사회 기강을 바로잡는 역할을 수행하며 국정원과 검찰 등 주요 사정기관을 관리하면서 관련 정보를 총괄한다. 그런 민정수석을 무력화시키고 정권의 안위에 도움 될 만한 검찰인사를 보호하고자 꼼수를 부렸다는 것은 앞서 말한 대로 그들이 내세웠던 '검찰개혁'의 완성이 곧 영원한 집권을 위한 발판을 만드는 것이라 보면 된다.

코로나19 속 회복을 말하고자 하지만 대한민국은 이미 그 이전부터 너무나 많이 망가진 상태이다. 정치, 경제, 문화, 사회 등 살아 있는 권력과 그 패거리들을 위한 유토피아가 펼쳐졌으나 절대다수의 사람들에게는 디스토피아가 만들어지고 있었던 것이다.

무엇보다 현 정권의 양심, 책임, 능력의 부재가 가슴 아프다. 적어도 촛불정신을 계승하겠다며 이전과 차별화된 모습을 보여주기를 기대했건만 직접 겪어보니 그들이야말로 일반 국민들의 촛불을 훔쳐 자신들의 화로만을 만들기에 급급했다. 故 노무현 대통령 이후 9년 만에 되찾은 권력이다 보니 또다시 뺏기고 싶지 않은 것이다. 그래서 더 권력에 집착하고 자신들의 장기집권에 방해될 만한 요소는 모든 수단과 방법을 동원해 사전에 제거하거나 무력화시키는 것이다. 이 과정에서 같은 진보에 소속된 사람들도 예외가 아니다. 가령 금태섭 전 의원과 진중권 교수 등이 진보를 대표했던 양심이었음에도 불구하고 문빠 팬덤정치로 인해 철저히 배제되고 소외되는 모습이 전형적인 사례이다.

이런 일탈의 끝을 달리고 있는 살아있는 권력은 언젠가 국민의 심판을 통해 사라지게 되어 있다. 그것이 민주주의이자 국민들에 대한 촛불 초심을 오롯이 지키지 못한 지금의 문재인 정권이 마주해야 할 상식적인 결말이다. 소모적인 비판과 책임 전가는 국민통합을 위해 반드시 지양해야 하지만 객관적으로 현 정권이 잃어버린 양심과 무능 및 무책임으로 점철된 사회적 해악들은 반드시 지적할 필요가 있다. 그리고 이들의 탈선을 반면교사 삼아 나부터, 미래에 정권교체를 준비하는 우리들도 정신 똑바로 차리고 국민들만 바라보며 올바른 정치를 실현해야 한다.

과거로부터 회복되어야만 코로나19 시대 이후 더 나은 대한민국을 위한 밑그림을 그릴 수 있다.

제3장

내가 생각하는 위기의 본질
: 포스트코로나 시대 양극화 심화

1. 익숙한 것과의 결별

앞으로 도래할 포스트코로나 시대에는 우리가 기존에 알고 있었던 지식과 사고체계의 완전한 변화 없이는 미래의 도전과제를 해결할 수 없으리라 장담한다. 이미 세계는 기술발전과 글로벌화에 힘입어 이전과는 전혀 다른 시대적 패러다임을 갖게 되었다. 모든 것들이 상호 연결되어 있으며 교통과 통신의 발달로 인해 사람과 상품 그리고 자본 등이 국경을 넘어 글로벌 상호연결의 시대를 열었다. 문제는 이런 연결성이 특정 지역 내 문제가 세계적으로 확산되는 새로운 위험사회를 대두시킨다는 것이다. 실제로 2008년 세계금융위기의 경우 미국의 서브프라임 모기지 사태가 시작되면서 전 세계로 확산되었고, 2020년 코로나19 역시 중국 우한 폐렴이 세계적 대유행병인 팬데믹(pandemic)으로 확산된 결과이다.

코로나19는 그중에서도 21세기 최악의 충격을 불러일으키고 있다. 무엇보다 연결에 있어 가장 중요한 '대면'이 원천적으로 막힌 '비대면 록인(lock-in) 일상'이 강요되기 때문이다. 가장 큰 문제는 경제이다. 아무리 IT기술이 발달되었다 할지라도 인간은 대면경제를 바탕으로 대부분의 거래나 교류를 활성화시킨다. 결국 코로나19로 인한 대면 경제의 파괴는 '거리 두기'의 확장으로 작게는 개인 차원에서, 크게는 사회와 국가 차원으로까지 고통스럽게 진행되었다.

결국, 우리가 마주한 코로나19는 이전에는 한 번도 경험해 보지 못했던 불평등의 격차와 양극화의 시대를 열 것으로 전망한다. 위기는 상위계층보다 취약계층인 저소득층과 사회적 약자에게 훨씬 더 가혹하게 다가온다. 청년과 여성, 저소득과 저학력, 그리고 임시·일용·비정규직 노동자들과 자영업자 등이 치열한 생존 절벽에 마주하고 있다. 글로벌 공급사슬 역시 파괴되어 기존 자본과 시스템 등 사회적 기초체력이 탄탄한 선진국들보다 이에 취약한 개발도상국과 빈곤국들이 더 큰 경제적 피해와 고통을 당하게 될 것이다.

코로나 시대 속 안전한 고소득 직장이 보장된 사람들은 재택근무하면서 필요한 물건이나 음식 등은 쿠팡이나 마켓컬리 등으로 편안하게 주문만 하면 된다. 반면 생업전선에 노출된 긱 경제(Gig economy) 종사자들은 대면의 위험을 감수한 채 더 활발히 택배·운송 작업에 투입되어 움직여야 한다. 극단적인 대조로 보일지 몰라도 코로나는 노동시장의 수요와 공급 간 괴리를 한층 더 벌려놓았다. 결국, 노동이 전문적이고 복잡할수록 고소득이 보장되는 반면 일이 단순하고 대체 가능할수록 자동화를 비롯한 치열한 내부 경쟁 등이 겹쳐 소득 자체가 사라지게 되는 것이다.

실례로 팬데믹 시대 속 전혀 다른 삶을 사는 두 청년을 본 적이 있다. 한 청년 A는 IT기반 유명 게임회사 내 마케팅 부서에 근무하면서 비대면 근무 라이프스타일에 편안히 적응하면서 별다른 큰 위기와 마주하지 않고 하루하루 본인의 업무를 성실히 처리한다. 오후 업무가 끝난 후에는 본인 집에서 넷플릭스(Netflix)를 틀어놓은 다음 쿠팡잇츠 앱을 통해 자기가 먹고 싶은 음식을 주문하면서 편하게 하루를 마감한다. 사교성도 좋은 편이라 집에 있기 심심할 때는 친구 몇몇과 어울리면서 미래에 대한 고민과 계획들을 하나하나씩 정리해 나가는데 본인 커리어 개발에도 관심이 많아 회사 외에도 코딩과 AI 등 자투리 강의들을 수강하면서 자기 공부에도 열중한다.

반면 대면으로 헬스장을 운영했던 청년 B는 코로나 이후 사회적 거리 두기와 일반 고객들의 연이은 탈퇴로 빚만 떠안은 채 폐업했다. 이후 파트타임 아르바이트를 하나둘씩 해 나가면서 부지런히 돈을 벌지만 갚아야 할 빚과 높은 월세와 생활비 등으로 생각보다 저축하기가 쉽지 않다. 무엇보다 불확실성으로 인한 심적인 고민도 많은데 정작 눈앞에 놓인 문제들도 감당하기 어려울 정도로 많기 때문에 일상이 산 넘어 산이다. 저소득 고강도 아르바이트 위주로 일하다보니 업무 외에는 다른 취미활동이나 커리어 개발 등을 준비할 여력이 전혀 없다. 그래도 매일 누구보다 성실하게 산다고 자부하지만 정작 5년 후 자신의 미래를 그려봤을 때 아무런 답이 나오지 않아 한숨밖에 나오지 않는다.

같은 시대를 살아가고 있지만, 삶의 양상은 완전히 달라진 두 청년의 일상을 보면서 다시 한번 '국가의 역할'에 대해 스스로 물어볼 수밖에 없었다. 더이상 아날로그 방법론이 통하지 않는 디지털 대전환의 시대 가운데 이를 견인하는 국가의 운영체제는 완전히 새롭게 정립되어야만 한다. 그 시작점으로 나는 프레임 전환을 위한 '케이지(CAGE) 전략'과 초일류 정부를 상징하는 '혁신주도국가' 개념을 언급하고자 한다.

2. 황교안의 '케이지(CAGE) 전략'

'새장' 또는 '우리'를 뜻하는 케이지는 말 그대로 포스트코로나 시대 대한민국 터전을 새롭게 일구는 회복 키워드들을 선점하는 것이다. 집단천재성(C, Collective Genius) · 인공지능(A, Artificial Intelligence) · 균(G, Germs) · 평등(E, Equality) 등의 단어들로 조합된 케이지는 급변하는 시대 흐름에 맞춰 국가 경영을 완전히 개혁하는 것에 방점을 둔다.

집단천재성(C, Collective Genius)

집단천재성의 핵심은 '통합'이다. 한 국가 내 우수한 국민들의 개별 능력들을 한데 모아 조율할 수만 있다면 우리는 집단천재성을 너무나 강력하고 쉽게 발휘할 수 있다. 문제는 대한민국의 집단천재성은 어디까지나 잠재성 수준을 넘어서지 못한다는 점이다. 본질적으로는 집단역량을 실현하기에 앞서 개인 간의 화합과 조합이 이루어지지 않은 채 언제나 싸우기 때문이다.

이미 10년 전부터 우리나라는 사회 내 갈등과 분열 등으로 인해 국내총생산(GDP)의 27%에 해당하는 300조 원 정도의 사회비용이 지출된다는 보고가 있었다. 최근 주요 사회적 갈등만 보더라도 그 어느 때보다 첨예하게 대립한다.

오늘날에는 젠더이슈로 상징되는 남녀갈등이 최고조에 이르렀고 기성세대가 꼰대로 지칭되는 세대 간의 갈등 역시 만만치 않은 이슈로 떠올랐다. 특히 보수와 진보 등 이념대결이 절정에 이른 배경과 더불어 정당 내 계파 다툼 등 대한민국은 유례없이 혼란스럽다. 더 나아가 유튜브(Youtube) 등의 뉴미디어는 자체적인 알고리즘 기술을 통해 대중의 정보편향성향을 더욱 강화시키는데, 한번 극단적인 콘텐츠로 사람들의 이목이 쏠려 버리는 순간 어떤 외부의 대안이나 담론도 무조건적으로 반대하게 되며 심지어는 타자를 적으로 규정한 채 서로 싸우려고 달려든다. 포스트코로나 시대 가운데 우리 사회가 이런 기본적인 연대의식조차 찢어진 채 방치된다면 그만큼 미래의 양극화 위협으로부터 살아남기 어렵게 된다.

'싸우지 좀 말라'는 국민적 피로도와 통합 니즈가 갈수록 높아지고 있는데 이를 진정시키기 위해서는 결국 미래 리더십의 역할이 중요하다. 바로 집단천재성을 실현하기 위한 통합의 정치 리더십이 바로 서야만 대한민국의 다양한 목소리들이 투영된 모두의 비전이 탄생할 수 있다는 것이다. 통합의 정치 리더십은 엄격한 헌법 가치 수호자를 자처하면서 갈수록 다원화되고 있는 민주주의 색채를 더욱 조화롭게 공존시키는 관리자의 역할에 더 충실해야 한다. 과거 카리스마 스타일로 리더 개인이 국민 전체를 휘어잡기보다는 차별화된 미래 방향성을 제시하여 국민들과 소통하며 이끌어야 한다. 무엇보다 우리는 이제 포스트코로나 시대 가운데 상호공존하고 협력하지 않고서는 이 난국을 헤쳐 나갈 수 없다.

결국, 리더는 민주주의를 수호해야 한다. 과거의 불평등과 현재의 불공정, 그리고 미래의 불확실성 모두를 극복할 수 있는 강력한 국민적 연대의식을 고취하기 위해 더욱 겸손한 자세를 취해야 한다. 무엇보다 개인의 축적된 경험과 노하우만으로 국정을 이끌겠다는 착각으로부터 자유로워야 한다. 지금까지 구중궁궐 청와대에서 소통이 단절된 채 군림하던 지도자들의 말로는 결코 행복하지 않았다는 점을 잊어서는 안 된다.

리더 개인의 겸허함 못지않게 우리 사회 내 민주주의 가치가 더욱 학습되고 뿌리내릴 필요가 있다. 앞으로 뉴미디어와 IT기술 등의 발달 등에 힘입어 개인의 가치와 개성은 더욱 다원화되겠지만 그만큼 공생과 조화의 난이도는 갈수록 도전받게 될 것이다. 특히 미국에서 등장한 VUCA 신조어는 우리나라 민주주의 성장통에 있어 지속적인 문제들로 작용할 것이다. 구체적으로는 변동성(Volatility), 불확실성(Uncertainty), 복잡성(Complexity), 그리고 모호성(Ambiguity) 등을 말한다.

변동성과 불확실성 : 개인 자유의 존중

변동성과 불확실성은 공통적으로 빠른 시대 변화로 인해 발생하는 끝없는 새로움과 연결된다. 한곳에 오래 머물기보다는 매번 새로운 것에 노출되고, 또 그다음 단계로 계속 넘어가다 보니 그만큼 현재의 변동성과 미래의 불확실성은 커질 수밖에 없는 것이다. 그러나 시대가 변해도 절대로 변하지 않는 가치의 정립은 중요하다. 그것은 바로 자유이다. 특히 변화의 주체로 다양하게 자리하는 개인의 시대일수록 한 인간 개인의 '자유'의 가치는 민주주의의 발전의 핵심요소로 보아야 한다.

자유의 가치가 정립되려면 그만큼 개인의 자유가 충분히 존중

받아야 하며, 특히 개인의 정당한 실력 발휘에 있어서는 국가의 도넘는 개입과 간섭이 배제되어어야 한다. 무엇보다 다수결의 큰 합의 속에서 소수의 개성이 존중받는 민주주의 토양이 더 가꾸어져야 한다. 미국의 철학자 폴 우드러프는 자신의 저서 〈최초의 민주주의〉에서 "다수결 원칙이란 다수에 의한, 다수를 위한 정치체제를 유지시킬 뿐, 그 자체로 민주주의는 아니다. 소수를 위협하고 배제하며 다수의 권력 아래 종속시키는 정치는 다수에 의한 독재와 다름없다. 이는 자유를 끝장낸다"라고 언급했다.

실제로 우리나라는 다수의 횡포에 취약한 민주주의를 가지고 있다. 경우에 따라서는 심도 있는 팩트 체크 없이 일부 무책임한 정치 선동꾼들에 의해 국민 전체가 동요하는 사례가 좌 · 우 진영 할 것 없이 엄청나게 증가했다. 토론은 생략되고 소수의견은 묵살당한 채 다수의 뉴미디어로 급부상한 단기여론에 의해 개인이 무자비하게 탄압받는 냄비현상이 일상화된 점은 뼈아프다. 더이상 꼬리가 몸통을 흔드는 선동 민주주의로 인한 다수의 착각으로 민주주의의 파괴가 지속되어서는 안 된다. 무엇보다 국민 개인의 자유가 존중받고 건전한 다수의 의사가 형성될 수 있는 민주주의의 절차가 중요하다고 본다.

결국은 심리전이다. 국민 개인이 자신의 목소리를 자유롭게 내면서도 다수의 큰 흐름과 조화롭게 살아갈 수 있는 사회적 존중이 바로 서면 그만큼 새로움으로 인한 변동성과 불확실성으로부터 심리적 안정감을 느끼게 될 것이다. 그래야만 통합에 기초한 집단천재성의 실현을 달성할 수 있다.

복잡성과 모호성 : 인풋 공정과 정의로운 아웃풋

갈수록 다원화된 개성들이 난무하는 세상 가운데 민주시민은 어떠한 어려운 문제와 마주하더라도 이를 해결할 수 있는 기본 원칙을 정립해야만 한다. 다시 말하자면 공정한 원칙을 중심으로 앞으로 더욱 복잡해지고 모호해질 사회 내 문제들을 정의롭게 풀어내야 한다는 것이다. 단순히 말하자면 공정은 '인풋'이고 정의는 '아웃풋'이다.

한때 대한민국은 마이클 샌델 교수의 저서 〈정의란 무엇인가?〉에 열광한 적이 있다. 그만큼 복잡하고 모호한 문제를 풀기 위해 어떤 도덕기준을 마음속에 정립해야 하는지에 대해 대중적 관심이 폭발한 것이다. 이는 곧 우리나라가 정의롭지 못하다고 생각하는, 그 정의에 다다를 수 있는 공정의 원칙이 훼손되었다고 생각하는 앵그리(angry) 국민들이 많기 때문이다. 정치 리더는 이러한 국민들의 분노를 더 나은 세상을 만들기 위한 선한 자양분으로 삼아 다수가 만족할 만한 인풋과 아웃풋을 내놓아야 한다.

무엇보다 리더는 발상의 전환이 중요하다. 현대사회의 복잡성과 모호성은 그 해결방식이 간단할 때만 큰 힘을 발휘한다. 마치 알렉산더 대왕과 고르디아스 매듭의 관계와 같다. 마차에 아주 복잡하게 묶어진 고르디아스 매듭을 푼 자가 아시아의 지배자가 된다는 말을 듣고 많은 영웅들이 도전하지만, 결과는 엉켜있는 매듭에 손이 꼬여 모두 실패할 뿐이었다. 정작 알렉산더 대왕이 나서 그 매듭을 칼로 내리쳐 한 번에 잘라버렸는데 우리 사회 내 고르디

아스 매듭 역시 단순한 공정과 정의의 칼로 생각보다 쉽게 잘라낼 수 있음을 짐작할 수 있다.

다행히 일상 속 모순과 부정의에 대한 국민적 지적은 그 어느 때보다 적극적인데 이런 사회 구조적인 문제에 대한 과정과 결과에 대한 대중적 토론과 논쟁은 민주주의 발전은 물론이요, 집단천재성을 발휘하는 데 매우 중요한 전제 조건이라고 생각한다. 아무리 우리가 직면한 사회구조의 부조리와 문제해결 방식이 복잡하고 애매하다 할지라도 결국은 공정한 과정에 대한 검토와 정의로운 결과에 대한 평가를 바탕으로 충분히 해결 가능하다.

인공지능(A, Artificial Intelligence)

코로나 양극화 전쟁에서는 인공지능으로 대표되는 기술과 인간이 철저히 시너지 효과를 낸다면 충분히 이길 승산이 있다. 다만 앞으로는 인간의 영역과 기술의 영역 간 역할범주가 더욱 분명해질 것인 만큼 이에 상응하는 전략적 대응이 그 어느 때보다 필수적이다. 바로 이 역할과 직결된 인간 노동이 기술 머리 꼭대기에 앉아 있느냐에 따라 기술에 의한 대체 가능성과 몸값은 하늘과 땅 차이로 벌어지게 될 것이며 국가의 역할 역시 중요해질 수밖에 없다.

국무총리 재직 시절 알파고와 이세돌의 대결은 나를 포함한 많은 국민들에게 충격으로 다가왔다. 딥 마인드 바둑 인공지능 프로그램이 세계 최고의 이세돌과 겨뤄 무려 4승 1패로 승리한 것이다. 아마 그때부터였을 것이다. 클라우스 슈밥의 〈4차 산업혁명〉이란 책을 시작으로 대한민국은 본격적으로 기술혁명에 대한 대중적 관심이 폭발한다. 정치권 내에서도 4차 산업혁명 타이틀을 단 수많은 세미나와 프로그램들이 열렸고, 이러한 흐름은 인공지능이란 최신 기술에 집중되어 남녀노소 그것이 정확히 무엇인지는 몰라도 누구나 의식하고 사용하는 시대에 접어들었다.

인공지능에 대한 대중의 심리적 뿌리는 놀라움 반 두려움 반이다. 우선 지난 3년간 인공지능은 아주 무섭게 우리 산업 분야 전반에 빠른 속도로 침투했다. 당장 일반 가정집에도 인공지능 스피커들이 즐비하여 '지니야 노래 틀어줘' 등 재미있는 동거가 본격화되었다. 여기까지가 호기심이다. 문제는 가끔가다 말도 못 알아듣는 어설픈 기가 인공지능이 이제는 생각보다 빨리 우리 인간의 생업전선을 대체하고 그 근본을 본격적으로 흔든다는 것이다. 그래서 요즘 사람들을 만나며 인공지능에 대해 다시 물어보면(여전히 그것이 정확히 무엇인지는 설명하지 못해도) 대단한 위협으로 우리 삶을 대체할 것이라는 공포를 느끼고 있다는 것을 확인할 때가 많다.

결국, 핵심은 기계의 노예가 아닌 기계를 노예로 부릴 수 있는 인간상으로 살아남는 게 중요하다. 간단히 말해 인공지능의 엄청난 지식 및 정보처리기술에 의해 누가 '자동화'되는가에 따라 인간의 희비는 완전히 엇갈릴 것이다. 대표적인 사례가 물류창고이다. 세계 최대 전자 상거래 업체인 아마존은 자체 로봇 자동화 기술을 바탕으로 창고 운영비용을 5분의 1 수준으로 낮췄고, 인공지능 정보기술을 더욱 강화시켜 스마트물류실험을 더욱 과감하게 실행하고 있다. 더 나아가 금융 전문영역에도 인공지능의 위력은 더욱 무섭게 입증되었다. 미국 켄쇼(Kensho)사의 인공지능은 빅데이터 분석능력을 바탕으로 특정 펀드에 투자하는 기술을 선보여 수백 명의 월스트리트 트레이더들을 정리시켰다. 우리나라의 경우 IBK자산운용이 국내 최초로 켄쇼 기술을 활용한 4.0 레볼루션 펀드를 만들었으며 이미 투자자들로부터 2,000억 원 이상의 수탁금을 확보했다.

정치, V자 성장 리더십 발휘해야

혁신은 필연적으로 파괴를 동반한다. 과거에 당연시되었던 정상의 개념이 새로운 혁신에 의해 모두 물갈이되면서 전환과정 가운데 안착하지 않고서는 전부 다 대체될 수밖에 없기 때문이다. 그렇다고 해서 혁신을 피할 수도 없고 피해서도 안 되는 노릇이니 결국 대한민국 국민들이 인공지능에 의해 낙오되지 않기 위해서는 국가가 더욱 적극적으로 나서 그 대안을 마련해 주어야 한다.

여기서 중요한 점은 인공지능이 인간을 100% 대체할 수는 없다는 점이다. 물론 인공지능의 놀라운 발전 속도를 평가절하하는 것은 아니다. 다만 우리가 간과해서는 안 될 결정적 팩트는 인공지능의 인풋은 '사람'이라는 점이다. 분명 인공지능을 통한 스마트 과학혁명은 인간의 반복적 루틴을 대체하게 될 것이다. 그러나 인간 특유의 심리적 공감능력과 상상력 등은 여전히 우리가 우위에 있음을 각인시켜 줄 핵심역량이라고 본다. 결국은 국가가 인간과 인공지능의 대결국면 속에서 인간의 비교우위를 대폭적으로 반영한 인간 고유의 생존 루트를 하루빨리 안내하고 미래형 인재로 전환해야 한다.

우선 인간과 기술의 조화를 이룰 수 있는 중·장기적 로드맵을 수립하여 노동시장 내 갈수록 부족해지고 있는 인공지능 산업 종사자 풀을 국가적 차원에서 하루빨리 양성해야 한다. 특히 코로나 이후 인공지능에 의한 혁신의 속도가 더욱 빨라지는 점을 감안하여 디지털 전환에 투입할 현업 인재들을 최대한 신속하게 디지털로 무장시켜야 한다. 인공지능은 어디까지나 기술로 대표되는 '도구'이다. 현장 속 업무 시스템을 온몸으로 체득한 실무 인재들의 디지털 문맹률을 점진적으로 낮춰 호랑이 등에 날개 다는 식으로 인공지능 기술 활용능력을 본인의 전문성과 융합시킨 후 현업에서 확장시키는 것이다.

인간 고유의 공감능력과 상상력으로 인공지능의 데이터 편식을 잡아주는 것도 중요하다. 대표적 사례로 챗봇 '이루다'의 온갖 혐오발언과 성차별 멘트 등이 있는데, 결국 인공지능의 탈선도 그것을 처음부터 기획하는 설계자의 주관과 윤리에 의해 좌지우지됨을 확인할 수 있다. 앞으로 도구적 차원의 기술적 수완 못지않게 목적으로서의 인공지능 윤리의식과 운영방식 등도 큰 변수로 떠오르게 될 것이다. 가까운 미래에 설계자의 일탈이 잘못 반영되어 인간에게 해악을 끼치는 인공지능 사건이 분명히 일어날 것인 만큼 미래

인재 육성에 필요한 융합능력과 도덕교육을 국가 차원에서 완전히 리뉴얼할 필요가 있다고 본다. 그렇지 않을 경우 편향으로 얼룩진 인공지능으로 인한 새로운 유형의 사회갈등이 우리 사회 내에서 심각한 수준으로 일어날까 우려된다.

포스트코로나 이후 V자 반등성장의 전제 조건은 인공지능으로 상징되는 과학혁명 시대 속에서 인간의 위치를 재정립시키는 것이다. 좁게는 인공지능이 인간의 일자리를 대체하느냐 마느냐의 문제로 바라볼 수도 있지만 좀 더 폭넓고 상상력 있게 바라보면 인공지능의 발달은 인간을 기존 노동으로부터 해방시켜 인간만의 공감 및 상상의 영역으로 성장시켜 줄 수 있는 최고의 수단일 수도 있다. 물론 인공지능의 발전이 인류에 어떤 영향을 미칠지에 대해 함부로 예단해서는 안 된다. 그러나 피할 수 없는 시대적 대세를 눈앞에 둔 이상 리더는 어떻게 해서든 팬데믹 극복 발판으로 인공지능과 인간의 조화를 대한민국 사회 내 제대로 정착시킬 의무를 진다고 본다.

균(G, germs)

21세기에 들어 균은 코로나를 비롯해 인류사회의 새로운 위협으로 급부상했다. 당장 우리는 지난 20년간 코로나 이전에 두 번의 팬데믹을 경험했다. 우선 2002년에는 사스(SARS, 중증급성호흡기 증후군) 유행으로 인해 8천여 명의 감염자와 774명의 사망자(치사율 10% 내외)가 발생했고, 2015년에도 메르스(MERS, 중동호흡기 증후군)로 인해 2천 5백여 명의 감염자와 35%에 이르는 사망자가 발생했다. 그리고 코로나19라는 메가톤급 전염병이 창궐하여 2021년 5월 현재 1억 6천여 명이 넘는 감염자와 3백 4십만 명을 넘어선 사망자가 발생했다. 특히 미국의 경우 이미 50만 명을 넘어서 제1·2차 세계대전과 베트남전에서 사망한 미군의 숫자를 넘어섰다.

앞으로도 코로나를 비롯한 예기치 못한 전염병은 사회 근본을 흔든 채 외부세계와의 단절은 물론이요, 내부의 양극화 문제를 더욱 심화시킬 것이다. 실제로 이미 지역사회 내 깊숙이 번진 코로나로 인해 문제해결 범위는 단순히 보건영역을 넘어서 우리 사회 전 분야로 확장되었다. 그래서 첫 출발점으로 생각해 볼 대안으로는 바이오 기술에 특화된 국립 애자일 팬데믹 센터(Agile Pandemic Center), 즉 신속대응센터를 설립하여 현재와 미래 전염병에 철저히 대비하는 것이다.

대한민국에서는 국가 최고 인재가 의·치·한의대로 진학한다. 일각에서는 이공계 인재의 편중된 의학계 진학을 우려하기도 하지만 엄밀히 말해 바이오 분야에 우수한 인재가 쏠려 있다는 점은 국가 차원에서 새로운 어벤저스 팀을 만들어 낼 수 있는 하나의 잠재력이 있다고도 볼 수 있다. 그래서 앞에서 언급한 국립 애자일 팬데믹 센터가 바로 그런 인재들을 담아낼 수 있는 국가 차원의 의미 있는 그릇으로 만들어진다면 세계 최고 인재와 다름없는 국내 인재들을 유치할 수 있다.

애자일(agile)은 한마디로 민첩해야 함을 의미한다. 특히 초기 전염원 원천봉쇄를 제외하고는 국가가 중·장기적으로 K-백신 시스템을 신속히 정립하여 국민 70% 이상의 접종을 바탕으로 집단면역 확보에 돌입해야 한다. 그래서 국가 지도자는 코로나19 이후의 전염병 창궐 가능성에 대비한 대비체계를 사전에 명확히 만들어두어야 한다. 2015년 메르스 방역 때 마련해 놓은 감염병 종합대책이 이번 K-방역의 기본이 된 것은 주지의 사실이다. 이미 대한민국 많은 국민들은 코로나19보다 더 무서운 거리두기로 인한 경제 생존 문제와 마주하고 있는데, K-방역을 넘어 더 신속한 집단면역 체계를 갖출 수 있다면 국민들이 지금의 상태보다는 더 나은 상황 속에서 살아갈 수 있을 것이다.

국립 애자일 팬데믹 센터는 공공기관이라기보다는 융합기관이어야 한다. 관료주의의 절차주의는 안정적인 시기에는 업무처리에 있어 별문제가 없지만 빠른 판단을 요하는 위기상황 속에서는 골든타임을 놓칠 위험성이 크다. 그래서 예비군 체제와 같은 맥락으로 최고수준의 신속절차를 이행할 수 있는 체계를 만들어 바이오 인재, 감염병 전문가들과 다른 영역 종사자들의 커리어 풀을 확장시켜주는 개념으로 시작해 볼 수 있다. 여기에 대기업과 스타트업 등 민간영역의 기업들을 연계시켜 각자 가지고 있는 기업적 핵심역량들을 위기 시에 효율적으로 활용할 수 있는 사전 네트워크를 만들어 놓고 모든 권한을 부여해야 한다. 또한, 바이오 영역을 넘어 국민들에게 빠르고 정확한 소식을 알릴 수 있는 홍보·마케팅 기능도 사전에 시범적으로 안착시켜야만 제2의 팬데믹 상황 속에서 가짜뉴스를 비롯한 음모론 등으로부터 국민동요를 막아낼 수 있을 것이다.

국무총리와 대통령 권한대행으로서 느꼈던 점은 리더의 의지나 생각이 조직에 반영되어 실제 국민들에게 도움으로 다가서기까지 생각보다 매우 오랜 시간이 걸린다는 것이다. 물론 위기 상황에서 그런 한계가 핑계로 내세워져서는 안 되지만 그만큼 지도자의 미래문제해결을 위한 사전 상상력이 발동되어야만 문제 속 시행착오를 큰 폭으로 줄일 수 있다.

사회학적 맥락에서 리더십을 파악한 필립 셀즈닉(Philip Selznick)은 지도자의 능력을 기관과 연관 지어 바라보는데, 리더는 사회적 산물인 조직의 생명력을 인정하고 내·외부적인 사회적 변화들을 종합하여 이를 기관 내에 적응시키는 선봉자 역할을 수행한다. 정부 관료주의 시스템은 그 나름대로 수십 년 운영 내공을 지닌 능력 있는 기관이지만, 그 역할이 위기 시에는 제 능력을 발휘할 수 없는 위험성이 충분히 있는 만큼 리더는 별도의 애자일 특공대 그룹을 만들어 급변하는 미래 위기 상황에 대한 만반의 체계를 갖춰야 한다.

그래서 리더는 조직의 사회적 특성에 대해 정통하여야 한다. 단순히 사교성이 뛰어남과 리더십은 구별되어야 하며, 리더는 소속된 집단의 가치를 발전시키고 이를 보호해 나가는 데 있어 경험에 기초한 정치적 상상력을 발휘하면서 장기적인 안목으로 국가정책에 실행계획들을 담아내야 한다. 문제는 위기를 '입'으로만 풀어내는 리더십인데 위기 속 리더십의 요체는 '행동'이다.

평등(E, Equality)

평등에 대한 논의에 앞서 내 고백을 나눠보고자 한다. 나는 실향민으로 남한에 내려와 고물상을 업으로 삼아 성실히 살아가시는 아버지 밑에서 성장했고, 육 남매가 달동네 좁은 집안에서 북적북적하면서 그렇게 가난한 일상 속에서 하루하루를 함께 살아갔다.

나 역시 고민이 많았다. 빽빽이 들어선 달동네 어둡고 좁은 길을 오르고 내리면서 지금의 가난한 현실을 어떻게 하면 벗어날 수 있을까 고민했다. 아버지가 돌아가신 후 경제적으로 너무 어렵다 보니 대학 진학에 대한 부담이 너무 커서 어머니께 고등학교 졸업 후 대학을 가지 않겠다고 말씀드린 적도 있다. 아마 그날이 어머니께서 가장 크게 화를 내시면서 본인의 머리카락을 잘라 팔아서라도 널 공부시킬 테니 쓸데없는 생각 말고 공부에 전념하라고 말씀하셨던 날로 기억한다.

지금에야 추억으로 남아 있지만, 당시 나는 집안 형편상 사법시험에 일찍 붙지 않으면 법조인의 길을 갈 수 없는 상황이었다. 그럼에도 어떻게든 해내야 한다는 일념으로 시험에 뛰어들었는데 시험에 두 번 떨어지면서 갈수록 위축되기도 했다. 그래도 계속 계란으로 바위를 친다는 심정으로 때리고 또 때려가면서 세 번째 시도 끝에 사법시험에 붙을 수 있었다. 아마 그때부터가 인생 처음으로 법조인 신분으로 안정적인 삶을 시작할 수 있었던 때였을 것이다.

평등을 주제로 얘기할 때 내 고백으로 시작한 것은 나 역시 한때나마 결핍으로 인한 불안과 무력감을 체감하며 살았다는 점을 말해주고 싶어서이다. 무엇보다 한 인격체가 지속적인 불평등한 사회적 구조 속에 갇혀 버릴 경우 그것이 얼마나 큰 고통을 계속 떠안고 사는 것인지에 대한 내 나름의 공감의 표현이기도 하다.

지독한 현실에 맞서 알을 깨고 세상 밖으로 나온다는 것은 개인적 노력도 중요하지만, 사회적 구조 역시 큰 변수로 작용한다. 가난한 황교안이 혼자서 공부를 열심히 한 것도 중요했지만 더 결정적이었던 것은 사법시험이라는 제도적 장치 덕분에 법조인의 커리어를 시작할 수 있었던 것이다. 나 역시도 사회에 빚진 사람이다. 사법시험 장치 덕분에 공부라는 수단으로 공정하고 객관적인 시험에 도전해 볼 수 있는 기회가 주어졌고, 어려운 일상 속에서도 법조인의 꿈을 가슴에 품고 도전해 볼 수 있었던 것이다. 그런데 지금의 대한민국 현실을 보면 이제 나조차도 과연 현 시대에 태어났다면 법조인의 꿈을 이룰 수 있었을 지에 대한 깊은 회의가 앞선다. 그만큼 개천에서 용이 나올 수 없는 구조로 변화되고 있기 때문이다.

더 큰 문제는 앞으로이다. 세계화와 과학기술혁명은 우리에게 편리하고 윤택한 풍요사회를 만들어 주었지만, 그 내면을 찬찬히 살펴보면 양극화의 거대한 쓰나미가 서서히 다가오고 있다. 결국은 평등 이슈를 다루는 데 있어서 개인의 경쟁력을 국가가 나서서 견인해 주고, 자본의 격차가 노력하는 개인들의 자유의지를 무시하거나 잠식하지 못하도록 해야 한다. 여기에서 평등은 기회의 평등을 의미하는 것이다. 기회는 평등하게 부여하고 과정을 공정하게 관리해 주면 되는 것이다.

특히 미래세대는 불평등으로 인한 공정 정신의 훼손에 누구보다 예민하다. 새로운 자본주의관을 토대로 기존의 좌·우 이념대립에 치우진 소모적 논쟁을 넘어 초당파적 문제해결 방식이 그만큼 중요해졌다.

실제로 미국 민주당에서는 해밀튼 보고서를 통해 국가의 책임, 성장과 복지의 병행, 그리고 혁신주도형 성장 등을 비전으로 제시했다. 우리나라 또한 이념이나 주의(ism)에 기초한 일차원적 사고방식을 넘어 다차원적인 사회구조 재설계를 시도해 볼 때가 되었다. 적절한 사회안전망을 통해 개인이 짊어져야 할 리스크를 감소시켜 줄 필요가 있으며 개인의 리스크 프리 안전심리가 보다 더 진취적이고 도전적인 선택으로 연결되도록 장려해야 한다. 그렇게 해야만 혁신의 불씨를 지핀 지속가능한 성장 기회를 되살릴 수 있기 때문이다.

3. 초일류 정부의 필요성, 황교안의 혁신주도국가

보통 '혁신'의 아이콘으로 많이 언급되는 학자로는 슘페터가 있다. 기업가 정신을 거시적으로 분석한 그는 자본주의를 역동적인 진화과정으로 바라보는데 일반적으로 이러한 진화를 주도하는 주체는 바로 기업가이다. 기업가는 항상 새롭고 혁신적이어야 한다. 생존과 직결되는 시장의 변화를 신속하게 포착해내어 새로운 상품, 새로운 생산방식, 그리고 새로운 조직 등을 도입하기 위해 '창조적 파괴'를 통해 자본주의를 끊임없이 진화시키는 것이다.

그러나 정치는 여전히 삼류이다. 초일류기업은 존재하지만 초일류 정부의 출현은 여전히 요원하다. 기업은 더 나은 생존과 번영을 위해 '창조적 파괴'를 지향하지만, 우리 정치는 패거리 생존을 위해 소모적 '정적 파괴'에만 혈안이 되어 있기 때문이다. 역설적으로 대한민국은 초일류 정부를 만들어 낼 기본 요건을 갖추고 있다. 똑똑하고 근면한 국민역량이 있지만 정작 이를 관리하는 정치와 행정은 삼류에 머물다 보니 정부는 우리나라의 미래혁신을 퇴보시키는 데에만 특화되어 있다는 지적까지 나온다.

그래서 미래의 정치는 '혁신주도국가'를 지향해야 한다. 혁신 DNA를 배양하기 위해서는 개인과 기업의 핵심역량 강화와 특히 청년들이 도전하는 과정에서 생기는 실패에 대한 재도전을 위한 사회안전망 등에 대한 전폭적인 지원을 강화해야 한다는 것이다. 이는 도전에 대한 리스크 컨트롤이며 국가가 능동적인 안전장치로 리스크를 낮춤으로써 청년들이 더 진취적인 도전을 시도해볼 수 있도록 장려해주는 것이다. 어느 나라든지 혁신은 청년들이 주도한다. 청년들의 DNA에는 이미 진취성과 혁신성이 새겨져 있다. 국가는 이러한 DNA가 숨겨지지 않고 잘 발휘될 수 있도록 도와야 한다.

4. 포스트코로나, 사방에서 길을 찾자

하늘이 무너져도 솟아날 구멍이 있는 것처럼 퇴로가 100% 막힌 위기란 없다. 적어도 국가를 이끄는 리더만큼은 아무리 칠흑 같은 어둠 속에 놓여 있어도 대한민국 생존을 위해 없던 길도 만들어 내어 국가와 국민들의 삶을 지켜내야만 한다. 여기서 나는 대통령 권한대행 시절 성공사례였던 '사방의 길' 프로젝트를 되살려 '잘하는 길', '(하기만 하면)되는 길', '넓은 길', '새로운 길' 등을 다각도로 개척하여 국가생존을 위한 비전을 제시해보고자 한다.

우선 '잘하는 길'의 핵심은 기존의 우리가 잘하는 핵심역량을 시대 흐름에 맞춰 새로운 차원의 경쟁력으로 이끌어낼 수 있는 초격차 전략으로 성장 원동력을 더욱 강화시키는 것이다. 가령 대한민국의 문화 DNA는 싸이의 '강남스타일'을 비롯하여 방탄소년단, 블랙핑크 등을 통해 글로벌 트렌드 세터를 도맡을 수 있는 일류임을 스스로 입증했다. 그러나 정작 이러한 한류 경쟁력을 강화시킬 수 있는 K-Pop 스쿨 프로젝트는 국내 규제로 인해 뚱딴지 같이 미국 캘리포니아에 세워진다고 한다. 기존의 잘할 수 있는 것을 한국 내에서 더욱 독점하고 그 역량을 더욱 강화시켜주지 못할망정 다른 나라가 어부지리로 우리의 초일류 성장동력을 가져가게 해서는 안된다.

그뿐만이 아니라 우리나라 특유의 K-정신을 살려내 이른바 빨리빨리 국민적 성향과 뭐든 융합해내는 비빔밥 스피릿 등을 특화시켜 이를 코리안 스타일로 더욱 확장시켜야 한다. 가장 쉬운 예로는 '커피믹스'를 들 수 있다. 처음에 커피는 조선말 손탁을 통해 들어온 바깥 물건에 불과했으나 정작 세계 커피믹스의 표준으로 등극한 스틱 모델은 한국의 동서식품이 만들어냈다. 언제 어디서든 뜨거운 물과 컵만 있으면 동일한 커피의 맛을 음미할 수 있는 혁신은 다름 아닌 한국인 특유의 빨리빨리 문화가 커피라는 외국 물품을 코리안 스타일로 재탄생시킨 것이다.

그 외에도 대한민국이 일류를 자처하는 영역은 경제, 사회, 문화 등 다양한 분야에 널리 퍼져 있다. 올림픽 때마다 하계 시즌 양궁과 동계 시즌 쇼트트랙 종목은 대한민국이 상수이며 삼성전자, 현대·기아차, LG전자, SK, 네이버, 카카오 등 우리나라 일류기업들은 큰 성과를 내며 세계 시장 선도능력을 마음껏 발휘하고 있다. 초일류 국민과 기업들이 가지고 있는 잠재성과 능력을 더욱 자유롭게 발현할 수 있도록 돕고 보조해주는 것이 국가의 역할이다. 더이상 삼류 수준의 정치·행정 역량으로 우리 국민들이 알아서 척척 잘 해내는 '잘하는 길'을 막아서는 안 된다.

그래서 두 번째 '(하기만 하면)되는 길'이 중요하다. 되는 길의 핵심은 말 그대로 잘되는 길이 자연스럽게 잘되도록 정치와 행정이 규제를 과감히 풀어주는 것인데 제일 중요한 것은 현장에 대한 이해능력이다. 전경련은 2016년도에 7대 갈라파고스 규제를 개혁하면 92만 3천 개의 일자리가 창출된다고 보고한 바 있으며, 이 같은 신규 일자리는 2014년 청년실업자 수의 약 2.4배 규모에 달한다고 하였다. 즉 규제개혁을 하기만 해도 엄청난 일자리 효과가 난다는 것을 알 수 있다. 권위의식에 물든 정치권이 현장 속 기업인들을 국회에 불러 망신주기를 시도하는 것이 삼류정치의 전형적 예라고 볼 수 있는데, 몇 년 전 국정감사에 출석한 백종원 대표의 팩트 폭격을 반면거울로 삼을 필요가 있다. 실제로 외식업에 대해서 아무것도 모르는 의원들이 백종원 대표를 참고인으로 불러 세워 외식업 독점 운운하면서 압박을 시도했다. 그러나 정작 주눅 들지 않고 외식업에 대한 무지를 일깨우는 백 대표의 패기에 이내 의원들이 KO패를 당했다.

대한민국 핵심역량은 탈정치를 지향해야 한다. 현장 속 애환을 전혀 모르는 정치권과 행정 관료주의가 몸통을 흔드는 발칙한 꼬리로 자꾸 군림하려 들어서는 안 된다는 것이다. 이미 정치권 바깥 세계에는 히든 챔피언들이 즐비하다. 생존을 유일무이한 목표로 삼고 있는 기업과 산업 영웅들은 이미 정치권의 상상력을 몇 단계 넘어선 자신들만의 성장전략을 짜놓은 만큼 국가가 나서 이를 존중해 주고 보조해주어야 한다. 가령 제조업의 스마트화, 비대면산업, 정보통신기술(ICT) 서비스, 친환경, 바이오헬스 중심 산업구조로 전환이 가속화될 것을 정부가 대비시켜 주는 것이다. 또한, 변화가 빠른 만큼 규제를 과감히 풀어 산업을 촉진시켜야 빠르게 자리 잡을 수 있다. 문제가 되는 부분은 그 이후에 규제해도 늦지 않을 것이다. 이른바 '선시행, 후규제' 도입이 필요하다.

세 번째 길은 '넓은 길'인데, 이는 국내에서는 '(하기만 하면)되는 길'을 개척해 주는 반면, 메이드 인 코리아 세일즈를 국가가 대행하여 우리나라 선수들의 해외진출을 적극적으로 스폰서해 주는 것이다. 프랑스 마크롱 대통령의 경우 해외순방 또는 국가 정상들과 회담할 때 자국 스타트업 제품들을 의도적으로 노출시켜 F 이노베이션을 직·간접적으로 홍보한다. 특히 대한민국의 경우 내수만으로는 규모의 경제를 실현시키기 어려운 만큼 그 레버리지 대상을 해외로 돌려야만 한다. 한국이란 물리적 영토는 좁을지 몰라도 경제영토만큼은 지구 전체로 넓게 바라보아야 한다.

　무엇보다 눈앞의 생존 때문에 알짜 중·소기업들이 거시적 시각으로 해외 판로를 개척하는 데에는 근본적인 한계가 있다. 국가가 세일즈맨을 자처해야 한다. 국가가 세계시장에 나와 있는 각종 사업기회들을 사전조사 해낸 다음 사업의 수익성과 지속가능성 등의 안전 점검을 거쳐 역량 있는 우리 기업들에게 지속적으로 연결시켜 주어야 한다. 과거 대통령 권한대행 시절 대륙별로 장관급 특임대사를 세워 해외수주 활동을 하는 기업들에게 힘을 실어 주었고, 그 결과 3개월 만에 터키의 차나칼레 현수교 건설사업과 더불어 총 8조(81억 불) 원에 달하는 세 가지 프로젝트를 수주하는 성과를 본 사례가 대표적이다.

　마지막으로는 '새로운 길'이다. 새로운 길은 창업·벤처사업 등에서 결정적으로 리스크 관리를 국가가 도와주고 실패로 인한 기회비용을 최대한 줄여 주는 것이다. 실제로 벤처와 창업에 도전하고 싶어하는 젊은 인재들이 진취적인 도전에 망설이는 이유는 바로 실패로 인한 두려움 때문이다. '영끌'한 자금으로 시작했다가 혹시라도 실패하면 빚더미에 앉게 되니 창업에 도전한다는 것은 그만큼 쉽지 않으며 심지어는 스펙 없이 그렇게 보증되지 않는 세월을 보냈다가는 낙오자로 전락할 위험성도 크다. 그런 현장 속 위험을 관리해 주지 못할망정 기성세대들이 '해보기나 했어?'하면서 미래인재들을 채근하고 평가절하하는 것은 오만하다고 본다.

내가 생각했던 '새로운 길'의 방향은 참신한 아이디어에 대한 '투자'였다. 실제로 총리시절 우리는 먼저 '창업 벤처 펀드'로 역대 최대 규모인 3조 5천억 원을 조성하고 창업과 벤처에 관심을 유도했고, 공정한 투자를 받을 수 있는 여건을 만들기 위해 오디션 프로그램 형식의 대회도 진행했다. 스스로 자신의 길을 개척해 나가는 이들을 위한 정부의 지원은 새로운 일자리를 창출했고 우리 경제에 활력을 불어넣는 '새로운 길'이 된 것이다.

혁신주도국가는 하루아침에 만들어질 수 없지만, 지금부터라도 확실하게 꺼져버린 대한민국 성장동력을 일깨우는 데 우리 정치와 행정이 각성해야 한다. 코로나19가 가져올 유례없는 양극화 문제뿐만 아니라, 과학기술혁명 등으로 나타난 인공지능이 미칠 불확실한 영향에 대해서도 말 그대로 충돌 대비태세(brace for impact)를 갖춰야 한다. 무엇보다 이를 현실화시키기 위해 미래를 위한 상상력이 중요하다. 그런 맥락에서 삼류에 머문 미래권력을 개혁할 새로운 리더십의 등장이 시급하다.

제2부
초일류 정상(頂上)
국가로 가는 길
(포스트코로나 시대 7대 과제)

초일류 정상국가 다음 세대와 함께하는 포스트코로나 시대의 정치

제4장

코로나노믹스 대전환 : (1) 성장쇼크

    코로나노믹스는 말 그대로 코로나19가 덮친 성장동력 정체를 극복할 새로운 경제 해법을 의미한다. 여기서 경제 시스템이 중요한 이유는 바로 전대미문의 대위기의 시작점이 다름 아닌 국민들의 '먹고사는 문제'로부터 시작되기 때문이다.

    우리 시대 가장 큰 비극은 경제를 알지 못하는, 이른바 '경알못'의 리더십이 대한민국의 기업과 산업 경쟁력을 뿌리부터 뒤흔들어 놓았다는 것이다. 시대착오적인 386운동권 리더십이 여전히 20세기 민주화 시대 경제관념으로 21세기를 손대려고 하니 제아무리 선의로 일을 벌여도 결과는 '마이더스의 손'이 아닌 '마이너스의 손'으로 전락할 뿐이다.

이번 장은 코로나19 이후 성장쇼크에 놓인 우리 경제의 근본 해법을 논하고자 하는데 먼저 경제의 뿌리를 이루는 기업에 관한 얘기로 시작해본다. 아울러 기존 프랑스 사례를 중심으로 무너진 성장동력을 되살릴 'K-코로나노믹스 프로젝트'의 밑그림을 공유한 후 현재 코로나19로 인해 우리가 새롭게 직면한 주요 거시 현상들에 대한 구상들을 하나하나씩 풀어낼 것이다.

대한민국 미래 성장동력의 주인공은 다름 아닌 기업이다. 정확히 말하면 기존의 기업을 포함한 스타트업들의 역할이 대한민국 미래를 견인하는 데 있어 결정적인 영향력을 행사할 것으로 내다본다. 이미 우리의 일상 가운데 신생 기업들이 미치는 영향은 실로 막대하다. 긱(Gig) 경제를 만들어낸 유니콘 기업으로는 '쿠팡'과 '배달의 민족' 그리고 '마켓컬리' 등이 있는데, 실제 이들 기업은 코로나19 이후 비대면 경제가 날이 갈수록 커지자 소비자들의 편리는 물론이요 배달업자들과 플랫폼에 상품 또는 서비스를 제공하는 파트너 업체들과의 공생 생태계도 만들어 냈다. 3N으로 대표되는 넥슨, 엔씨소프트, 넷마블 등도 가상현실의 상징인 세계 게임업계 가운데 주요 트렌드를 주도해 나가고 있으며, 네이버의 라인과 카카오 등은 일상소통에 있어 필수적인 플랫폼을 이용자들에게 제공해 준다. 나는 이런 기업들의 출현이 앞으로도 대한민국의 국가운명을 좌우하는 데 있어 결정적인 요소로 작용할 것이라 보며 이런 기업들의 탐사와 자기 개발 능력을 국가가 더욱 벤치마킹해야 한다고 생각한다.

1. 기업, '탐사'와 '자기 개발'을 통해 불확실성과 정면승부하며 생존하는 존재

과거에 정치는 경제를 포함한 대한민국 모든 영역을 관리하고 선도했지만, 이제는 시대적 변화에 따라 대한민국 경제 권력의 중심축은 기업의 영역으로 완전히 넘어갔다. 무엇보다 기업이 정부를 압도하는 능력의 근본 요인을 찾으라면 그것은 다름 아닌 생존 능력이 아닐까 싶다. 실제로 기업은 생존을 위해 몸부림치는 존재인데 여기서 생존이라 함은 기업 본연의 목적인 '돈'을 버는 행위이고, 이러한 이윤을 토대로 주주, 임직원, 그리고 고객 등 다양한 이해관계인들이 자신들의 삶을 책임져 나갈 수 있는 것이다. 규모는 다를지라도 흔히 알려진 글로벌 재벌 그룹뿐만 아니라, 영세 소상공인들도 전부 각자의 기업을 이끄는 대한민국의 주인공들이면서도 자신들의 생존을 위해 투쟁한다.

가령 기업의 생존과 정부의 관료주의 성과가 극명히 엇갈리는 영역 중 하나가 바로 교육 분야이다. 아주 단편적으로 지금의 고3 학생들 중에 대학수학능력 시험을 준비하는 데 있어 학교 선생님들의 강의를 토대로 준비하는지 물어보면 이는 사실상 난센스다. 철저히 메가스터디와 이투스 등으로 손꼽히는 온라인 사교육 플랫폼을 중심으로 스타 강사들의 강의와 교재들이 고3 수험생들의 절대적인 신뢰를 얻는다. 물론 공교육 시스템 내 선생님들의 역할을 입시에만 국한 짓는 게 불합리해 보이지만 따로 입시라는 고3 수험생들의 니즈만을 놓고 바라볼 때는 어쩔 수 없는 극단적인 격차가 발생한다는 것이다. 여기서 가장 중요한 것은 수험생들이 필요로 하는 입시 콘텐츠는 학교 선생들의 생존과는 별 관련이 없는 반면 온라인 입시 플랫폼 내 스타강사들의 생존과는 직결된다. 결국은 살기 위해 목숨 거는 온라인 사교육 내 학원 강사들의 몰입이 오늘날의 수험생들이 의존하는 콘텐츠 창출에 절대적인 비중을 차지하는 것이다.

결국 기업 경쟁력은 국가의 관료주의란 태생적 한계를 넘어 우리 사회 내 더 나은 대안들을 제공해 줄 수 있는 중추적인 역할을 수행한다. 이 과정에서 정치는 돕는 역할에 충실해야 한다. 일반적으로 기업은 탐사와 자기 개발을 통해 스스로의 생존과정을 개척해 나가는데 이런 일련의 움직임들에 있어 정부가 나서 기존 관료주의 발상의 한계를 넘어 위기 속 생존역량 제고에 더욱 힘을 실어주어야 한다.

앞서 언급한 기업의 탐사(exploration)활동이라 함은 미지의 세계를 개척하는 행위이자 탐색, 변화, 유연성, 혁신 등의 과정과 밀접히 연결된다. 지금 이 순간 코로나19 이후 비정상의 시대가 하나의 상식으로 자리매김한 것처럼 뒤집어진 세계와 마주하는 기업 주체들은 어떻게 해서든 없던 길도 만들어내면서까지 이 칠흑 같은 어둠 속에서 빛을 찾아내야만 한다. 그런 맥락에서 대한민국 기업의 선도적 탐사능력은 앞으로 도래할 여러 문제를 해결하는 데 있어 많은 벤치마킹 사례들을 제공한다.

제일 대표적인 사례로 삼성과 현대 등의 대기업들을 들 수 있다.

한때는 소니와 도요타 등의 일본 기업을 각각 롤 모델로 삼으면서 추격형 모델에 의존했던 기업들이었지만 이제는 모두 세계적 표준이자 선도형 모델의 주체로 자리 잡았음을 쉽게 확인할 수 있다. 애플의 고정 맞수 삼성은 갤럭시를 안드로이드 프리미엄 브랜드로 선보였고, 현대 역시 수소 자동차산업의 대표 선도기업으로 모빌리티 사업의 상수로 점차 안착해 나가고 있다. 불과 20년 전만 하더라도 대한민국 기업 브랜드는 이류 수준에 맴돌 뿐이었지만 이제는 끝없는 탐사과정을 거쳐 결국에는 일류 반열에 오르고 대한민국 국가 브랜드 이미지를 재정립하는 데 결정적인 역할을 수행했다.

생존을 위한 기업 외부역량이 앞서 말한 탐사로 설명된다면 기업의 내부역량은 개발(exploration) 활동과 연결된다. 즉 기업의 개발 활동이라 함은 기업의 효율성 제고를 비롯하여 선택, 실행, 교정 등의 내부 개혁이라고 볼 수 있는데 이는 과거 후진적 기업운영 방식과 어설픈 제품 및 서비스 등을 글로벌 스탠다드로 점진적으로 고쳐나가는 것이다.

무엇보다 기업의 개발능력은 산업구조의 진화로까지 확장된다. 일반적으로 산업의 변화는 성장, 쇠퇴, 그리고 과점 등의 과정을 거치는데 산업 성장기에는 기업들의 역동적인 참여가 성장주도는 물론이요 산업 파이 자체를 키우는 방향으로 나타난다. 처음 온라인 소셜 커머스 시장이 각광받았을 때 국내에선 쿠팡을 비롯한 티몬과 위메프 등이 나타나 한국식 경영모델을 선보였다. 이후 치열한 경쟁과정을 거쳐 경쟁자 수 감소로 쇠퇴기를 겪다가 이내 실력으로 살아남은 과점 체제로 산업구조가 완성된다. 실제로 올해 (2021년) 1월 주요 온라인 서비스 결제액을 기준으로 살펴보면 네이버에서만 2.8조 원, 쿠팡에서는 2.4조 원 등이 발생하여 거대한 경제 산업 생태계를 훌륭히 진화시켜 주었다. 정리하자면 이런 진화에 다다른 산업계의 혁신이 완성되기까지는 결국 실력 있는 기업들의 탐색과 개발능력 등의 복합 시너지 효과로 인해 현실화되는 것이다.

결국은 실력 있는 기업들이 스스로의 생존을 위한 탐사와 자기 개발에 더욱 충실할 수 있는 여건을 만들어 주는 것이 국가의 역할이자 코로나노믹스를 현실화시킬 첫 출발점이라 할 수 있다. 특히 이는 개인 단위에도 적용될 수 있다. 기업이 큰 단위의 먹고사는 문제 해결사라면, 그 작은 단위를 이루는 핵심 영웅들은 다름 아닌 기업가 등의 개인들이기 때문이다. 그래서 개인의 탐사와 자기 개발 역시 국가가 적극적으로 나서 자기경영의 혁신을 이룩할 수 있는 기본적인 동기부여와 실질적인 기회를 제공해주어야 한다.

기업을 돕지 못하는 정치 상상력의 한계, 정책 수요자 중심으로 사고하라

문제는 시대적 관성에 갇혀 새로운 발상과 비전을 제시하지 못하는 대한민국의 정치 상상력 부재이다. 산업화 신화에 갇혀 꼰대를 자처하는 그룹이나 민주화 성공 스토리에 도취되어 의인 콤플렉스에 빠진 그룹 모두 새로운 시대에 걸맞는 정치적 해법과 비전을 제대로 보여줄 수 없다. 특히 기업과 개인을 맹목적인 규제 대상으로 바라보는 관료주의의 오만이 무너져야 한다. 위대한 국민들이 스스로 무언가를 해낼 수 있는 발판을 마련하는데 있어 철저히 수요자의 입장에서 사고해야 한다는 것이다.

정부 실패가 만연한 이유는 관료주의 그 자체의 비효율성도 있지만, 공급자인 자신의 관점에서만 해결책을 제공하려고 하다 보니 문제의 본질을 파악하지 못하기 때문이다. 다시 교육의 문제를 예로 든다면 우리나라 교육부는 학부모들의 욕심을 규제 대상으로만 바라보지, 이를 충족시켜줄 만한 동기나 대안들을 전혀 마련해주지 못한다. 자립형 사립고와 특목고가 그토록 사교육 부담을 가중시켜 없앴다고 하지만 정작 대한민국 학부형 중에서 자기 자식 좋은 학교 보내고 싶지 않은 사람들은 단 한 명도 없을 것이다. 이미 문재인 정부 내 평등교육을 외치는 사람들의 면면만 보아도 항상 자기 자식만큼은 예외적이다. 국민들에게는 보편의 공정과 평등을 강요하지만 이미 자신들의 욕망은 다 충족시킨 후이니 위선도 그런 위선이 없다. 제일 중요한 것은 수요자의 입장 즉, 먹고사는 문제의 주체인 기업과 개별 국민의 시선에 정책 시선을 맞추는 정치적 상상력의 발휘와 겸손함이라는 것을 알 수 있다.

그래서 국가는 내부적으로 '관리'에, 외부적으로는 '세일즈'에 집중해야 한다. 여기서 내가 말하고자 하는 'K-코로나노믹스 프로젝트'의 핵심은 대한민국을 스타트업 네이션(Startup Nation)으로 화려하게 탈바꿈시키는 것이다. 다시 말해 코로나19를 넘어설 대한민국 경제 생태계를 생존모델을 거쳐 혁신모델로까지 발전시켜 국민들의 먹고사는 문제를 포괄적으로 해결할 수 있는 기본 토대를 마련하는 것이다.

2. 'K-코로나노믹스 프로젝트'의 핵심, 대한민국 스타트업 네이션

대한민국 스타트업 네이션의 목표는 4차 산업 관련 혁신 스타트업들을 많이 만들어 내고, 유니콘 기업으로 집중적으로 육성시켜 장기적으로 양질의 일자리를 창출하는 것이 핵심이다. 여기서 정부가 집중해야 할 부분은 긍정효과를 내세워 대한민국 자체를 창업 플랫폼으로 참여할 수 있도록 제반 제도 및 인프라 모두를 개혁하는 것이다.

긍정효과라 함은 갈수록 글로벌 도시와 선진국 등으로 기술, 자본, 인재 등 쏠림현상이 가속화되는 배경과 맞닿아 있다. 교통 통신의 발달에 힘입어 세계는 글로벌 시대에 접어들어 무역의 대규모 확장이 일어났고, 자본주의가 정점에 이르면서 산업은 점차 인재확보 및 생산수단이 최적화된 특정 지역이나 도시 등에 의존하는 경향이 더욱 강화되었다. 결국은 특정 글로벌 도시와 선진국들은 규모의 경제에 힘입어 더 우수한 기업과 자원 확보에 유리한 입지를 선점하게 되며 이는 곧 기업생존에 유리한 생태계를 만들어낸다. 여기에 기업은 생존을 위해 자원의 희소성과 미래변화의 불확실성 등의 리스크를 줄여 나가길 희망할 것이고, 결국에는 리스크 절감에 가장 적합한 생태계를 중심으로 자연스럽게 몰리기 시작해 궁극에는 네트워크 효과를 완성하게 된다.

자본의 흐름도 마찬가지이다. 벤처캐피털(이하 VC) 역시 이러한 쏠림현상으로부터 자유롭지 않은데 구체적으로는 지역과 사회 인구학적 요인 등의 근접성과 직접 연결된다. 우선 지역적 근접성의 경우 근거리에 위치해 있으면 VC들이 스타트업의 정보를 정확히 평가·조언할 수 있을 뿐만 아니라, 그만큼 많은 스킨십도 시도할 수 있기에 정보비대칭성과 신뢰부족 등으로 인한 리스크들을 효율적으로 제거할 수 있다. 이와 관련된 대표적인 사례로는 강남 일대를 들 수 있는데 실제로 주요 스타트업과 관련된 멘토 집단과 창업 인프라는 강남을 중심으로 집중화되는 현상을 보인다. 삼성의 구글 캠퍼스를 비롯하여 현대아산재단 마루180재단과 스파크랩 등도 역삼동에 위치해 있고, 디캠프 역시 선정릉역 일대에 둥지를 틀어 대한민국 창업 생태계 확장에 선도적 역할을 수행하고 있다.

사회 인구학적 요인에 대한 근접성의 핵심은 '누적의 힘'과 연결된다. 특정 지역 내 산업과 관련된 VC 투자 경험이 생기면 그만큼 해당 산업에 대한 지식이 축적되고, 이를 체계적으로 평가할 수 있는 기준과 인프라가 추가적으로 만들어지기 시작한다. 이러한 현상이 시간에 따라 안착될수록 투자의 패턴 역시 특정 지역 내 산업과 연관된 범위 내에서만 안정적으로 이루어지고 확장된다. 결국 VC들의 특정 지역 내 산업과 연관된 투자 관성이 만들어지고 다른 VC들도 함께 연합체(syndicate)를 만들어 규모의 경제로 동참하게 되면서 그렇게 산업 생태계가 탄생하게 되는 것이다. 미국의 실리콘밸리가 대표적이며 실제로 이 지역을 중심으로 누적된 미래형 첨단 스타트업 생태계는 수십 년째 활성화되어 더욱 적극적인 기업 탐색과 투자를 이끌어낸다.

우리나라도 아직 늦지 않았다. 기업들의 생존 메커니즘을 이해하고 파악한 후 정부가 새로운 샌드박스 즉, 규제프리존을 과감히 만들어줘야 한다. 특정 지역에 클러스터를 이루어 산업 정체성을 확보할 수 있게 해주어 더 많은 신규 투자를 이끌어 내고, 그와 관련된 제반 시설과 규제완화 등으로 뒷받침해주어 새로운 경제 생태계를 곳곳에 만들어야 한다. 앞으로는 국가의 제도적 변수야말로 기업의 미래 입지 선정과 투자에 직접적인 영향을 미칠 것이다. 마치 홍콩 민주화 운동으로 인해 나오게 된 글로벌 기업들이 싱가포르로 이동하는 것처럼 우리나라 역시 스스로를 매력적인 이전 후보지로 새롭게 자리매김할 필요가 있다. 글로벌 투자를 유인할 수 있는 인센티브를 과감히 제공해 주어 해외의 자본과 인재가 메이드 인 코리아 클러스터로 이동하도록 설득해야 한다.

무엇보다 조선시대 정치 리더십을 과감히 바꿔야 한다. 과거로 지칭되는 고시 출신의 사고방식과 리더십은 이제 더이상 21세기를 견인할 만한 역량을 갖췄다고 볼 수 없다. 고시 출신들이 훌륭한 관리자가 될 수 있을지는 몰라도 새로운 기회를 탐색하고 국가적 생존 비전을 제시하는 데 필요한 미래형 정치 인재상은 다름 아닌 기업가 정신을 갖춘 젊은 인재들이다. 나 역시도 평생을 법조인으로 살아왔던 관성으로부터 자유롭지 않지만 앞으로는 더욱 역량을 키우기 위한 기업가 정신 탐구와 시도에 더 많은 관심을 기울이고자 한다. 그런 맥락에서 프랑스의 마크롱 대통령이 지속적인 벤치마킹 대상이다.

3. 정치 상상력 부재의 대안, '마크롱 리더십'

실제로 마크롱은 스타트업 창업을 실행에 옮긴 인물이다. 그는 올랑드 정부에 있으면서도 항상 교육 관련 스타트업 창업을 실행에 옮기는 구상을 계속해 오고 있었다. 또한, 그는 최측근인 상경계 그랑제꼴 HEC 출신 청년들과 2014년 교육기술과 관련된 스타트업 창업을 하기 위해 당시 프랑수와 올랑드 대통령 때 역임했던 부실장 직책을 사임하였다. 백문이 불여일견이란 말처럼 실제 스타트업을 씹고 뜯고 맛보지 않으면 어디까지나 탁상공론에 불과할 수밖에 없기 때문에 그 스스로 창업을 직접적으로 시도한 것이다.

이러한 배경 덕에 마크롱이 대통령으로 당선된 지 한 달 후인 2017년 6월 15일, 그는 파리에서 개최된 기술 혁신 및 스타트업 박람회인 비바 테크놀로지(Viva Technology)에서 프랑스가 나아갈 길은 스타트업 네이션이 되는 것이라고 선포하였다. 그리고 프랑스가 스타트업을 위해 일하며 스타트업 같이 행동하고 사고하는 그런 나라가 되길 원한다고 밝혔다. 그는 프랑스가 창업가, 일반적인 스타트업 국가를 뛰어넘어 유니콘 기업들의 나라, 대기업의 나라, 내일의 거인의 나라가 되어야 한다고 선언했다. 특히 미래산업에 가장 중요한 사물 인터넷, 인공지능, 디지털과 환경 기술의 융합, 녹색 테크 기술, 디지털 의료 융합 분야에서 프랑스가 세계의 리더로 올라서야 한다고 하였다. 그러기 위해서는 프랑스를 매력적이고 창의적인 성장 생태계를 만들어 갈 것을 약속했다. 국가는 혁신을 촉진시키는 역할을 하겠지만 근본적인 변화는 국가가 아닌 개개인들이 주체가 되어 일으켜야 한다는 점을 강조한 것이다.

프랑스의 창업단지 Station F와
마크롱 대통령의 적극적인 지원

미국에 실리콘밸리가 있다면 유럽에는 'Station F'가 있다.

Station F는 2017년에 설립된 프랑스의 스타트업 캠퍼스로서 세계 최대 규모이기도 하다. 프랑스 기업뿐만 아니라, 국내 기업 중 네이버를 운영 중인 NHN 그리고 세계적인 대기업인 페이스북, 마이크로소프트, 구글 등 1,000여 개의 기업들이 입주하고 있다. 성공한 세계적인 기업들은 후배 스타트업을 위하여 멘토링 등 다양한 프로그램을 운영하며 상생하고 있다. 또한 이곳에서는 업무 공간 또한 칸막이가 없어서 스타트업 간, 그리고 스타트업과 대기업 간의 소통 또한 활발하게 이루어지고 있다.

Station F는 스타트업뿐만 아니라, 대기업, 대학교, 벤처투자사, 행정기관 등을 동일한 장소에 모아 놓아서 대규모 네트워크를 구축하고 있다. 또한, Station F에는 스타트업 직원들을 위한 모든 생활편의 기능까지 있어서 업무 공간뿐만 아니라, 커피숍, 대형 레스토랑, 우체국, 은행, 기숙사 등 스타트업을 지원할 수 있는 관련 정부기관 등이 입주하고 있는 등 업무 생태계와 생활에 필요한 모든 것을 갖추어 놓았다.

Station F의 기획은 마크롱 대통령이 하지는 않았지만 Station F가 세계에서 가장 주목받는 스타트업 단지로서 인정받은 것은 마크롱의 다양한 지원 정책 때문이었다. 마크롱은 대통령으로 당선된 직후 프랑스를 스타트업 네이션으로 만들겠다는 선언을 할 만큼 스타트업 지원에 큰 관심을 집중하였다.

자국 스타트업의 해외 투자 및 홍보

마크롱 대통령은 이러한 일환으로 국제 행사가 있을 때마다 자국의 스타트업을 외국에 홍보하였다. 특히 2019년도 프랑스와 중국의 정상회담 때 프랑스가 최대주주인 Airbus의 비행기 300대 판매 계약을 성사시켰고, G7 정상 등이 모이는 국제행사에서 자국의 스타트업이 만든 친환경 시계를 직접 가져와 각국 정상들에게 선물하는 모습이 생중계되면서 프랑스의 작은 스타트업 시계 메이커가 전 세계에 홍보되었다. 또한, 마크롱 대통령은 직접 '프랑스를 선택하세요.(Choose France)'라는 비즈니스 행사를 매년 개최하면서 자국 스타트업 투자를 위해 글로벌 기업들의 CEO들을 베르사유궁에 초청하여 프랑스의 투자 환경에 대한 프랑스 정부의 노력을 발표하며 글로벌 투자를 직접 유치하였다.

높은 개방성과 친기업 정책

마크롱 대통령의 스타트업 네이션의 특징은 높은 개방성이다. 노동 유연성 개선, 기업 감세 등 친기업 정책 등을 통해 국내 기업 운영 및 투자 환경을 개선하여 글로벌 기업의 진출과 투자를 유도하고, 나아가 미국의 실리콘밸리처럼 글로벌 인재들까지 불러들이는 정책을 추진하고 있다. 대표적으로 마크롱 대통령은 양질의 해외 인재 유치를 위하여 스타트업 관련 종사자, 벤처 투자자들에게 프렌치 테크 비자라는 4년짜리 근로 거주허가권을 제공하였다. 프렌치 테크 비자는 비자 발급에 소요되는 절차와 기간, 조건 등을 대폭 간소화하였으며 미국 실리콘밸리로 가는 인재들을 프랑스로 끌어들이고 있다.

이러한 마크롱 대통령의 노력으로 프랑스는 유럽을 대표하는 국제적인 기업들이 모이는 기업 친화적 국가로 탈바꿈하였으며, 실제로 2018년도에는 Ernest & Young이 조사한 유럽의 외국인직접투자(FDI) 매력도에서 전통적인 FDI 강국인 영국, 독일을 제치고 프랑스의 파리가 1위를 달성하였다. 또한 외국인직접투자규모(FDI)는 2016년도만 하더라도 한국은 213억 달러, 프랑스는 231억 달러로 비슷하였으나 마크롱 취임 후 그다음 년도부터 한국은 2016년 대비 FDI 증가율이 26%가 늘어난 것에 비해 프랑스는 62%로 2배 이상의 차이를 보였다. 이는 한국 정부가 최저인건비의 급격한 상승, 4차 산업 성장을 막는 각종 규제를 푸는 것에 대한 실패, 법인세 상승 등 반기업 정책 행보를 보였기 때문이라고 생각한다.

프랑스의 실패를 답습하는 정부

프랑스는 지난 4년간 친기업 정책 등을 적극 추진하는 등 우리와는 반대되는 방향으로 나아갔다. 이는 마크롱 대통령 취임 전 좌파 올랑드 정권의 반기업 정책들의 실패를 몸으로 직접 겪으면서 나온 정책적 소신과 방향이었다. 올랑드 정부에서는 법인세 인상, 소득의 75%를 과세하는 부유세, 최저임금 인상, 정부 주도의 질 낮은 공공 일자리 확대, 각종 기업 규제, 사회 보조금 등 이념적 정책들이 주를 이루었고, 기본적으로 반기업이 바탕이 된 정책들은 민간 부분의 경제적 활력과 외국인 투자를 위축시켰다. 그 결과 프랑스의 청년 실업률은 올랑드 정부 내내 24%를 웃돌았다. 결국, 올랑드 정권은 반기업 포퓰리즘 정책들의 실패를 인정하고 친기업 정책으로 급격히 노선을 전환하였다. 올랑드 좌파 정부가 스스로 경제 산업 관련한 모든 정책적 실패를 공식적으로 인정한 것이다.

문재인 정부의 정책을 보면 프랑스에서 실패한 좌파 올랑드 정권의 정책과 매우 유사하다. 현재 우리나라의 외국인직접투자(FDI)는 작년 13.3%가 줄어들었고, 한국경제연구원의 조사에 따르면 문재인 정권 하에서 FDI 비율은 2020년 OECD 37개국 중에서 25위를 하는 등 최하위 순위에 머물러 있으며 우리나라의 투자 환경을 시급히 개선해야 한다는 의견이 나왔다. 꼭 보고서뿐만 아니라, 나는 언론에서 그리고 밖에서 시민들을 만나면서 자영업자, 청년, 중장년층, 노년층의 경제 사회적 질은 매우 눈에 띄게 나빠지고 있다는 것을 뼈저리게 느끼고 있다. 한창 활발하게 움직여야 할 청년들은 높은 청년 실업률에 고통받고 있다. 이러한 상황에서 문재인 정부는 현 정책의 문제점들을 제대로 인식하지 못하고 있다.

따라서 우리나라도 하루빨리 프랑스가 실패한 반기업 정책들의 기조를 벗어나 정권을 교체하여 기업하기 좋은 나라, 특히 대기업을 없애는 정책이 아니라 양질의 스타트업들을 많이 만들어서 유니콘 기업으로 클 수 있도록 토양을 조성하고 물을 주고 대기업으로까지 키워나가는 정책을 펴야 한다. 그러면 청년들은 잃어버린 활력을 찾고 도전할 것이고 유니콘 기업들이 늘어나 양질의 일자리가 많아질 것이다. 그래서 하루빨리 한국형 스타트업 네이션을 치밀하게 기획하고 선포하여야 한다. 나는 이러한 구상을 이미 청년들, 그리고 많은 스타트업 CEO들과 대화하며 소통하는 중이다.

4. 스마트도시와 연계한 스타트업 산업 전략

내가 생각하는 스타트업 네이션의 전략 중 하나가 스마트도시와 연계한 스타트업 육성 전략이다. 나는 전 세계적으로 시작되는 스마트도시로의 전환에 스타트업을 연계시키고자 한다. 스마트도시는 4차 산업 관련한 첨단 기술을 도시에 적용시키는 것이다. 네덜란드, 벨기에 등 유럽 국가들이 스마트도시 정책에 앞서 있는 국가들인데 이들 국가에서는 도시들이 가지고 있는 문제점들을 4차 산업 기술로 해결하고 있다.

예를 들어 노인 인구가 많은 도시에 노인 안전을 위한 각종 센서를 설치하여 노인 친화적 스마트도시를 만드는 것이 그 예이다. 도시의 각종 범죄 예방에도 스마트도시 정책들이 쓰이고 있다. 온실가스 감축, 에너지 절감 등 환경문제를 해결하기 위한 기술도 마찬가지이다. 미국의 시카고는 도시에 500개가 넘는 센서를 설치하여 환경을 모니터링하고 있다. 그래서 우리나라도 각 지자체마다 도시의 특성을 분석하고 문제점들이 도출되면 그것을 해결하기 위해서 스타트업들이 참여할 수 있도록 기회를 준다면 지역의 문제점들을 해결하고 4차 산업의 기술을 선도할 수 있으며 관련 스타트업들을 육성할 수 있다.

또한, 스마트도시 정책에는 무인 드론, 자율주행 자동차 등 다양한 첨단 기술이 활용될 수 있다. 이미 2020년 세종시와 부산시는 스마트도시 정책의 일환으로 무인드론, 자율주행 자동차 등의 실험을 하면서 스타트업들에게 기술을 활용하고 개선할 수 있는 기회를 주고 있다. 나는 일단 4차 산업 기술의 육성과 기업의 활동을 막고 있는 규제를 먼저 없애야 한다고 생각한다. 각 도시에 규제 샌드박스를 설치하여 무인드론, 자율주행 자동차 등의 첨단 기술 시험을 하면서 기술을 개발하는 동시에 각종 안정성을 테스트하고 실제적으로 적용하면서 불필요한 규제 등을 점차적으로 푸는 것이다. 이러한 모든 과정을 스타트업에게 기회를 주면 좋지 않을까 생각한다. 대기업 또한 스타트업과의 협업 또는 기술자문 기회를 주는 것도 고려해보면 좋을 것이다.

마지막으로 지자체에 도시 관련 정보를 수집 공개하는 오픈 데이터 서비스를 만드는 것이다. 영국 런던은 스마트도시 정책의 일환으로 도시에 설치된 각종 센서, 설문조사, CCTV 등으로부터 수집된 교통, 치안, 대기정보 등 환경, 경제, 일자리 등 다양한 도시정보들을 런던데이터스토어에 모아 놓고 시민들에게 공개하고 있으며 현재 700여 개의 공공 데이터 세트가 공개되어 있다고 한다. 이러한 정보들을 활용하여 생활 편의 관련 애플리케이션을 만드는 청년 스타트업이 많이 생겨나며 이미 수백 개에 이른다고 한다. 우리나라 또한 스마트도시 법령 개정을 통해 스마트도시 정보를 지자체의 스마트도시운영센터에서 수집하고 실시간으로 제공한다고 한다. 이러한 정보를 스타트업들이 활용할 수 있는 비즈니스 생태계를 만들어 준다면 다양한 지역을 기반으로 한 청년 스타트업들이 생길 것으로 기대한다.

5. 성장쇼크에 빠진 글로벌 뉴노멀(New normal) 현상, 진화로 돌파하라!

대한민국은 앞서 언급한 코로나노믹스 해법을 개척함에 있어 과감히 진화를 선택해야만 한다. 진화의 근본 원칙은 자기 조직화에 근거한 스스로의 생존 도모와 자기발전이다. 코로나19 이후로 훨씬 더 가변적이고 불확실해진 환경변화는 이제 강제적으로 대한민국에 진화를 요구한다. 결국은 선택의 문제이며 우리를 둘러싼 성장쇼크의 뉴노멀 현상을 차근차근 확인해볼 필요가 있다.

글로벌 성장 실종의 장기화

우리나라를 포함한 주요 선진국들의 성장률은 이미 코로나19 확산 이전부터 2.0%대의 저성장 기조에 놓여 있다가 2020년 초부터 코로나19 폭탄을 맞은 이후 본격적인 마이너스 추세로 돌입했다. 무엇보다 대면 경제의 붕괴로 인한 세계 교류의 대폭적인 축소와 개별 국가들의 내수침체 및 소비심리 위축 등이 두드러진다. 원격근무가 가능한 대기업과 전문직종들은 이상 없지만 사회안전망으로부터 멀리 떨어진 사각지대 근로자들은 대규모 실업과 고용불안에 노출될 수밖에 없다. 국가 역시 충분한 자본과 사회적 인프라를 갖춘 선진국들은 비상 시스템 가동으로 그럭저럭 위기에 적응해가는 반면, 애당초 그런 기본요건을 갖추지 못한 최빈국들과 개발도상국들은 역대 최악의 상황을 거치고 있다.

전 세계 모든 정치 리더십이 방역과 경제의 딜레마에 봉착해 버린 점도 특이점이다. 방역을 느슨하게 진행하자니 코로나19 확산으로 인한 추가적인 미래 경제 위기가 우려되면서도, 또 한편으로는 방역을 지속적으로 강화 및 유지시키자니 현재의 경제위축현상이 심화되는 것이다. 우리나라만 하더라도 초기 K-방역에 있어서 국민적 협조가 원활하게 진행되었지만 시간이 지나면 지날수록 사회적 거리두기에 대한 국민적 피로도와 불만이 빠른 속도로 증가하고 있다. 전 세계적인 성장 실종이 장기화되면서 국민들의 생존 문제가 점점 크게 대두되고 있는 것이다.

처음에는 과장인 줄 알았지만, 시간이 지날수록 이번 코로나19 사태는 지난 100년간 발생했던 경제 대공황 충격을 넘어설 것으로 관측된다. 앞으로 전 국민 백신 도입 등의 중요 변수들도 있지만, 설령 코로나19가 통제된다고 가정할지라도 위기 이전의 실질 국내총생산(GDP)으로 복원되기까지는 매우 오랜 시간이 걸릴 것으로 보인다. 또한, 제2차 세계대전 수준에 이른 글로벌 정부 부채 급증도 문제이다. 국제통화기금(IMF)이 공개한 재정모니터 보고서에 따르면 세계 국내총생산(GDP) 대비 공공 부채비율은 지난해(2020년) 말 기준 98%로 전년도(84%)보다 14%포인트 급증했다. 특히 우리나라의 경우 코로나19 긴급재난지원금 명목으로 추가적인 수십조원 규모의 적자국채 발행이 예고된 상황인지라 앞으로 국가신용등급 강등 위험성도 충분히 발생할 여지가 있다. 말 그대로 산 넘어 산이다.

안티 세계화로 인한 글로벌 각자도생

무엇보다 갈수록 확산되는 안티 세계화 현상은 수출의존도가 높은 대한민국 경제에 있어 매우 위험한 리스크 요인으로 작용할 여지가 있다. 이미 키신저 전 미국 국무장관은 이를 가리켜 '성곽 시대'라고 언급한 바 있는데 안티 세계화 현상은 크게 글로벌 공급 망 변화, 국가 간 교역 둔화, 경제 통합화 및 블록화 추세 쇠퇴, 그리고 자국보호정책 등으로 설명된다.

글로벌 공급망 변화의 경우 기존 인건비가 낮았던 일부 국가에 집중되었던 생산관리라인의 리쇼어링(reshoring) 현상이 더욱 가속화될 예정인데 이미 미국·독일·프랑스 등에서는 관련 사례들이 진행 중이다. 한국무역협회에 따르면 미국은 2010년 95 개에서 2018년 886개로, 유럽은 2016~2018년 193개 기업, 일본은 2006~2018년까지 7633개 기업이 자국으로 돌아갔다. 실제로 기업의 기술 수준이 높을수록 리쇼어링으로 인한 자국 일자리 창출 효과가 더 큰 것으로 확인되었는데, 미국의 경우 2010~2019년 리쇼어링으로 창출된 전체 일자리 중 고위·중고위 기술군 일자리가 67%에 달하는 것으로 밝혀졌다.

특히 정보통신기술을 스마트 팩토리로 적용하게 된다면 선진국과 개발도상국 인건비 격차는 크게 줄어든다. 실제 미국의 'Manufacturing USA'와 독일의 'Industry 4.0'은 공통적으로 제조업 혁신을 통한 고부가가치 사슬 강화와 스마트 생산 시스템 리쇼어링 유인책 등을 핵심 내용으로 한다. 일본 또한 혁신기술에 투자한 기업에 대한 법인세 완화 정책과 스마트 생산라인 구축을 위한 산업로봇 설비 지원 등 스마트 전환에 필요한 리쇼어링 제반비용을 적극적으로 지원하고 있다.

이러한 트렌드는 곧 국가 간 교역 둔화와도 연결되는데 구체적으로는 자국 핵심기술에 관한 국가의 보호주의 정책이 더욱 강화될 것이며, 미 · 중 무역 갈등과 같은 경제패권 싸움도 더욱 본격화될 여지가 크다. 국가 간 보호 본능이 발현될수록 타국에 대한 신뢰는 자연스럽게 감소할 수밖에 없고, 그만큼 과거에 대세였던 경제 통합화와 블록화의 추세가 앞으로는 쇠퇴할 것으로 보인다. 결국은 코로나19 시대 속 각 국가들의 생존게임을 위한 각자도생이 본격화되었다.

비대면 전성시대

패러다임 변화는 기존에 유행했던 패러다임에 치명적인 위기상황이 발생한 후 새롭게 나타난 혁신요소가 문제해결을 위한 대체 패러다임을 제시하면서 나타나게 된다. 쉽게 말하자면 기존 패러다임은 대면 경제였고, 혁신요소라 함은 발달된 IT기술 등을 의미한다. 결국 코로나19로 인한 대면 경제의 대위기 상황이 고조되면서 기술혁신에 바탕을 둔 새로운 비대면 경제 패러다임이 급부상하게 된 것이다. 문제는 우리들의 모든 사고방식이 대면 경제를 중

심으로 이뤄진지라 성공적인 비대면 전환을 위해서는 기본 사고의
틀을 완전히 바꿔야 한다.

비대면 경제구조 속에서 사람들은 더욱 '나'를 중심으로 자신의
공간과 시간을 더욱 주체적으로 개척해 나가기 시작할 것이다. 특
히 디지털 역량이 탁월한 젊은 세대의 경우 과거에 비해 엄청나게
발달된 IT기기들과 플랫폼들의 힘을 빌려 이전과는 전혀 다른 라
이프스타일을 개척해 나갈 것이다. 그들은 비대면 경제의 효율성
을 더욱 강화시켜 온라인과 AI기반의 스마트 기능에 대한 의존도
를 높일 것이며, 연결성으로 인해 발생한 코로나19 팬데믹 해법을
초연결성에서 찾는 인류 최초의 디지털 완전주의자들로 대세를
잡을 것이다. 대표적인 경우로는 '집의 시대', '영상의 시대' 그리고
'새로운 상식의 시대' 등이 열리게 될 것이다.

'집의 시대' : 방콕 수요폭발

비대면으로 상징되는 '집의 시대'가 본격적으로 자리매김했다.
'이불 밖은 위험해'라는 젊은이들의 우스갯소리처럼 코로나19와
같은 외부 위험으로부터 안전한 집을 중심으로 비대면 경제가 본
격적으로 뿌리내리는 것이다. 이런 새로운 시대 흐름은 일과 삶의
스타일을 완전히 뒤바꾸어 놓을 뿐만 아니라, 이와 관련된 경제적
수요 역시 새롭게 등장하게 된다.

가령 사람이 혼자서 집에 틀어박혀 있다고 해서 다른 사람에 대

한 호기심과 더불어 노는 것에 관심이 없는 것이 아니다. 오히려 혼자 있을수록 다른 사람들이 어떻게 사는지에 대해 궁금증도 커지고, 뭔가 재미있는 콘텐츠는 없을까 하면서 스마트폰을 위아래로 훑는 것이 일반적이다.

또 하나의 예로는 IT업계에서 완전 재택근무를 하는 한 청년이 있다. 이 친구는 집안에서 빨래하지 않는다. 세탁과 드라이클리닝을 대신해 주는 런드리고 앱이 있어서 문 앞에 빨래거리를 내놓기만 하면 하루 이틀 사이에 정리된 옷들을 포장해서 배달해 준다는 것이다. 배고플 때는 배달 앱을 이용해 먹고 싶은 것들을 시켜 먹고, 심심할 경우 넷플릭스나 왓챠 등을 사용해 영화나 드라마를 보면서 시간을 보냈다고 한다. 이전에는 듣도 보도 못한 신세계이다.

이런 과정 속에서 수많은 방콕(방에 콕 박혀 있는) 소비자들의 수요 공백이 생겨나는데 그런 공백을 제대로 메워줄 주역이 새로이 등장하게 된다. 온라인 서비스 플랫폼 비즈니스 등으로 널리 알려진 갖가지 앱들은 물론이요, 문화적 수요 공백을 새롭게 대체해 줄 문화인들에 대한 얘기도 빼놓을 수 없다. 다름 아닌 바로 유튜버들이다.

유튜버들은 '관종'으로 시작되었으나 이제는 당당히 비대면 문화를 선도하는 '개척자'이자 우리 시대 '새로운 주류'이다. 오늘날 영상 콘텐츠 검색을 해보면 유튜브 채널이 건드리지 않는 주제는 거의 없다고 봐도 무방하다. 잘 알려진 것처럼 먹방으로 사람들에게 대리만족을 제공해준다든가, 커플 채널을 열어 시시각각 본인들의 달달한 일상생활을 보여주기도 한다. 지식적인 차원에서는 다양한 분야 전문가들이 주식과 부동산 특강들을 제공해주고, 오만가지 문화 콘텐츠들을 정리하여 클래식, 영화, 드라마 등의 색다른 주제들을 중심으로 소비자들에게 문화 콘텐츠를 풍부하게 제공해준다. 한마디로 비대면 크리에이터들의 르네상스 시대가 열린 것이다.

'영상의 시대' : 새로운 문화 주류로 등장한 크리에이터

앞서 언급한 크리에이터들의 르네상스 시대는 철저히 영상매체를 중심으로 전개된다. 과거 영상 콘텐츠 시대의 절대적 주류는 방송사였다. 아무리 텔레비전이 있다 하더라도 주요 방송국들이 제작과 유통 등을 완전히 독점하고 있었기에 대중들은 방송 매체를 소비할 뿐 본인들만의 콘텐츠를 제작하기에는 역부족이었다. 그러나 스마트폰 시대에 접어들면서 유튜브와 아프리카TV 등 영상 플랫폼이 등장했고, 이 과정에서 만년 영상소비자들이 객체의 신분을 주체로 탈바꿈하기 시작했다. 이후 스마트폰과 같이 소형화되고 기능화된 최신 IT기기들이 연달아 등장하면서 기존 방송사들이 독점했던 영상 제작 능력의 민주화 시대에 접어들었다. 만년 소비자가 새로운 제작 주체로 탈바꿈되어 소비자 감성에 맞는 주류 문화를 새롭게 만들어 낸 것이다.

실제로 비대면 경제의 문화 콘텐츠 주류도 단연 영상이다. 복잡한 지식도 영상매체를 통해 이해하기 편한 자료화면들을 영상으로 연달아 띄우면서 구독자들의 이해를 돕는 형태로 발달하였고, 젊은 세대로 갈수록 텍스트에 대한 니즈보다는 영상처럼 한순간에 보여주는 직관적이고 복합적인 매체에 대한 선호가 훨씬 강하게 나타난다. 짧은 영상을 짜깁기해서 올리는 틱톡은 Z세대를 중심으로 챌린지 형태로 퍼져나갔고, 작년(2020년) 4월 총선 전에는 '지코 챌린지'가 여의도에까지 선풍적인 인기를 끌면서 일부 정치인들이 그것을 따라했던 경우도 있었다.

영상 채널 크리에이터들의 전문화도 주목해볼 양상이다. 이미 룰루랄라와 샌드박스 등 새로운 형태의 엔터테인먼트 회사들이 생겨나기 시작했고, 이러한 회사들을 중심으로 기존의 아마추어적 유튜브 채널들의 전문성도 훨씬 더 강화되기에 이르렀다. 과거에는 '관종'이라 불리며 말 그대로 관심을 갈구하는 다른 종으로 취급받았던 사람들이 이제는 '특별한 종'으로 대중들의 사랑을 받는 문화 주류세력으로 우뚝 섰다.

6. 새로운 상식의 시대 : 패러다임 시프트

비대면 시대에 접어들면서 앞서 언급된 새로운 상식들이 들어

섰고 이에 따른 기존의 시간과 공간의 관념 역시 대폭적으로 변화되기에 이르렀다. 이런 변화의 폭은 단순히 개인적 수준을 넘어 사회적 범위로 확장되기에 이르렀는데 과거 이루지 못했던 비주류 상상들이 주류로 현실화되는 흐름과 연결된다. 대표적인 사례로는 테슬라가 있다.

많은 사람들이 일론 머스크가 테슬라의 전기자동차를 만들어냈다고 여기지만 실제로 전기 자동차 기술은 모빌리티 산업 발전 초기부터 있던 패러다임이었다. 그러나 기술 성능의 부족과 기존 가솔린 자동차의 가성비로 인해 한동안 비주류로 완전히 밀려 있었던 것이다. 그러나 시대 흐름에 따라 기술과 문화가 바뀌어 버린 것이다. 기술의 경우 전기차 핵심 부품인 리튬 배터리의 성능이 크게 호전되었고, 문화적 차원에서는 환경 보호 의식의 강화와 함께 선진국을 중심으로 보조금 제도가 활성화되었기 때문이다. 물론 이런 시대적 흐름을 간파한 일론 머스크의 '퍼스트 펭귄 정신'은 놀랍지만, 중요한 것은 한 개인의 탁월한 기업가 정신이 발현되기 이전부터 새로운 상식이 꿈틀거리며 대세를 이룰 여건을 갖추고 있었다는 것이다.

상식은 두 유형으로 분류된다. 하나는 연속적인 것으로 점진적인 패러다임 흐름 속에서 성숙해지는 사고방식을 의미한다면 오늘날 변혁의 시대 속에서는 비연속적인 유형이 주목받는다. 비연속적 상식은 한 마디로 파괴적 혁신이며 이는 곧 새롭게 등장하는 기술 패러다임에 의해 기존의 것이 대체되는 패러다임 시프트를 의미한다. 그러나 오해하면 안 될 것은 파괴적 혁신 역시 기존의 지식체계가 누적되어 마지막 끝부분이 변화된 축적의 힘이라는 것이다. 많은 사람들이 혁신에 대해 오해하는 것은 100% 다른 극단적 형태로 받아들인다는 점인데 실제 혁신은 최소 80% 이상은 기존의 누적된 지식체계를 바탕으로 새로움을 극대화하는 것이다. 가령 스마트폰이 전화의 패러다임 변화를 가져다주었지만, 시작은 통화의 기능을 기본값으로 삼아 여기에 온라인과 디스플레이 요소를 추가하여 복합 디지털 기기로 발전된 결과를 가져온 것이다.

국가의 역할 재정립 : 동력에 기초한 진화

결국은 진화이다. 무엇보다 정치권이야말로 세상을 일부만 보지 말고 좀 더 깊숙이 복합적으로 보는 시각을 길러야 한다. 한 경제 매거진 중 투자 애널리스트가 기업에 대한 이해를 설명했던 문구가 매우 인상적이었다. 과거 재무적 수치만 가지고 회사를 분석했을 때 기업의 실체를 10% 파악했다면 지금은 다양한 이해관계자와 소통하고 비재무적 측면까지 고려하면서 겨우 50% 정도 이해하게 된 것 같다는 것이다. 결국은 지도자부터 새로운 상식을 받아들일 준비를 해야만 뉴노멀로 지칭되는 대위기의 시기를 극복할 청사진을 제시할 수 있는 것이다.

동력이 있어야 한다. 슘페터는 경제발전을 움직이는 메커니즘으로 바라봤기에 그만큼 새로운 활력을 불어넣어 줄 혁신에 관심을 보였던 것이다. 앞에서도 언급했지만, 정치인이 기업가 정신을 배워야 하는 가장 큰 이유는 바로 국가가 생존의 시대에 접어들어 그 누구보다 빠른 의사결정과 시대적 흐름을 예측하고 견인해야 하기 때문이다. 기업가는 기존에 존재하는 부족한 자원을 새롭게 구성하여 새로운 상품, 생산방식, 시장, 기업조직 등을 만들어낸다. 이러한 동력이 연이어서 받쳐주어야만 혁신경제의 부침을 만들어 장기적인 비즈니스 사이클과 성장이 이루어지는 것이다.

북한과 같은 체제조차도 자원의 새로운 조합이 일어난다. 하지만 기업가 정신이 결여된 완전 통제 형태의 사회는 경제를 생동감 있게 이끌어줄 동적인 요소가 전혀 발견되지 않는다. 그렇기 때문에 노력했던 그 결과는 후진적으로 나타날 수밖에 없고, 경제적으로 유의미한 성과가 나타나기란 불가능하다. 오늘날 북한이 고난의 행군 이후 가장 큰 경제위기에 봉착한 것도 이러한 기업가 정신을 실현할 자유와 민주의 요소를 전혀 갖추지 못했기 때문이다.

기업가 정신을 통해 동력을 확보하고 이 동력을 밑거름 삼아 대위기 시대 속 진화를 현실화시키는 것이 정치의 의무이다. 한편 진화는 자기조직화와 자기발전의 산물이다. 한마디로 하루아침에 이루어지지 않는다는 것이다. 새로운 동력이 지속될 수 있는 점진적이면서도 누적된 구조적 해법을 정부가 제공해 주어야 하며, 구체적으로는 실패로 인한 불이익과 젊은 세대들의 사회진입 비용을 과감하게 줄여 주는 것이다. 바로 이것이 국가가 할 일이다. 실패와 진입에 대한 두려움을 국가가 상쇄시켜 더 나은 미래 대안들을 위한 해법에 사람들이 더 몰입할 수 있게 해 준다면 코로나19와 같은 환경변화 속 창조적인 해법들을 하나둘씩 만들어 갈 수 있다고 본다. 결국은 진화를 위한 개념설계를 국가가 장기적인 안목으로 보장해주어야 하고, 그 방향성은 미래 진화의 비전을 명확하게 제시해 줄 수 있는 정치적 비전으로 말미암아 완성된다.

특히 국민들이 살 맛 나야 한다. 사람들이 위기 상황 속 극복 의지와 대안들을 만들어내는 데에 흥미를 느껴야 하며 국가는 바로 그런 바이브(vibe)를 만들어주는 교두보 역할을 해 주어야 한다. 그러기 위해서 정치는 국민들의 '건전한 욕심'에 주목할 필요가 있다. 일방적으로 억제하고 부정적인 요소로만 바라보지 말고 국민들이 자신의 성공을 통해 꿈과 비전을 실현하고 그들만의 창조적 에너지를 마음껏 발휘하는 샌드박스를 만들어 주는 것이 가장 중요하다.

문제는 지금의 문재인 정권은 국가주도의 바이브 죽이기에만 혈안이 되어 있다는 것이다. 수십 년 전 민주화 정의만을 앞세워 세상을 이분법적으로만 바라보는 이데올로기적 편협함과 결별해야 한다. 과거 노무현 대통령이 자신의 관성을 깨고 과감히 국가미래를 위한 FTA협상을 선택하여 지금의 경제영토를 확장시켜준 것처럼 미래를 향한 정치적 상상력 발휘와 과거 습관과의 완전한 결별이 그 어느 때보다 요구받는 상황이다. 대통령은 유연한 리더십을 발휘해야지 고집스럽게 본인의 철지난 사상을 국가미래에 투영시켜서는 안 된다. 그 결과로 인한 피해와 고통의 몫은 오로지 지금의 국민들과 미래의 후손들에게 고스란히 넘어가게 될 것이기 때문이다.

제5장
K-인구 이노베이션 : (2) 인구위기

젊은 당사자들의 목소리를 듣다

이번 장은 정치권에서 항상 언급되는 저출산 문제에 대해 논하고자 한다. 시작에 앞서 내가 분명히 말해 두고 싶은 것은 고루한 인구통계를 내세우면서 인구구조 변화로 인한 인간 멸망 스토리를 얘기할 생각이 없다는 것이다. 나는 우리 정치와 행정이 실패하는 가장 큰 요인은 바로 수요자 당사자의 목소리를 귀담아 듣지 않기 때문이라고 본다. 허구한 날 우리 정치는 저출산 운운하면서 이대로 가면 끝장난다며 경고하지만 정작 결혼과 출산의 주인공들인 젊은 남녀의 목소리에 대한 제대로 된 이해도나 현장 속 니즈가 반영되는 경우는 생각보다 많이 부족하다.

　기성세대 중에 자신은 출산문제와는 전혀 상관없다고 생각하는 사람들이 있을 것이다. 이미 기성세대는 한참 전 가정을 이룬 후 알아서들 자녀 낳고 키우고 독립까지 시켰으므로 저출산 이슈는 미래세대의 영역이라고 생각할 수도 있다. 그러나 인구문제에 있어 기성세대의 책임이 면제되는 것은 결코 아니다. 왜냐하면, 존중과 배려를 바탕으로 2030세대의 정책적 필요를 제대로 듣고 반영해야 하는 의무를 진 기득권은 다름 아닌 기성세대이기 때문이다.

　청년들로부터 시작된 출산문제와 이들의 입장과 생각들을 고려하지 않은 채 그저 저출산 통계치만 제시하면서 어서 결혼하고 애 낳으라는 잔소리로 일관하는 기성세대는 무책임하다. 젊은 남녀가 왜 아이를 낳지 않는지, 그리고 그들이 마음 한구석에 숨겨둔 고민들은 무엇이 있는지를 제대로 듣고, 그것을 바탕으로 대안을 함께 생각해보는 기성세대의 상상력이 그 어느 때보다 절실하다. 그래서 이번 K-인구 이야기는 내가 두루 만난 2030세대 젊은 남녀 청년들의 의견을 바탕으로 그들의 시각과 생각을 풀어내면서 함께 얘기해보도록 한다.

비혼주의

　비혼주의는 보통 결혼을 하지 않기로 마음먹은 사람들의 선택을 의미하는데 시간이 갈수록 이러한 선택 비율이 높아지는 현상과 그 추세를 이끄는 그룹이 젊은 여성이라는 점은 주목해볼 필요가 있다. 실제로 비혼주의에 대한 남녀 인식 차이는 극명하게 대조되는데 한 결혼업체 데이터에 의하면 비혼에 대한 인식이 젊은 남성 그룹에서는 절대 과반이 관심 없거나 부정적인 반면 여성의 경우는 정반대로 과반 이상이 긍정적이라는 것이다. 흥미로운 점은 결혼에 긍정을 답한 남녀 모두 출산계획에 있어서는 거의 동일한 긍정비율을 보였다는 것이다. 이런 결과를 바탕으로 접근해본다면 결국 저출산의 첫 시작점은 비혼주의에 대한 이해로부터 시작되어야 한다고 볼 수 있고, 특히 이를 더 적극적으로 지지하는 여성들의 마음속 생각들을 들어 볼 필요가 있다.

1. 그 여성의 고민

결혼과 출산과 관련하여 아이로부터 자유로운 여성 삶의 유형은 크게 세 가지로 분류 가능하다. 앞서 설명했던 비혼을 선택하는 여성과 아직 미혼인 여성, 그리고 결혼은 했지만 아이를 낳지 않는 여성 등으로 말이다. 참고로 나는 기성세대 남성이기에 여성의 고민을 100% 이해할 수는 없을 것이다. 그래서 과감히 청년 여성들에게 위임하여 그들의 출생 기피와 관련된 2030대 여성들이 공통적으로 얘기하고 싶은 내용들을 범주화시켜 크게 '페미니즘', '출산 신화의 몰락' 그리고 '커리어 단절' 등으로 정리해보았다.

페미니즘

일반적으로 페미니즘의 사전적 정의는 여성과 남성의 권리 및 기회의 평등을 핵심으로 하는 여러 형태의 사회적·정치적 운동과 이론들을 아우르는 용어라고 한다. 문제는 이런 사전적 용어의 뜻을 떠나 우리 사회 내 페미니즘에 대한 합의된 일반 개념 자체가 전혀 정립되지 않은 채 각자 다른 범주 내에서 그것을 이해하고 있다는 것이다. 한번은 젊은 남자 대학생들과 식사를 한 적이 있는데, 내가 페미니즘에 관해 묻자 많은 이들이 페미니즘을 폭력과 시위를 동반한 여성우월주의 운동으로 지칭하면서 도리어 자신들이 역차별을 받고 있다고 주장했다. 그래서 문득 궁금해졌다. 여성들은 페미니즘에 대해서 어떻게 규정하는지 말이다. 그래서 비슷한 연령대의 여대생들에게 같은 질문을 해보니 사회 구조적인 남녀불평등에 대한 운동으로 꼭 필요하다는 긍정적인 반응들이 대다수였다. 그때 내가 느낀 점은 페미니즘의 대중적 개념 정의가 보편적으로 정립되어 있지 않은 채 다양한 모습으로 개개인들에게 각기 다르게 각인되었다는 것이다.

　문제는 이런 일반화되지 않은 페미니즘이 자칫 과격한 선동과 정치공학의 도구로 남용될 수 있다는 점인데, 실제로 남녀평등을 위한 페미니즘이 인식이 부재한 이유로 인해 그 사이를 과격한 젠더 혐오와 갈등 스토리로 채우는 경우가 꽤 있다. 여기서 중요한 것은 여성인권운동을 표방한 다양한 사회 실천과 움직임들이 모두 동일한 페미니즘이란 이름으로 묶이기에는 한계가 있다는 것이다. 따라서 페미니즘 안에서도 다양한 스펙트럼이 분명 존재한다는 점을 이해하면서 오늘날 M·Z(밀레니얼 및 Z)세대 여성들을 올바르게 이해해야만 여성과 남성의 대립 구도와 갈등을 예방하고 더 나은 평등적 합의를 이끌어낼 수 있다고 본다.

　페미니즘의 유형도 세세히 따지면 끝도 없지만, 기본적으로 사회의 구조적 부조리와 가부장적 제도의 폐해로 인해 발생하는 남녀차별에 반대하고, 이에 합당한 시정과 재발 방지를 요구하며 남녀평등을 외치는 경우는 바람직하다고 생각한다. 무엇보다 대한민국에서 규정하는 남성성의 폐단은 비단 여성들뿐만 아니라, 이에 편승하지 못하는 수많은 남성들의 삶 역시 훼손시키기 때문에 여성의 페미니즘 운동이 균형을 잡아주어야만 남녀 모두에게 긍정적인 영향을 미칠 수 있다. 가령 모 제약회사에서 남성 면접관이 여성 지원자에게 군대 운운하면서 성차별적 발언을 서슴없이 하는 행위 등은 여전히 우리 사회 내 성차별적 관성인 남성 중심적 사고가 뿌리 깊게 박혀있음을 확인해볼 수 있다. 남녀평등에 대한 보편적 인식 제고가 그 어느 때보다 필요하다.

그렇기 때문에 페미니즘의 보편 교육 모델을 정립시킨 후 이를 검증된 콘텐츠에 반영한다면 장기적으로 하나의 사회문화적 상식을 정립시키는 데 도움이 될 것이다. 특히 페미니즘은 시대적 흐름상 피할 수 없는 현상이면서도 피해서는 안 될 우리 사회가 풀어내야 할 하나의 과제이다. 무엇보다 초등학교나 공교육에서 진행하는 성차별 인지교육과 다문화교육 등은 일반상식을 넘어선 일부 과격 콘텐츠를 제외하고는 가급적 좋은 의도로 학생들에게 교육될 수 있게 제반 여건을 마련해 줄 필요가 있다. 만약 우리가 이 문제를 지속적으로 방치할 경우 아이들은 자칫 잘못하다가는 올바르지 못한 선동적 콘텐츠나 남성혐오 알고리즘에 빠져 젠더 갈등 심화 양상을 더욱 부추길 수도 있다. 이처럼 교육 시스템을 선제적으로 정립시키지 않을 경우 젠더갈등으로 인한 사회적 부작용이 결혼과 출생에까지 더욱 부정적으로 영향을 미치게 될 것이다. 인구문제 이전에 올바른 남녀평등의 접점을 찾아내는 페미니즘에 대한 사회적 개념 합의가 전제되어야 한다.

출산신화의 몰락

이번에는 과격한 페미니즘도 아니고 비혼주의도 아닌 여성이 결혼 후 아이를 낳지 않는 이유를 주목하면서 오늘날 출산신화의 몰락에 대해 생각해보자. 일반적으로 결혼 후 부부가 합의하에 출생을 포기하는 유형을 딩크(Double Income No Kids)족으로 분류한다. 물론 딩크족 역시 자유로운 남녀 부부가 자유로운 의사결정을 통해 애를 낳지 않기로 결정한 사회적 현상 중 하나이다. 다만 비자발적 차원에서 딩크족을 선택한 커플들을 살펴보면 보통 경제적 압박으로 인해 부부끼리의 삶을 선택하는 경우도 없잖아 있다. 특히 그들에게는 '아이 낳는 것'과 '부부의 자아실현과 행복' 중 양자택일을 하는 선택에 직면했을 때 후자를 선택하는 경우가 더 합리적으로 느껴진다.

결국은 아이를 키우기 위한 육아 및 기타 비용의 문제가 큰 변수로 작용하는데 이러한 사회적 장벽은 부부 개인들로 하여금 딩크족의 삶을 살도록 강요한다. 만약 결혼한 부부가 경제적 여건은 물론 시간적 여유가 충분하고 커리어 단절 리스크도 적을 경우 자아실현을 명분으로 자식을 낳지 않을 확률은 크게 떨어질 것이다. 물론 부부생활을 연애생활의 연장으로 생각하여 딩크족을 계속 선택하겠다는 의견도 충분히 있을 수 있다. 그러나 이 역시 경제적 풍요가 전제되어야만 연애와 같은 부부만이 그려내는 딩크족이 가능할 뿐 생활고에 시달리는 부부가 '꿈꾸는 딩크족'처럼 살기란 불가능하다. 결국은 이 문제를 해결하기 위해 정치 상상력의 초점을 정책 수요자에 맞춰야 한다. 쉽게 말하자면 '우리 때'가 아닌 '지금의' 젊은 부부들에게 주목하는 것이다. 이들의 경제적 · 시간적 · 직업적 문제들을 다각도로 조명해보면서 그들이 아이를 낳고 싶은 여건을 어떻게 설계할 수 있는지 수요중심의 상상과 설계가 입체적으로 반영되어야 한다.

그렇다면 구체적으로 딩크족과 경계에 있는 신혼부부가 어떻게 하면 아이를 낳을 수 있을까? 일단 여성이 원하는 정확한 수요 파악이 중요한데 안타깝게도 정부는 정확한 니즈를 파악하지 못한 채 이상한 선심성 패키지만 발표하는 경우가 많다. 가령 다자녀 가구 셋째 자녀 대학 등록금 무상 지원을 들 수 있는데 사실 자식들에게 들어가는 돈은 대학 이전까지가 가장 많이 든다. 드라마 '스카이캐슬'을 통해 아이 하나 명문대 보내기 위해 얼마나 많은 재정과 부모 희생이 뒷받침되는지를 볼 수 있었다. 물론 드라마이기 때문에 지나치게 극적으로 묘사하기도 했을 것이지만 스카이캐슬의 엄청난 시청률은 우리 사회의 관심이 어디에 있는지를 단적으로 보여 주었다. 그러나 정작 우리 정치와 행정 리더십의 상상력은 거기에 미치지 못한 채 공짜 대학 등록금 운운만 하고 있을 뿐이다.

또 다른 예로 정치권에서 전일제 보육을 출산 대안으로 내세우는 경우도 있는데, 물론 현재로선 꼭 필요한 방안이라 생각된다. 그런데 우연히 충격적인 사실을 알게 된 것이, 그 어린아이들이 자신을 데리러 오는 부모들의 시간순에 따라 자연스레 서열구조가 만들어지고 거기에 따른 상대적 박탈감을 느낀다는 것이다. 엄마 아빠 입장에서는 전일제 보육이 이론적으로는 직장생활과 육아문제가 문제없이 병행되는 것처럼 보일 수 있지만 아이의 정서적 입장까지 감안하면 하나의 착시효과에 불과할 수도 있다는 것이다. 만약 심야보육이 허용된다 할지라도 부모가 자기 자식의 상대적 박탈감을 알아버린 순간 제도에만 의지한 채 일을 병행하기란 생각보다 매우 힘들어진다.

출산신화의 몰락은 2030세대의 눈높이와도 연관된다. 실제로 지금의 M·Z세대는 소위 경제가 성장할 당시 부모들이 경제활동을 했으며 우리 같은 기성세대와는 달리 풍요 가운데 자라 '먹고사는 문제'를 넘어 즐거움과 자아실현을 지향하면서 살아왔다. 만약 이 세대가 아이를 낳게 된다면 우리가 우리 자식을 키웠던 그 마음 그대로 최소한 지금의 나와 동등한 수준의 환경을 보장해주고 싶을 것이다. 문제는 여기서 발생한다. 저성장에 접어든 것도 모자라 코로나19까지 덮친 현실은 오늘날 청년들에게 절대로 녹록지 않다. 특히 직장 구하기는 하늘의 별 따기이고, 아파트는 다들 알다시피 로또 1등에 당첨된다고 하여도 강남에 좋은 집을 구하기 어려울 만큼 천정부지로 올라버렸다. 이런 각박한 일상 속에서 물질적인 만족은커녕 심리적인 자아실현 역시 그저 사치에 불과할 뿐이다. 혼자서도 감당하기 버거운데 도리어 부양가족을 데리고 산다는 것은 더더욱 말이 되지 않는다.

경제적인 장벽은 젊은 여자도 마찬가지겠지만 젊은 남자들에게 있어서는 더 큰 현실장벽으로 다가온다. 아무리 부부가 공동벌이와 육아를 한다 하더라도 여전히 사회적 시선과 관성은 한 가정의 남성이 경제적 부분을 책임져야 하는 것으로 인식하는 경우가 많다. 또한, 대부분의 남성들은 자기 스스로 이러한 고정관념을 자신의 남성성과 정체성에 그대로 투영시킨다. 결국은 경제적 기반이 갖춰지기 어려운 현실 속 남자가 결혼과 출산을 선택한다는 것은 그 심적 부담으로 인해 과거에 비해 매우 힘들어졌음을 알 수 있다. 아직도 기억난다. 첩첩산중으로 생존경쟁에 내몰린 자기 자신조차 안정적으로 책임지지 못하는데 어떻게 결혼 후 자식까지 책임질 수 있겠냐며 나에게 항의했던 한 젊은 청년의 절규 말이다.

옛날에야 모두가 가난했기에 상대적 박탈감으로 표출되는 비교의식도 지금처럼 크지는 않았다. 오히려 그때그때 결혼 후 애를 낳아 가면서 주어진 여건 가운데 하나하나씩 채워나가는 모습이 일반적이었다. 그러나 정보화 시대를 살아가는 젊은 세대들에게 있어서는 과잉정보로 인한 상대적 박탈감과 남들보다 준비되지 않음에 대한 공포가 너무 크다. 특히 이전보다 훨씬 힘들어진 경제적 안정으로 인해 그렇지 않아도 불확실한 미래가 더욱 부담스러워졌고, 이런 상황 속에서 결혼 후 아이까지 낳는다는 것은 사치스러운 것으로 인식된다. 이런 배경은 감안하지 않은 채 단순히 요즘 젊은 세대가 복에 겨워 이기적으로 행동한다고 비판하는 일부 기성세대의 사고방식은 성급하다고 본다.

심리적 부분에서도 2030세대의 눈높이를 복합적으로 살펴볼 필요가 있다. 돈도 중요하지만, 그것은 어디까지나 일차적인 것에 불과하다. 경제적 허들을 넘기기 무섭게 여성은 자기 정체성의 혼란과 마주하게 된다. 이해를 돕기 위해 두 개의 드라마 '산후조리원'과 '며느라기' 등을 중심으로 생각해보자. 드라마 '산후조리원'은 말 그대로 미디어에 투영된 기혼여성들의 출생 스토리를 담은 작품이다. 면밀히 따져보면 출산을 시작으로 나타나는 커리어우먼의 경력단절 위험과 생각보다 낭만적이지 않은 모성애의 모습, 그리고 교과서에서 가르쳐 주지 않았던 출산의 모습 등이 많은 여성들에게 '현타'를 안겨주었다.

카카오TV에서 선풍적인 인기를 끌었던 드라마 '며느라기'도 인상적이었다. 가부장제를 배경으로 한 출가외인 문화는 과거 여성들의 순종을 강조하며 불만이 있어도 내색하지 못하도록 강요했다.

문제는 존중받고 자란 2030세대 여성들의 시각에서 볼 때 이런 문화는 한마디로 말이 되지 않는 구조적 폭력에 불과하다. 개인적으로는 드라마 내용 중 '딸 가진 죄인'이란 제목이 편치 않았는데 나 역시도 내가 키운 딸을 대하듯 며느리를 대했는지에 대해 진지하게 되돌아보는 시간을 가진 적이 있다. 실제로 지금의 2030세대 여성들은 과거 아들선호사상이 강했던 때와는 달리 딸 바보 시대를 살았던 주인공들이다. 그러나 그런 배경 속에서 성장했던 자신들이 정작 '며느리'가 되어 보니 형언할 수 없는 정체성의 혼란과 마주하며 새로운 내적갈등에 놓이게 된다.

이처럼 아직도 과거의 관성에 함몰된 여성에 대한 사회적 인식과 관습 등은 앞서 언급했던 경제적 장벽에 이어 여성들의 심리적 부담을 배로 부가시킨다. 자신의 이름으로 불렸던 여성이 결혼과 출산 후 OO엄마로 호칭이 바뀌는 모습도 오늘날 2030세대 여성들의 시각에서는 매우 불합리하다. 한번은 유튜브 채널을 운영하는 한 연예인 부부가 서로를 부르는 모습을 봤는데 남편이 자기 아내를 OO엄마가 아닌 이름 그대로 부르는 모습이 생소하면서도 참 보기 좋았다.

오늘날 출산신화는 이전보다 훨씬 힘들어진 경제 여건과 높은 눈높이, 그리고 가부장제 문화 코드 등으로 인해 여성들의 결혼 의지를 반감시킨다. 시대는 바뀌고 그에 따른 정책 수요자의 니즈는 더욱 세분화되며 다양해졌지만 여전히 기성세대와 우리 정치는 이를 제대로 수용하지 못하고 있다. 결국은 정책 수요자에 대한 공급자의 존중이 필수적이다. 무엇보다 새로운 시대의 주인공으로 부상한 젊은 여성 그리고 젊은 남성을 포함한 2030세대의 눈높이와 기대심리를 다각도로 이해하고 이를 충족시켜주어야만 한다. 왜냐하면 대한민국에 대한 이들의 만족도야말로 우리나라의 미래 인구 문제를 풀어내는 데 있어 가장 중요한 시작점이기 때문이다.

커리어 단절

'아이를 낳고 싶은 나라'를 만들기 위해서는 양육자의 고용과 유연한 시간 활용을 국가 차원에서 보장해주는 것이 가장 중요하다. 특히 육아로 인한 경력단절과 커리어 필드에 있어서 감내할 수밖에 없는 불이익 등은 오늘날 능력 있는 여성들의 결혼과 출산을 가로막는 가장 큰 장애요소라고 할 수 있다. 대한민국에는 남녀고용평등과 일·가정 양립 지원에 관한 법률(이하 남녀고용평등법)이 존재하지만, 현실적으로 보통의 노동 현장 속 젊은 여성들이 해당 정책 효과를 실질적으로 체감하기란 매우 어렵다. 법적 의무가 중요한 일부 대기업과 같은 소수의 직장에서는 상대적인 체감도는 더 높을 수 있을지 몰라도 여전히 눈칫밥 먹기는 매한가지가 아닐까 싶다.

좀 더 현장 속 목소리들에 귀 기울여보자. 작년(2020년) 1월 고용노동부 발표 정책에 따르면 부부 동시 육아휴직이 가능해졌다는 내용이 포함되었는데 정작 현장 속 신혼부부들의 반응은 생각보다 싸늘하다. 결혼을 앞둔 한 20대 후반 여성은 "경력단절 등 사회적 불이익으로 인해 부부 중 한 명이 육아휴직 하는 것도 어려운데 정부가 지침 하나 세웠다고 맘 편하게 육아휴직하라고 발표하는 것은 순진하다 못해 너무 바보 같다"고 일갈했다. 다른 30대 여성 역시 "지금 직장에서 받는 급여보다 훨씬 낮은 150만 원을 상한액으로 육아휴직을 쓰라고 하면 차라리 애를 안 낳는 게 답"이라고까지 단정 지어 버렸다. 구체적으로 이유를 물어보니 기본 월세에 학자금 대출 갚아가면서 애까지 키우는 비용까지 감당할 자신이 없다는 것이다. 곰곰이 따져 봐도 실제 동시 육아휴직을 낸 부부가 신생아를 양육하면서 월 300만 원으로 안정적인 가계운영을 하기란 생각보다 쉽지 않다. 상한액 지급 기간도 첫 3개월에나 150만 원이지 이후 기간부터는 120만 원으로 줄어들어 월평균 60만 원이 삭감된 채 생활해야 한다. 탁상행정과 수요자들의 정책 니즈를 제대로 파악하지 못한 정부 정책의 한계점이 여실히 드러난 것이다.

결국, 이러한 문제를 근본적으로 풀어내기 위해서는 양육자의 고용 보장과 원격근무제를 파격적으로 적용해야만 한다. 특히 양육은 여성만이 아닌 남성까지 공동으로 부담하여야 하며 육아휴직 지급 상한액 역시 원래 급여 대비 부족분에 대해서는 정부와 민간기업이 최대 80% 수준까지 보장해주어야 한다. 이와 함께 당사자가 육아휴직 후 복귀했을 때 승진과 업무상의 지위 등에 관한 불이익과 차별이 있어서는 안 되며 남성 역시 동일하게 양육자일 경우 육아휴직을 내게 해야 한다. 아울러 코로나19로 인해 원격근무가 사회적으로 안착되고 있는 만큼 부부가 원격으로 탄력근무하면서 육아와 일을 병행할 수 있게 배려해 주는 것도 방법이다. 또한 싱글 맘과 대디 같은 나 홀로 육아족의 경우 일반 부부보다 기간을 더 늘려주든가 추가 혜택을 제공하여 혼자서 짊어지는 삶의 무게를 조금이나마 덜어주어야 한다.

2. 인구위기 문제의 핵심은 삶의 질 향상

지금까지의 내용을 종합해보면 현장 속 2030세대의 목소리는 일관되게 삶의 질 향상을 위한 양성평등(페미니즘), 경제적 안전망 제공, 그리고 사회·문화적 인식의 제고 등을 주장했음을 알 수 있다. 결국 '아이를 낳고 싶은 나라'를 만들기 위해서는 이러한 삶의 질적 요소들을 개선해 주는 문제와 직결되며, 한 예시로는 인간개발지수(Human Development Index, 이하 HDI)와 합계출산율의 상관관계를 들 수 있다.

〈정해진 미래〉의 조영태 교수는 책에서 삶의 질을 반영하는 HDI지수와 합계출산율이 유의미한 상관관계를 나타내고 있음을 주장했다. 실제로 HDI는 소득, 교육, 빈곤, 실업, 환경, 건강, 종교 등 인간의 생활과 관련된 여러 가지 기본 요소들을 기초로 사회생활에서 느끼는 행복감을 측정하는 지표이다. 여기에는 여성 처우와 관련된 항목들도 다수 포함되어 있기에, 여성의 전반적인 삶의 질 향상이 우리 미래를 위협하는 저출산 문제를 해결하는 데 긍정적인 해결책으로 작용한다고 본다. 삶의 질과 관련하여 그 범주를 젊은 여성을 넘어 일반 청년들로까지 확대시켜 생각해보자.

청년에 다시 주목하라

'88만 원 세대'와 '헬(hell)조선' 그리고 'N포 세대' 등은 삶의 질을 자조하는 젊은 세대들이 만들어낸 각종 블랙 신조어들이다. 특히 N포 세대의 경우 처음 등장했을 때에는 연애 · 결혼 · 아이 3가지를 포기했던 세대를 의미했지만, 시간이 지나면서 집 · 경력 · 취미 · 인간관계 · 건강 · 외모 등 6가지가 추가되어 무려 9가지를 포기한 좌절 세대로 일컬어졌다. 미래를 이끌어 나갈 주역이자 현재 인구위기를 정면 돌파해야 할 주인공인 청년들이 좌절하는 사회는 희망이 없다고 봐야 한다. 또한, 개인적으로 생각해 볼 때 현재 대한민국 청년들에게는 '자유'가 없다. 다시 말하자면 청년들이 기성세대의 입맛대로 마음대로 설계해 놓은 사회적 구조 안에서 더이상 행복도 희망도 찾을 수 없게 되었다는 것이다.

기성세대의 사회적 관성이 박탈한 청년들의 자유

청년들은 자유롭지 않다. 틀에 박힌 대한민국 12년 입시 제도를 겨우 인내하면서 스무 살 이후 자유로운 개인을 꿈꿔 보지만 그들이 마주하게 될 스무 살 현실은 그저 형식적 자유에 불과할 뿐 대입보다 더 가혹한 취업과 생존 전선만이 끝없이 펼쳐진다. 기성세대들이 디자인해 놓은 연이은 경쟁의 압박과 사회구조의 경직도는 청년들의 운신 폭을 크게 제한시킨다. 가령 청년들이 바라볼 때 우리 사회는 학업과 취업 그리고 고시(또는 공시) 외에는 별다른 다원성을 인정하지 않는 풍토가 강하다. 물론 이전보다 많은 아웃라이어들이 유튜브와 기타 온라인 플랫폼 등을 통해 이전에 없던 성공신화를 써 내려가고 있지만 어디까지나 예외적인 경우로 치부된다. 이러한 다원성 상실의 시대 속에서 경직된 사회 인식과 구조는 기존의 관성을 강제한 채 청년들에게 예외를 거의 허락하지 않는다. 결국, 기성세대의 관념으로부터 진일보하지 못한 사회적 관성은 청년들의 실질적인 자유를 완전히 박탈한 채 기존 사회진입 루트만을 고집한다. 설령 그 관성을 성공적으로 따라간다 할지라도 명문대 진학 후 번듯한 대기업에 들어간 상위 5% 청년들의 삶이

유달리 더 행복하거나 안전한 것도 전혀 아니다.

기술발전과 사회의 다원성은 오늘날 청년들에게 왜(why)에 관한 질문과 그에 따른 동기가 무엇인지를 묻는다. 그러나 과거 더운 밥 찬밥 가릴 새 없던 기성세대의 어떻게(how)란 사고방식은 여전히 우리 사회를 강력하게 지배하고 있다. 이런 양적 사고방식이 과거 기성세대의 행복과 안전의 핵심가치로 자리매김했을지는 몰라도 현재 청년들은 그보다 더 근본적인 질문을 스스로 던지면서 자신의 잠재성을 어떻게 제대로 실현시킬 수 있는지에 대한 답을 원한다.

문제는 기성세대가 설계해 놓은 사회적 성공을 위한 진입 루트들이 위 질문에 대한 대답이 될 수 없는 데서 기인한다. 변화한 시대는 청년들의 다품종 소량생산을 요구하고 있으나 여전히 근대에 머문 사회적 관성은 1차원적 발전모델인 소품종 대량생산만을 고집하고 있는 것이다. 이런 현상은 우리 사회 내 모든 영역에서 동시다발적으로 나타나고 있는데 이를 해결하기 위해서는 경쟁만능주의로 수렴된 전반적인 사회 관성을 하루빨리 시대 흐름에 맞춰 다원화시켜야 한다. 천편일률적인 입시교육모델을 비롯하여 직업 선택의 과정과 영역, 그리고 탐색 여정에 이르기까지, 시대착오적 사회구조와 관성 속에 갇혀버린 청년들의 박탈당한 자유를 돌려주어야 한다.

3. 대한민국 청년들의 최저 시작(출산율)과 최다 끝(자살률)

　자유를 박탈당한 대한민국 청년들이 세계적으로 불행한 존재임은 이미 대외적으로 잘 알려진 출산율과 자살률 통계 등을 통해 확인할 수 있다. 중요한 것은 이들의 삶의 질 만족도가 앞서 언급한 것처럼 그들의 결혼과 아이 등과 관련된 인구위기 핵심문제와 직결된다는 것이다. 다시 말하자면 삶의 질이 낮아 불행하고 불만족스러운 청년들은 결혼도 아이도 선택할 심리적 투자 동기가 전혀 없다는 것이다.

　자살은 자기 자신에 대한 효용 상실과 그로 인한 박탈감으로부터 기인하는데 이는 개인이 취할 수 있는 가장 극단적인 선택이다. 실제로 2019년 통계청의 사망원인통계에 따르면 한국은 경제협력개발기구(OECD) 회원국 37개 가운데 자살률 1위를 기록했다. 인구 10만 명당 자살 사망자 수가 OECD 평균 11.3명을 두배 이상 상회하는 24.6명이라는 것이다. 무엇보다 청년세대를 대표하는 10~30대에서 사망원인 1순위가 자살인 점은 뼈아프다. 실제로 우리 청년들은 10대부터 지옥의 입시 굴레에 들어선 후 포스트 입시와 진배없는 20대 취업전쟁 그리고 그 이후에는 30대 생계전쟁 등을 거치게 된다. 그만큼 개인이 감당해야 하는 사회적 스트레스가 큰 것이다.

　자신을 넘어 미래의 가족을 만들겠다는 의지와 연관되는 출산율은 말 그대로 세계 꼴찌이다. 인구보건협회와 유엔인구기금(UNFPA)이 조사한 '2020년 세계 인구 현황 보고서'에 따르면 대한민국 합계출산율(여성 1명이 평생 낳을 것으로 예상되는 출생아 수)은 1.1명으로 이는 세계평균 2.4명에 한참 못 미치는 세계 최하위(198위) 수준이다. 아무리 욜로와 딩크족 등 갖가지 사회적 인식 변화가 발생했다 할지라도 그것만으로 지금의 최저 출산율을 탓하기에는 한계가 있다. 오히려 가정을 이루고 싶어도 기본적인 의지와 여유 자체가 없는 청년들이 N포의 범주에 결혼과 출산을 사전에 포함시켰기 때문이라고 보는 것이 더 합리적이다.

이처럼 사회구조개혁의 부재로 인해 자유를 박탈당한 청년들이 감내해야 하는 끝없는 불안은 청년층 자살과 출산에 있어서 세계 최악의 지표로 나타난다. 삶에 대해 누적된 불만과 포기 등으로 인해 쌓인 분노는 젠더와 타인에 대한 혐오로 표출되어 새로운 사회적 문제로 확산되고 있으며, 가정과 결속의 부재로 인한 청년 개개인의 정신건강 이슈 등 다른 부작용들로 급속히 확산되고 있는 실정이다. 어른들의 지도와 안내에 따라 순응하며 살았건만 정작 자신들이 마주한 삶은 기성세대가 누렸던 과거의 좋은 시절과는 너무나 대비되는 국면이고, 이로 인한 삶의 만족도는 지속적으로 떨어질 수밖에 없다. 설상가상으로 최근에는 코로나19까지 더해져 기존의 어려움이 더욱 가중되어 한마디로 지옥문이 열려 버린 일상 속에서 살아가고 있는 형국이다.

청년들에게 여백을 허락하라

인구위기의 시작을 장식하는 청년문제는 워낙 방대하고 복잡한 문제인지라 하나의 대안만으로 해결하기에는 불가능하다. 무엇보다 지금의 청년 좌절을 해결하기 위해서는 보다 더 거시적으로 다양한 이해관계인들과 사회구조 등을 파악하면서 접근해야 한다. 또한, 이 문제는 단순히 청년 당사자들만을 내세워 해결할 수도 없다. 마치 앞서 언급한 젠더 이슈가 특정 여성 그룹의 노력만으로 해결되기보다는 남성들의 협조와 변화 등을 포괄적으로 필요로 하는 것처럼 최적의 솔루션을 도출해내기 위해서는 폭넓고 다차원적으로 접근하는 것이 상식적이다.

그럼에도 불구하고 여러 대안 중 청년들의 자유를 되찾기 위한 방안은 우리 사회가 그들에게 '여백'을 허하는 것이다. 기존의 흑백론과 인과론으로 점철되는 기성세대의 이분법적인 관점을 넘어 훨씬 더 새롭고 폭넓은 스펙트럼으로 청년 생태계를 새롭게 재구성하는 것이다. 이는 곧 국가가 청년들의 자유, 삶의 질, 그리고 회복 등을 챙길 수 있는 방향으로 숨 막히는 기존 질서를 해체하고 다원화된 루트와 성공모델 등을 제공해주는 것이다.

가령 교육을 예로 들자면 단순히 대학을 통해 사회적 성공을 거둘 수 있는 고정루트를 파괴하고 보다 다양한 사회진출 교육 교두보들을 마련하는 것이다. 대학 서열이 청년들 인생의 유일한 다림줄로 작용하는 현실은 어디까지나 해묵은 과거 세계관에 불과하다. 개인적으로는 오늘날 많은 10대들이 연예인이 되겠다는 사회

현상을 긍정적으로 본다. 오히려 국가가 나서 문화적 소양과 끼를 갖춘 학생들을 대상으로 처음부터 공부만이 아닌 연예인이 될 수 있는 루트를 열어주고 거기에 맞는 정책적 지원을 마련해 주는 것이 합리적이다. 예를 들자면 지방자치단체와 SM · 빅히트 등 연예기획사들과 협업모델을 만들어 스타역량을 갖춘 10대 영재발굴모델을 만들어 보거나, 아마추어 연예인 개발 모델을 따로 만들어 제도권 스타가 아니더라도 유튜브 크리에이터 등 다양한 자기 PR 영역을 개척할 수 있는 투 트랙 사회진출 루트를 기획해 볼 수도 있다. 단순히 공부할래 안 할래라는 이분법적 구도를 벗어나 청년들이 다원화된 진로 가운데 자기가 제일 좋아하는 것을 선택하고 자유롭게 개척할 수 있도록 새롭게 배려해주는 것이다.

또 하나의 아이디어로는 20대를 대상으로 본인이 직업과 진로를 선택하기에 앞서 금전적 걱정이 없도록 '스무 살 1년 안식년제도'를 도입해 보는 것을 생각해 볼 수 있다. 최소한의 1년 생활비를 국가가 지급하여 성인 초창기에 자신의 삶에 대한 고민을 자유롭게 할 수 있는 이른바 자기 쉼표를 허락해 주는 것이다. 물론 안식년에 어떻게 보냈는지에 대한 결과는 당사자 개인들의 책임이지만 국가가 안식년과 같은 최소한의 사회적 선택 울타리를 만들어 줄 경우 청년들의 자유로운 선택 범주는 이전보다 훨씬 더 확장될 것이다.

특히 20대 남자들의 경우 기존 군인 양성 제도를 하나의 커리어로 확대시켜 취업여건을 개선시키는 것도 가능하다. 현재의 육군 기준 18개월 징집제도를 모병제와 병행함으로써 단기 · 중기 · 장기 기간으로 분류하여 세부 병과에 따라 본인의 역량을 개발하고 경제적 안정성도 확보할 수 있는 모델로 전면 개편하는 것이다. 또한, 방위산업체 근무 요원들을 대폭 확대시켜 국내 기초과학 및 이공계 박사과정을 졸업한 인재에 한하여 군 전환 복무 외에도 주요 국가 산업기관에 할당제로 취업할 수 있게 배려해 줄 경우 4차 산업혁명 인재를 확보할 수 있다. 군대를 국방의 의무로만 보는 단편적 시각에서 벗어나 국가 안보와 이에 참여하는 청년 개개인의 행복까지 아우를 수 있는 새로운 종합 모델을 만들어내는 것이다.

마지막으로 30대의 경우 저출산·육아 문제에 있어서 남녀 구분 없이 정기휴가를 법적으로 보장하는 것도 하나의 방법이다. 아이를 가지고 키우는 의무를 여성이 일방적으로 짊어지는 것이 문제의 본질인 만큼 기혼 남녀 또는 싱글 맘·대디 등이 자식을 키우는 데 있어 차별이 없도록 의무적으로 정기휴가를 동시에 가지는 것이다. 앞서 언급했지만 코로나19로 인한 재택근무의 확장과 발달된 기술매체 등을 감안했을 때 장기휴가에 따른 기업부담과 근로자의 커리어 공백 문제에서도 보완책 마련은 이미 충분히 가능하다고 본다.

결국은 삶의 질을 제고시키는 것이다. 여백을 제도적으로 허락해 주고 청년들의 자유를 회복시켜줄 수 있다면 굳이 기성세대가 저출산 노래를 부르지 않아도 스스로 결혼, 출산, 그리고 육아 등을 선택하며 자신들의 행복을 자식들에게 물려주려고 할 것이다. 여기서 중요한 것은 공감이다. 그리고 그 공감의 정신을 먼저 실현해야 할 주체는 다름 아닌 나를 비롯한 기성세대이다. 이미 충분히 치열하게 살아가고 있고 어려운 여건 속에서도 자기 자신을 잃지 않기 위해 최선을 다하고 있는 청년들이다. 그들을 격려하고 도와야 한다. 말로만 열심히 하라고 외치는 기성세대의 영양가 없는 조언과 훈수는 꼰대질에 불과하다. 그들이 필요로 하는 것은 멘토이자 자신들의 어려움을 고백할 수 있는 의지할 만한 어른들이라는 것을 계속 소통하고 마주하다 보면 알게 된다.

고정관념을 깨지 않고서는 관성을 깰 수 없고, 관성을 깨지 않으면 대한민국의 청년들은 끊임없이 불행해질 수밖에 없다. 새로운 변화가 도래하는 시대에서는 이전과는 전혀 다른 사회적 실험과 도전들을 감행해야만 이전에 겪어보지 못했던 현재의 문제들을 풀어낼 수 있다. 무엇보다 기성세대가 과거 성공 루트로 추앙했던 많은 노하우들은 지금의 사회적 문제들을 해결하는 데는 역부족이다. 그렇기에 완벽한 개인의 시대에 접어든 청년들에게 자신들만의 자유를 실현할 수 있는 여백을 마련해 주고 이들이 미래 대한민국을 이끌 수 있도록 이끌어 줘야 한다.

4. K-인구 이노베이션의 핵심은 '공동체'와 '자유'

　현재의 관성이 지속된다면 인구감소 추세는 사실상 막기 힘들다고 보는 것이 합리적이다. 제일 큰 이유는 다름 아닌 미래인구를 결정짓는 젊은 세대들이 결혼과 아이를 자·타의로 거부하거나 포기하기 때문이다. 마치 군중 속의 고독과 같은 느낌인데 외형상으로는 세계 10위권의 경제를 자랑하는 대한민국이지만 그 속에서 살아가는 우리 미래세대들의 속은 그 어느 때보다 타들어 간다는 것이 역설적이다.

　기성세대들 입장에서는 이해가 가지 않을 수도 있다. 과거 우리 때에는(소위 말해 라떼는 말이지) 지금의 젊은이들이 힘들다고 말하는 것보다 훨씬 더 어려운 여건 속에서 살아왔기 때문에 그들의 심리적 어려움이 쉽게 공감되지 않는다. 그러나 중요한 것은 그건 어디까지나 기성세대의 잣대로 봤을 때 그런 것이지 지금의 청년들은 다른 시대정신을 바탕으로 자신만의 잣대로 세상과 마주한다. 물론 어른들의 경험과 인생의 지혜는 청년들에게 도움이 된다. 그러나 그것은 어디까지나 경륜에 근거한 태도나 가치에 국한될 뿐이지 청년이 오늘을 살아가는데 있어서는 그만의 시대정신과 노하우에 기초한 응용능력이 필수적이다. 한마디로 과거 어른들의 경륜은 벤치마킹하되 그것을 나만의 암묵지로 만드는 것은 현재를 살아가는 청년들 스스로가 노력해야만 시너지 효과가 발생한다는 것이다. 그런 맥락에서 앞으로의 K-인구 이노베이션은 젊은 세대 눈높이에 맞춰진 '공동체 의식'과 앞서 언급된 그들의 '자유'를 기반으로 진행되는 것이 바람직하다고 본다.

K-공동체 : 살아남고 싶다면 연대하라

자기가 존중받고 싶은 만큼 남을 대하는 것이야말로 공동체 가치의 핵심요소라고 볼 수 있다. 진부한 도덕적 훈수를 두려고 하는 것이 아니다. 앞으로 인구문제를 해결하는 데 있어서는 단순 개인의 힘이 아닌 전체 사회의 합의와 공존 속에서만 합리적인 대안모델을 만들어 낼 수 있기 때문이다. 무엇보다 중요한 것은 연대의식이다. 인간 개인은 보잘것없을지 몰라도 그들이 인류를 이루어 움직일 때는 세상을 움직이게 된다. 대한민국의 위대한 산업화·민주화 역사 역시 걸출한 영웅들의 리더십도 있었지만 결국은 대단한 국민들이 받쳐 주었기 때문에 가능한 일이었다는 점을 잊어서는 안 된다.

5. 멀티패키지로 승부하라

대한민국 인구문제는 정치적 상상력만이 그 해결방안의 밑그림을 그릴 수 있다. 왜냐하면, 인구위기는 국가가 주도하여 정부 부처 및 민간기업 등 대한민국 전 구성원들의 합의와 협조를 이끌어내야 하기 때문이다. 내가 보기에 현재의 인구문제는 단순 복지의 영역을 넘어선다. 특히 미래 주역 청년들을 압박하는 고용·주거·교육·문화 등의 광범위한 문제들은 복합적으로 상호연결되어 있기 때문에 리더의 정치적 상상력은 매우 중요하다. 문제는 우리 정치가 여전히 인구문제 해법을 복지에만 국한시켜 굉장히 좁은 시야로 효과성 떨어지는 해결책만 제시한다는 것이다. 물론 다른 정부 부처도 저출산 과제를 직·간접적으로 풀기 위한 다양한 대안들을 쏟아 놓지만 정작 정책 수혜자인 국민들은 정리되지 않은 중구난방식의 행정으로 인해 혼란만 가중되는 경우가 많다. 그래서 정부가 통일된 해법 가이드라인과 로드맵을 쉽고, 간결하고, 신속하게 국민 당사자들에게 일원화시켜 보여 주는 것이 필요하다.

그래서 정치 역시 멀티패키지 해법을 구상하여 다양한 부처와 이해관계인들을 한데로 모아 컨소시엄 형태로 문제해결의 실마리를 풀기 위한 개념설계에 들어가야 한다. 무엇보다 현장 속 인구문제 당사자들인 여성과 청년들의 목소리를 최대한 반영하고, 이를 토대로 정부와 민간분야의 전문성을 융합시켜 설득력 있는 대안

비전을 제시해야 한다.

인구문제 해결을 위한 대안으로는 2030세대에 맞춰진 멀티패키지로 '평생관리모델'을 상상해 볼 수 있는데 특히 저출산 관련 정책수요 대상자인 젊은 시대의 니즈를 하나씩 따져 봐야 한다. 가령 20대 초반의 대다수는 학생 신분이며 단기 알바나 일용직으로 생활비를 충당하면서 공부와 사회진출에 필요한 스펙을 쌓아간다. 가장 큰 경제적 부담은 단연 등록금인 만큼 한국장학재단의 기본 대출조건에 해당되는 금리인하 또는 거치기간 추가연장 등을 허용하여 학생들의 안정적 자립이 완성될 때까지 배려해주어야 한다.

2030세대의 취업문제 역시 저출산 인구문제와 직결되는 사항이지만 청년 당사자들의 힘으로 풀 수 있는 문제는 아니다. 그래서 노동의 개념 자체 역시 새로운 시대적 언어로 재정의할 필요가 있다. 특히 생산의 핵심요소로 노동이 불필요해지는 시대 가운데 기존의 대량생산 공정 시스템으로는 더 이상 고부가가치를 창출하기가 어려워진다. AI기술혁명으로 일컬어지는 변화의 파도 속에서 개인화 현상과 생산시스템의 근본적 변화는 더 이상 피할 수 없는 시대적 운명이다. 그래서 기득권을 쥔 기성세대부터 고용 시스템 개혁을 통해 기존의 정규직 · 비정규직의 이분법적 사고에서 벗어나야 한다. 먼저 비정규직 종사자들의 사회적 안전망을 국가가 더 적극적으로 보장해주어 정규직과의 심리적 · 물질적 괴리를 없애 주어야 한다. 앞으로는 정보통신기술의 획기적 발달로 인해 사회적 거래비용이 극단적으로 줄어들고 전통 제조업 산업에 필요한 인력 역시 급격히 떨어질 것이다. 그만큼 정규직 중심의 대규모 채

용시대가 저물고 있는 만큼 앞서 언급한 최소한의 직업 안전성과 더불어 일자리 나누기 등의 정부 대응이 신속히 이루어져야 한다.

무엇보다 정부는 청년들의 포트폴리오 직업 시대에 주목해야 한다. 과거 대기업의 공채제도나 평생직장 개념은 이제 시대 변화에 따라 개인 전문화로 빠르게 대체되고 있다. 많은 청년들이 장기적 안정성을 이유로 공무원을 선호하지만 지금 은퇴 공무원들이 누리는 연금 혜택이나 선배 공무원들의 업무환경은 가까운 미래에 완전히 뒤바뀌거나 없어질 수도 있음을 잊어서는 안 된다. 당장 국가재정위기가 턱밑까지 다가왔다. 급속한 고령화와 저출산 등의 인구구조 변화, 잠재성장률의 하락, 재난 지원금을 비롯한 복지제도 확충, 공기업 부채 등을 종합적으로 감안했을 때 우리나라는 연금개혁과 재정준칙 도입 등 필연적으로 거쳐야 할 고통이 클 것이다. 이런 과정에서 선배 공무원들이 누리고 있는 혜택이 동일하게 유지되기란 거의 불가능하다.

앞으로는 개인화 현상을 바탕으로 개인 전문성과 창의성 등이 강조될 것이다. 가령 청년 개인은 본인의 자기 브랜드 포트폴리오에 따라 소비자나 기관 등에 의해 평가받는 시대로 돌입할 것이다. 여기서 대기업에서 일한 이력은 평생직장의 개념보다는 나의 고유한 경쟁력을 인정받는 하나의 참고 이력이나 보증 스펙 정도로만 여겨질 것이다. 실제로 유명 방송국에서 일하는 아나운서들이 프리랜서를 선언한 후 개인 유튜브 채널을 열거나 자기 브랜드로 다양하게 MC계나 예능 등에 출연하여 더 큰 수익을 창출해내는 경우를 들 수 있다. 이렇게 되면 청년들의 사회진출 다원화에 필요한 다양한 진입 루트를 국가와 민간이 상호 협력하여 그 로드맵을 세팅해 줄 필요가 있으며, 더 낮은 연령대로 접근할수록 기존 교육 콘텐츠나 학생평가와 선발방식까지도 대대적으로 수정할 수밖에 없다.

과거에는 암기방식으로 인간 스캐너를 자처해서 좋은 시험성적을 거둔 학생이 인재로 분류되었지만 이런 유형의 탁월성은 조만간 데이터 기반의 AI에 의해서 아주 가볍게 대체될 것이다. 오히려 예전 교육방식에서는 비주류로 여겨졌던 엉뚱하면서도 비정상적인 인재가 앞으로는 인간 고유영역을 선도하는 S급 인재로 그 순위가 완전히 뒤바뀌게 될 것이다. 10년 전만 하더라도 자기 자식이 장래희망으로 연예인 지망하면 부모들이 황당해하면서 공부나 하라 채근했지만, 이제는 부모부터가 가능성만 있다면 자기 자식이 연예계로 진출하는 데에 긍정적으로 생각하는 변화가 일어났다. 또 하나의 성공사례를 들어보자. 유튜브 콘텐츠 기획사로 유명한 샌드박스 창업자 중 하나인 도티는 30대 젊은 법대생 출신이다. 과거 법대에서 사법시험을 통과하여 판·검·변 타이틀을 달지 못할 경우 소위 말해 루저로 취급되었지만 샌드박스 창업주 도티는 역대 법대생 출신 중 가장 큰 시대적 성공을 거둔 위너임을 스스로 증명해 냈다.

핵심은 다원성이다. 과거 어른들이 정상과 비정상으로 구분 지어 놨던 프레임을 과감하게 없애 버리고, 거기에 젊은 친구들이 선도하는 새로운 생태계를 정상범위로 편입시켜 개인 중심의 포트폴리오 잡 마켓 생태계를 열어주는 것이 시대정신에 맞다. 그러나 이러한 생태계를 만들어내는 데 있어 정부의 역할은 중요하지만, 한편으로는 역부족이다. 오히려 더 나은 창의성과 동기를 지닌 민간과의 적극적인 협업모델을 바탕으로 우리 사회 내 사회구조 혁신과 교육·복지·노동 등과 관련된 예민한 이슈들을 적극적으로 풀어내야만 한다. 이처럼 갈등과 분열로 점철된 사회현상을 넘어서 우리 사회 내 이해관계인들 사이의 소통과 타협을 지향해야 한다. 이러한 통합된 사회 분위기가 전제되어야 지금도 째깍거리는 인구절벽 폭탄을 사전에 해체할 수 있을 것이다.

　마지막으로 수요자 중심에 맞는 사회안전망과 사회진출 도움을 젊은 세대에게 집중시키는 것도 매우 중요하다. 앞서 언급했지만 모든 청년들이 일방적으로 결혼과 아이를 자발적으로 포기하지는 않는다. 오히려 과거보다 훨씬 어려워진 현실장벽으로 인해 비자발적 포기를 선택한 이들에게 기성세대들이 더욱 공감해주고 젊은 세대들의 안착을 돕는데 더 겸손하게 나서고 접근해야 한다. 참고로 내가 생각하는 도움의 개념은 과거 어른들이 가지고 있었던 노하우와 경륜을 젊은 세대들에게 일방적으로 주입하는 것이 아니다. 그들은 이미 우리보다 탁월하다. 물리적 시간만을 수반하는 인생의 경륜이야 당연히 젊은 세대가 부족할 수밖에 없지만, 그 외의 영역에 있어서는 선진국 의식으로 무장된 탁월한 기술 활용능력과 융합정신 등을 갖춘 단군 이래 최고의 스펙 세대이다. 세대 간의 화합과 공존 모델이 잘 정립되어야만 상호이해와 양보를 통해 모두가 잘 살 수 있는 나라가 만들어지는 것이다. 살 만한 나라, 꿈꾸는 나라, 그리고 물려주고 싶은 나라를 미래세대가 마음 가운데

품을 수 있도록 기성세대가 마지막 책임을 져야 할 것이다. 그리고 그 기제를 정치적 상상력이 더욱 활기차게 이끌어내야 한다.

제6장

대한민국의 지구 살리기 : (3) 기후환경

언제부턴가 자연이 빠르게 사라지고 있다는 것이 느껴진다. 과거 내가 어릴 때만 하더라도, 적어도 우리 아이들이 어렸을 때만 하더라도 조금만 나가면 드넓은 자연이 있었다. 하천에서 가재도 잡고 논에서 쥐불놀이도 하면서 시간 가는 줄을 몰랐었다. 그러나 어느 순간 산이 깎여 나가고 논이 메워지며 아스팔트가 깔렸다. 자연의 자리에는 자연스레 아파트와 공장이 섰다. 우리의 자연은 어느덧 자취를 감추었다. 심지어 우리는 미세먼지와 매연과 씨름하고 있음에도 불구하고, 자연의 소중함을 진실로 인식하지 못하고 있다. 일회용 쓰레기들을 무의식중에 쉽게 사용하며 일상적으로 종이를 낭비하고 있다. 또한, 우리의 편리함을 위해 대중교통 대신

직접 차를 운전하기를 택한다. 즉, 우리의 일상 속 '안락함'을 위해 환경은 조금씩 희생당하고 있다.

그런데 중요한 것은 미래세대이다. 환경에 대해 보호와 돌봄을 의식하지 않는다면, 이는 미래세대가 응당 누려야 할 권리를 빼앗는 것이다. 아이들의 자유와 권리를 담보로 자연을 누린다는 것이다. 기성세대가 당연하게 누리고 즐겼던 자연의 풍요로움을 보존할 의무가 있다.

1. 코로나 시대 환경 파괴
: 배달음식과 일회용기

코로나로 인해 사회적 거리두기가 지속되면서 어쩔 수 없이 몇 번 사무실로 배달음식을 시킨 적이 있었다. 식사를 마치고 나니 한 사람당, 적어도 5개가 넘는 플라스틱 용기가 나왔다. 그것이 하루 이틀이 아니니, 문득 버려지는 플라스틱이 우리 사무실만 해도 수도 없겠다는 생각이 들었다. 나는 개인 텀블러를 사용하고 있었는데, 이 노력마저 너무나 미미해 보였다. 오히려 '생색만 내는 것은 아닌가' 싶은 마음에 부끄러워졌다.

뉴스를 보니, 하루에 소비되는 일회용 플라스틱이 800만 개가 넘는다고 한다. 또한, 폐플라스틱이 모이는 '자원 재활용센터'에서는 코로나로 인해 급증한 플라스틱 물량을 제대로 소화하지 못하고 있다고 한다. 더 심각한 문제는 반입된 플라스틱 중 절반 정도만 재활용되고 나머지는 소각되거나 매립이 된다는 것이다. 알고 보니 모든 일회용품이 재활용되는 것이 아니고, 일정 조건을 충족시켜야 했다. 관련 뉴스와 정보를 접하며, 두 가지 생각이 들었다. 먼저, 우리 시민들은 '재활용 교육을 받은 적이 있는가?'였다. 또한, 기업들은 '왜 재활용 표기 의무를 엄격히 지키지 않는가?' 등의 물음과 관련된 규제와 법안을 면밀히 검토하고 싶은 생각이 들었다.

플라스틱은 환경에 치명적이다. 땅속에 묻어도 수백 년 동안 분해되지 않으며 미세 플라스틱 등은 바다로 흘러 들어가 해양 동물들을 죽이고 있다. 얼마 전 유튜브 추천 영상으로 플라스틱 빨대가 코에 박힌 거북이의 영상과 죽은 고래의 뱃속에서 29kg의 플라스틱 폐기물이 나온 영상을 보았다. 많은 수의 고래는 플라스틱을 먹이로 착각해 먹고, 결국 죽음에 이른다. 현재 해양에 부유하는 폐기물의 85%가 플라스틱임을 감안하다면, 우리의 일상 속 플라스틱 사용을 의식적으로 줄여야 할 것이다. 또한, 플랑크톤과 생선에 축적되는 미세 플라스틱은 우리의 식탁에서 마주하게 된다. 결국, 환경을 파괴한 대가가 인간에게 돌아오는 것이다.

2. ZERO 플라스틱으로!

코로나로 인해 일회용 플라스틱 남용이 사회적 이슈로 주목받은 것이지, 실상 우리나라의 일회용품 사용은 그 전부터 꾸준히 증가하고 있었다. 환경부 보고서에 따르면 비닐봉지와 일회용 컵의 경우 2009년 367억 개에서 2018년 549억 개로 70% 정도, 가파르게 증가하였다. 더구나 코로나19 시국에 접어들면서 각종 배달 앱을 통한 주문량이 폭주하면서 일회용품에 대한 국민적 수요는 폭증한 상황이다. 이에 대응하여 우리 정부도 단계적으로 일회용품 사용을 규제하기로 하였지만, 현실은 소리 없는 아우성에 불과했다. 그러나 국내 규제는 종국에는 달성해야 할 목표로서 '일회용품의 완전한 사용 금지'를 염두에 두어야 한다. 물론 지금 당장 현실에 적용하기에 무리가 있음을 인정하나, 이를 현실에 적용하는 노력과 과정이 모여 '미래세대를 위한 환경 보호'로 나아갈 수 있다.

실제로 환경 모범국인 캐나다는 2030년까지 일회용 플라스틱 사용을 전면 금지하는 '제로 플라스틱 폐기물 전략(Zero Plastic Waste Initiative)'을 발표했다. 심지어 해당 규정이 시행되는 날부터 플라스틱 빨대, 비닐봉지, 플라스틱 용기 등의 사용이 전면 금지되고, 모든 사업체는 생분해가 가능한 바이오 플라스틱으로 만든 대체품을 사용하여야만 한다.

우리나라 또한 2030년까지 캐나다처럼, 제로 플라스틱 정책을 계획하고 수행해야 할 것이다. 일회용 플라스틱 사용 등이 단계적으로 금지되는 기간에는 대체품을 연구하고 개발할 수 있도록 국가의 지원과 관심이 응당 요청된다. 대표적으로 스타벅스 등 '종이 빨대'처럼 사용자가 기존의 제품과 큰 차이를 느끼지 못하고 불편함 없이 사용할 수 있는 대체품이 필요하다. 그런데 중요한 것은 분해 가능한 바이오 등의 개발은 오랜 기간 연구와 자본이 필수적으로 요청된다는 것이다. 따라서 이에 대한 초기 국가 지원 정책이 절실히 요청된다고 하겠다.

국내와 달리, 해외에서는 생분해성 바이오 플라스틱 제조기술을 발달시키고 관련 시장을 육성하기 위해 노력하고 있다. 하지만 국내 시장의 경우 아직은 초기 단계기 때문에 시장의 크기가 작고 규모의 경제가 만들어지지 않은 탓에 생산 비용이 많이 들고 있으므로 국내 화학 기업의 투자도 거의 없는 상황이다. 이때, 정부가 생분해성 바이오 플라스틱 사용을 의무화한다면, 관련 소비시장이 개발될 것이다. 결국, 시장경제의 논리에 따라 기업 내부의 투자와 생산이 확대되며, 우리나라 역시 새로운 환경 개발이 시작될 것이다.

'플라스틱세' 도입의 제안

페트병 하나를 만드는 가격은 얼마일까? 제주 삼다수 500ml의 페트병 한 개의 원가는 약 19원이라고 한다. 페트병을 만들기 위해서는 작은 알갱이 모양의 원료인 PET 펠릿을 녹여서 만드는데 이 원료의 1kg의 원가가 평균 1,000원 정도, 페트병 약 55개를 만들 수 있는 비용이다. 이와는 반대로 생분해성 바이오 플라스틱은 1kg 당 원가가 평균 3,000원 수준으로 기업의 입장에서 보자면, 플라스틱 원료를 택하는 것은 합리적인 선택으로, 무조건 비난할 수 없다. 만약 지금 실정에서 무리해서 플라스틱 사용을 금지한다면 원재료의 상승은 필연적으로 소비자의 부담으로 이어질 것이다.

그렇다면 만약 플라스틱 생산과 소비 모두, 환경부담금으로 세금을 부과하면 어떠한 변화가 생길까? 즉 유럽처럼 '플라스틱세'를 도입하는 것 말이다. 유럽연합(EU)은 지난 2021년 1월 1일부터 플라스틱 세를 전격 시행하였다. 재활용이 불가능한 플라스틱에 kg 당 0.8유로(한화 약 1,000원)를 부과했다. 이 정책의 목적은 일차적으로는 재활용할 수 없는 플라스틱 사용을 억제하는 것이다. 그와 동시에 코로나로 인해 타격받은 유럽의 경제회복을 해소하기 위한 자금 확보를 위해 시행한 조치이다.

유럽연합 (EU) 각국은 플라스틱 폐기물량에 따라 돈을 EU에 지급하여야 한다. 이에 따르면, 독일은 13.3억 유로, 프랑스는 13.7억 유로, 이탈리아 8.4억 유로, 스페인 5.3억 유로 등 2021년도에는 EU 국가들로부터 총 57억 유로(한화 약 7조 7천억 원)의 세금을 걷어 유럽 경제회복을 위해 재투자할 수 있을 것으로 보인다. 또한, 이같은 강력한 조치는 코로나 이후에 급증하는 일회용 플라스틱 제품 사용을 줄이고, 생분해성 바이오 플라스틱 등의 친환경 신소재 산업의 육성을 유도하는 효과가 있다. 향후 유럽의 국가들은 세계의 생분해 바이오 플라스틱 시장에서 우위를 점할 것이다.

세계에서 플라스틱을 가장 많이 사용하는 나라 중 하나인 우리나라도, 유럽연합(EU)을 따라 플라스틱세 도입에 대한 진지한 논의가 필요하다. 환경오염에 대한 이슈가 점차 심각해지는 우리나라에 플라스틱세를 도입한다면 다음과 같은 긍정적인 효과를 일으킬 수 있다. 필연적인 환경오염을 줄일 수 있으며, 세수를 통해 코로나로 인해 증가한 복지 재원을 확보할 수 있고, 마지막으로는 미래산업으로서 생분해 바이오 플라스틱 등 친환경 신산업에 대한 투자와 육성이 가능해진다.

지구 온난화로 인한 기후 위기

2020년에는 동아프리카에서는 갑자기 나타난 사막 메뚜기 떼가 닥치는 대로 농작물을 먹어치우며 땅을 황폐하게 했다. 이는 평소 강수량보다 400%나 많은 폭우로 인해 메뚜기가 기하급수적으로 번식했기 때문으로 보인다. 중국의 경우 40일 넘게 이어진 폭우로 약 4천 500명의 수재민이 발생했다고 한다. 세계 최대의 댐인 '싼샤댐'이 붕괴할 수도 있다는 뉴스가 연이어 보도되었다. 안타깝게도 2020년 부산에서도 시간당 80mm가 넘는 폭우가 내려 지하차도가 물에 잠기는 사태가 일어났고 인명피해가 발생하였다. 이처럼 전 세계적인 기상이변이 일어나고 있다. 학자들은 그 이유로 이산

화탄소의 증가로 인한 지구 온난화를 꼽는다. 예전에는 중요하게 생각하지 못했던, 혹은 애써 무시해왔던 지구 온난화 이슈는 결국 우리의 생명과 안전에 매우 큰 영향을 끼치게 되었다.

기후변화센터에 따르면 지구의 온도가 1도 오르면 폭우와 가뭄 등 양극단의 기후변화가 더욱 빈번하게 발생한다고 한다. 우리나라도 이로 인한 피해를 고스란히 경험할 것이다. 더욱 빈번한 불볕더위와 홍수가 우리 시민을 괴롭힐 것이다. 안타깝게도 그 피해자의 대다수는 반지하에 거주하는 청년과 서민 등으로 대표되는 사회적 약자들이기에, 우리 정부는 더욱 적극적인 차원에서 기후변화에 대처해야 한다.

현재 우리나라는 2019년 온실가스 배출국 중 배출량이 세계 11위이며, 1인당 온실가스 총배출량도 13.8t으로 1990년에 비해 102.6%가 증가하였다. UN을 기준으로 지구상에 있는 국가의 수인 195개 중, 한국이 11위라는 것은 기후변화에 대한 우리의 책임이 결코 국내에 머물지 않음을 시사한다. 국제적인 이슈로서 한 국가의 노력이 아닌, 전 세계 공동의 관심과 실행이 적극적으로 필요하다.

3. 파리기후변화협약
(Paris Climate Change Accord)과 대한민국

　2015년 기후변화에 대응하기 위해 프랑스 파리에서 열린 유엔 기후변화협약 당사국총회(COP21) 참여국들은 기후변화를 해결하기 위해 2100년까지 2도 이상 상승하지 않도록 온실가스 배출량을 줄이자는 협약을 맺는다. 2도 이상의 온도 상승을 막기 위해서는 전 세계의 온실가스 배출량을 2050년까지 2010년도의 70%까지 줄여야 한다. 현재 우리나라는 2030년까지 예상 배출량 대비 37%를 줄인다는 목표를 유엔기후변화협약(UNFCCC) 사무국에 제출한 상태이다.

　우리나라는 이를 위해 "제1차 기후변화 대응 기본계획과 2030 온실가스 감축 로드맵"을 만들고 기후변화에 대한 대응 정책을 공식화하였다. 주요 내용으로는 신재생에너지의 사용 확대, 저탄소 시장 활성화, 환경 관련 신기술 연구 · 개발 및 신산업 육성, 국제 협력 강화, 시민들의 참여와 실천 등이 있다.

　특히 관련 정책의 성공, 즉 '정책이 얼마나 일상 속에 스며들었는지'에는 시민들의 자발적인 참여와 실천이 가장 중요하다고 생각한다. 아무리 좋은 정책이라도 시민들이 자발적으로 동참하지 않으면, 이는 실패할 수밖에 없기 때문이다. 정부 정책보다 앞서서 시민들은 자발적으로 텀블러를 들고 다녔으며 소비자들의 환보호에 대한 요구로 인해 기업은 일회용 빨대를 교체하였다.

최근 한 청년과 환경 이슈에 대해 깊은 대화를 나눈 적이 있다. 그 친구는 덴마크 유학생인데, 유학 초기 시절 학교 시험 대비를 위한 자료를 프린트하여 가지고 갔다고 한다. 당시 관련 자료를 모두 출력하니 수백 장 정도였다고 하는데, 그걸 본 덴마크 친구들은 하나같이 표정이 어두워지며 "그렇게 많은 종이를 낭비한다면 나무들이 훼손되고 환경을 해친다"라고 탄식을 했다고 한다. 본인에게 필요한 중요 페이지만 하드 카피로 뽑고, 그 외에는 태블릿 등의 전자기기를 이용하는 게 어떠냐며 진지하게 권유했다고 한다. 그 청년은 당연히 환경을 생각하고 실천하는 덴마크 친구들을 보니, 자신의 행동이 부끄러웠다고 했다.

그러나 우리 국민은, 물론 나를 포함하여, 내가 불편을 감수하고 환경을 지키는 것이 어떤 의미가 있고 그것이 삶의 현장과 실제로 어떤 관련이 있는지 의문이 들 수도 있다. 우스갯소리로, 미국과 중국이 동참하지 않으면 우리가 아무리 노력해봤자 무용지물이라는 이야기도 있지 않은가. 하지만 우리가 할 수 있는 것은 해야 한다고 생각한다. 환경을 위해 텀블러를 쓰고, 종이 빨대를 쓰는 '유행'을 넘어서, 일상 속에 자연스러운 '문화'가 자리 잡아야 할 것이다.

덴마크의 환경 교육 : 지식을 넘어선 '행위역량' 강조

시민들이 자발적으로 환경 보호를 실천하기 위해서는 유아기부터의 '교육'이 가장 중요하다. 환경 보호를 가장 잘 실천하는 국가 중 하나인 덴마크는 대표적인 환경 강국이다. 많은 사람이 덴마크 하면 아름다운 자연경관과 깨끗한 환경을 떠올린다. 이 같은 이미지를 보존하고 개발하는 것이 덴마크의 경쟁력 있는 국가 브랜드이다. 이 같은 덴마크의 브랜드는 시민들의 삶에 녹아든 환경보호에 대한 자연스러운 실천으로 이루어졌다. 이러한 그들의 DNA에 각인된 환경보호에 대한 실천은 학교의 환경교육에서부터 시작된다.

한국지리환경교육학회지에 따르면 덴마크의 학생들은 환경의 중요성과 가치에 대해 어렸을 때부터 체득하고 학습한다. 특히 중요한 것은 일상의 삶 속에서 환경 보호를 실천할 수 있는 수행(perform) 역량을 습득하는 것이다. 수행하기 위해서는 단순한 지시를 벗어나, 행동의 동기와 목적에 대한 이해가 선행되어야만 한다. 나만 하더라도 과거에는 아내가 분리수거를 하라고 하니 하는 것이었다. 그러나 이런저런 뉴스와 자료를 접하며 분리수거가 환경보호를 위한 기초적이자 필수적인 행위임을 알고 더 꼼꼼하게 분리수거를 하고 있다. 귀찮은 일을 넘어서, 필요한 일이라 생각하니 귀찮지만도 않다. 이처럼 환경보호를 위해 명확한 동기와 목적을 바탕으로 의도적으로 행동하는 행위를 습득하는 교육을 "행위역량(action competence)" 교육이라고 한다. 즉 우리 아이들에게도 실천해야 한다고 무작정 알리는 것이 아니라, 먼저 환경보호의 중요성과 필요성에 대한 '가치관' 교육을 해야 할 것이다.

스웨덴의 환경 교육: 세계적인 환경 운동가 '툰베리'를 기르다

스웨덴 출신의 '그레타 툰베리 (Greta Thunberg)'는 8살이라는 나이에 기후변화가 일으키는 각종 자연재해가 인류 때문이라는 것을 깨달았다고 한다. 우리나라로 치면 초등학교 1학년 그 어린 나이에 환경문제에 관심을 갖게 된 배경과 높은 환경 감수성을 가지게 된 동기가 궁금하였다. 나는 그 동기가 스웨덴의 환경 교육에 있다고 생각한다. 실제로 스웨덴의 환경 교육은 '환경 감수성'을 가르치는 체험 교육을 중요하게 생각한다. 우리나라처럼 환경보호에 대한 이론을 교실에서 의무적으로 배우는 것이 아니다. 스웨덴은 '실외교육 운동'으로 교실을 나가 자연을 오감으로 체험하고 관찰한다. 실제로 학생들은 숲과 강, 그리고 바다 등으로 나가 동물과 식물 그리고 자연 생태계와 공감하는 법을 배운다. 이를 통해 자연과 인간이 공생해야 한다는 가치관이 자연스레 길러지며, 인류는 자연 없이는 살 수 없다는 것을 깨닫는 것이다. 이러한 실외체험 교육을 통해 스웨덴의 학생들은 어렸을 때부터 환경에 대한 높은 감수성이 길러진다.

우리나라의 환경 교육은 아직 교실에서조차 제대로 이루어지지 않고 있으며 실외 환경체험학습은 요원한 상황이다. 하지만 2018년 환경교육 현황조사에 따르면, 학부모들은 자신의 아이들이 환경교육을 위한 야외 체험활동을 했으면 좋겠다고 생각한다는 조사 결과가 이미 나왔다. 따라서 지금 단계에서는 부족할지라도, 학교 안에서 나무를 심는다든지 인근 자연과 소통하는 등의 활동이 많이 이루어져야 할 것이다. 금수강산을 지닌 우리나라의 아름다운 자연을 우리 아이들이 어린 시절부터 접하고 경험할 기회를 정부는 적극적으로 마련해야 할 것이다. 과거에는 환경이 그저 발전을 위한 수단에 불과했을지 몰라도, 앞으로는 그것을 목적으로 설정하는 인식의 전환이 전제되어야만 환경에 대한 대한민국의 선도형 정신을 세계 속에 더욱 각인시킬 수 있다고 본다. 선진국 인식에 맞는 새로운 상식이 우리 미래세대에 오롯이 깃들 수 있도록 관련 여건을 만들어 주는 것이 우리세대가 반드시 해야 할 역할인 것이다.

환경 교육을 원하는 우리나라 학생들

작년 그린 포스트 코리아에서 '우리의 미래를 위해 환경 교육권을 보장하라'라는 뉴스 기사를 읽은 적이 있다. 학생들이 직접 학교에서 환경교육을 강화하자는 시위를 하는 내용의 기사였다. 기사에 따르면 학생들은 입시 위주의 교과목 공부에서 벗어나, 환경교육을 받을 권리를 주장하며 학교에서 미세먼지, 불볕더위, 기후변화 등 각종 환경 문제에 관해 더 많이 알고 싶다는 내용이었다.

우리는 학생들에게 자연과 환경에 관한 더 많은 학습 기회를 주어야 한다. 선생님과 학교 또한 환경에 대해 아이들에게 가르치고 그들이 환경보호에 대한 실천적인 역량을 가질 수 있도록 지원해야 한다. 이를 위해서는 환경 과목이 필수과목이 되거나 공교육에서 환경 과목이 선택될 수 있도록 지원을 해야 할 것이다. 하지만 환경부의 자료에 따르면 안타깝게도 환경 과목을 선택한 중·고등학교가 2007년에는 21% 정도였으나 2018년에는 약 8%로 줄었다. 세계는 환경보호와 환경교육에 열을 올리고 있는데 우리는 반대로 간 것이다. 또한 환경 과목을 가르치는 교사의 80%가 환경교육을 전공하지 않았다고 한다. 이상적으로는 환경에 대한 전문성을 지닌 교사가 필요하지만 현실은 그렇지 않다는 것이 안타깝다.

만약 우리가 초·중등학교에서부터 환경 교육에 대한 체계적인 교육이 이루어진다면 우리도 스웨덴의 어린 환경 운동가 툰베리처럼 한국의 툰베리를 길러낼 수 있을 것이다. 이렇게 작고 어린 학생 한 명이 전 세계의 환경 운동을 주도하고, 각국 정상에게 쓴소리를 하며 전 세계의 언론을 통해 한국에도 전달될 만큼 파급력이 매우 크다는 것은 대단한 일이다. 따라서 우리가 한국의 툰베리들을 길러낸다면 세계적인 환경 보호 선도 국가가 되리라 생각한다.

4. 스마트도시를 활용한 환경보호와 녹색산업 : 선진국 사례를 통하여

　환경보호를 실천할 뿐만 아니라 이를 활용하여 미래의 신산업을 육성해야 한다. 기후변화에 대응할 수 있는 신산업을 활용하여 녹색산업의 선도국가가 되는 것이다. 나는 녹색산업 또한 스마트도시를 활용하면 좋다고 생각한다. 환경이 가장 문제가 되는 곳은 언제나 도시이다. 대도시일수록 사람들이 생산하는 오염과 자동차 매연, 미세먼지 등 각종 환경오염이 심각하다. 따라서 이러한 도시의 환경문제를 신산업으로 연결하는 것이 중요한데, 환경문제의 해결을 위해 녹색 스마트도시 기술을 활용해야 한다.

　이미 스마트도시와 녹색산업을 연계하는 유럽의 도시들이 많아지고 있다. 네덜란드의 스마트도시 프로젝트인 앤트워프 스마트존 (Antwerp Smart Zone)은 인구 증가에 따른 환경문제 등 도시의 문제점들을 해결하기 위한 스마트도시 프로젝트이다. 앤트워프는 인구 증가로 인한 쓰레기 문제를 해결하기 위해 도시에 스마트 쓰레기통을 설치하였다. 이 스마트 쓰레기통은 ICT 기술이 적용되어 있으며 센서를 통해 용량 표시, 자동 압축 등의 기술, 태양열 충전 기술, 그리고 이러한 모든 정보를 시의 담당자에게 알려주는 기술들이 적용되어 있어서 환경미화원들의 쓰레기 수거 노력을 덜고 있다. 모든 쓰레기통의 쓰레기를 수거하는 것이 아닌 쓰레기가 꽉 찬 쓰레기통을 선별하여 수거할 수 있기 때문이다.

또한, 앤트워프시가 홍수가 자주 나는 곳인 만큼 홍수로 인한 자연피해를 최소화하기 위하여 홍수 감지를 할 수 있는 센서 및 감시 카메라가 도시 곳곳에 설치되어있다. 만약 홍수가 발생한다면 앤트워프시 전체 소방서에 홍수정보 신호를 바로 보내는 시스템이 구축되어 있다. 또한, 클라우드 서버와 빅데이터로 홍수의 패턴, 피해 지역 및 규모, 영향, 안전 지역 등을 자동으로 분석하여 홍수 예방과 대응에 큰 도움을 주고 있다.

또 다른 예로서 영국의 런던 퀸 엘리자베스 공원(Queen Elizabeth Olympic Park)이 있다. 이 공원은 런던의 대표적인 스마트도시 계획인 Smart London의 일환으로서 각종 환경 기술을 적용하고 실험하는 곳이다. 사물 인터넷 및 각종 센서를 활용하여 공원의 대기 및 수질을 측정할 수 있으며, 공원 내 건물들의 에너지 소비량을 측정할 수 있는 스마트 미터기를 설치하여 에너지를 효율적으로 관리하고 있다. 대표적으로 자원 효율적 빌딩(Resource Efficient Building)이 있는데 스마트 미터기와 사물 인터넷을 통해 공원 안에 있는 모든 건물의 에너지 소비량을 낮추어 운영비용을 절감 중이다. 또한, 특이한 점은 공원 안에 사는 박쥐들을 보살피기 위한 박쥐 센서가 설치되어있다는 것이다. 이 박쥐 센서를 통해 박쥐의 위치와 서식지, 생태 정보 등을 알 수 있어 그들의 생태계가 체계적으로 관리되고 있다.

이외에도 암스테르담 스마트도시 프로젝트가 있다. 암스테르담은 에너지를 절감하는 친환경 도시로 만들기 위해 기존 가로등을 스마트 가로등으로 교체하여 날씨와 밤낮, 사람의 움직임 등을 식별하여 빛을 조절할 수 있다. 또한, 운하가 많은 특성상 화물선을 전기로 움직이는 화물선으로 바꾸어 CO2 배출량을 줄이고 있으며 이를 위해 운하 주변에 전기를 충전할 수 있는 시설을 구축하고 있다. 자동차에 대해서도 기존 개인 자가용 사용을 줄이기 위해 공유 자동차 사업을 지원하고 있으며 시와 스타트업 간의 협력을 통해 공유 자동차 플랫폼인 'We Go'앱을 출시, 시민들이 공유 자동차를 사용할 수 있도록 다양한 유인정책들을 시행하고 있다. 이를 통해 암스테르담은 2040년까지 CO_2 배출을 기존의 75%까지 줄이는 목표를 세웠다.

이러한 다양한 스마트도시를 활용한 환경 산업은 환경 보호뿐만 아니라 신산업으로서 4차 산업에 기반을 둔 친환경 기술을 발전시키고 수많은 신생기업을 만들어 고용을 창출하고 있다. 유럽은 이미 녹색 스마트 신산업을 통해 다음 세대의 경제적 발전의 기반을 다지고 있다. 우리나라 또한 스마트도시의 개념을 환경보호와 녹색기술로 잡아서 관련 정부 정책을 집중할 필요가 있다. 각 도시의 건물마다 에너지를 재사용할 수 있는 시스템을 구축하고, 에너지 소비량, 사용 패턴, 최고조 시간대를 분석할 수 있는 스마트 센서 등을 설치해서 모든 건물의 에너지 사용량을 줄여나가야 한다.

또한, 현재는 규제에 가로막힌 전기 공유 자동차산업 또한 적극적으로 지원할 필요가 있다. 길거리의 쓰레기통을 스마트 쓰레기통으로 교체할 수도 있다. 우리나라의 ICT 기술은 세계 최고이다. 우리가 가진 ICT 기술과 환경을 접목하면 무궁무진한 아이디어가

나올 것이고, 세계 어느 나라보다 CO_2 배출량을 줄 일 수 있어 국제사회에서도 환경보호의 선도적인 위치에 설 수 있다. 또한, 이러한 기술적 바탕 위에 환경 보호를 위한 신산업을 육성한다면 녹색산업과 4차 산업을 바탕으로 한 수많은 양질의 신생기업 또한 창출할 수 있을 것이다.

공원 : 코로나 시대의 쉼터

코로나 시대에 가장 중요한 환경 요소는 공원이라고도 할 수 있다. 전 세계적으로 코로나가 심각해지면서 국민들을 강제로 격리하는 국가들이 늘어났다. 프랑스의 경우 작년 3월부터 6월까지 전국민이 집에서 강제로 격리되어야 했다. 우리나라는 국민 강제 격리 정책은 없었지만, 자유롭게 집 밖을 나가지는 못하였다. 또한, 코로나로 인해 사람들의 경제 사정이 나빠지고 감염의 위험으로 사람들 간의 교류와 소통이 줄어들고 있다.

이러한 현상이 장기화하면서 많은 사람들이 체력적으로 정신적으로 피폐해져 갔다. 요즘 많은 사람이 '코로나 블루(코로나로 인한 우울감)'를 호소하고 있다. 코로나로 인해 고립된 섬처럼 갇혀 버린 인간은 사회로부터, 친구로부터 분리되는 경험을 한 것이다. 이와 관련해 홀로 거주하는 노인들이 가장 큰 문제이다. 특히 독거노인에게는 노인정이 사회적 교류의 장이다. 비슷한 삶을 나누며 서로 의지하던 것이, 코로나로 인해 노인정 문이 닫히며 노인의 사회적 관계가 전면 단절 된 것이다. 입법조사처에 따르면 2020년 394개의 노인 복지관 중 97.5%, 경로당 6만 7,000개 중에 76.5%가 휴관 중이라고 한다. 실제로 한 노인분께서 내게 "너무나 외롭다"라며, "노인정을 가지 않으니 대화 공간이 마땅치 않다"고 하소연하시기도 했다.

안타깝게도 장기적인 고립 생활에 지친 일부 젊은 사람들이 코로나에도 불구하고 사람들과 소통하기 위해 커피숍을 찾고 있다. 그 이유는 대화를 위한 공간이 부족하기 때문이다. 그래서 나는 특히 코로나 시대를 경험하며, 사람들이 안전하게 모여 교류하고 소통할 수 있는 야외 공간이 필요하다고 생각한다. 그중 가장 중요한 요소는 공원이다. 안타깝게도 우리나라의 도시에는 공원이 별로 없다. 영국과 프랑스의 경우 크고 작은 공원들이 주거지역에서 3분 안에 있는 것에 비해, 우리나라의 도시들은 위성 지도로 보아도 주거지역에 공원들이 그다지 많이 보이지 않는다.

공원은 사람 간 소통의 공간인 동시에, 자연을 보며 힐링하는 공간이기도 하다. 바쁜 일상 속 잠시 쉬어갈 수 있는 공간 말이다. 또한, 녹색의 자연은 사람들을 숨 쉬게 만든다. 울창한 나무와 향기로운 꽃 속에서 인간은 스트레스 레벨이 낮아진다. 힐링 외에도 운동하고 체력을 기르는 공간으로서도 공원은 유용하다. 가족들과 한강공원에 갔을 때, 젊은이들이 함께 모여 러닝을 하고 자전거를 타며 건강하게 삶을 꾸리는 모습이 참 멋있어 보였다.

이처럼 코로나 시대 들어서, 공원의 역할이 더욱 강조되고 있다. 다만 안타깝게도, 정부 차원에서 대도시의 공원과 공공녹지를 늘리려는 노력은 부족하다. 개인적으로 생각한 방식은 도시공간을 활용한 자연환경 조성이다. 예를 들어, 좁은 공간일지라도 도시에 맞춰 계단식 공원을 만드는 '수직 정원'과, 인도에 더욱 많은 식물을 심어 인도를 걷는 것이 마치 공원을 걷는 것처럼 만드는 것이다. 즉 공원과 유사한 환경을 제공하는 것이다. 또한, 과거 지어진 공원과 녹색지대 중 콘크리트와 인공시설이 많은 곳을 선별해 이를 걷어내고 자연의 녹색 공원으로 변화시킬 수도 있다. 이와 같은 다차원적인 노력으로, 모든 국민들이 도보로 공원에 접근할 수 있도록 만들어야 할 것이다.

싱가포르의 공원 정책

싱가포르는 작은 토지 면적 대비 공원의 면적이 매우 넓다. 국토 전체 면적이 692.7㎢로 서울시의 600㎢와 비슷한 크기이지만 국가 설립 초기부터 도시의 공원화를 위해 '가든 시티(Garden City)'라는 슬로건을 내걸고 도시의 공원화에 성공하였다. 싱가포르에는 대략 350개의 공원들이 있으며 이 공원들은 공원과 공원 사이를 잇는 파크 커넥터(Park connector)를 통해 이어져 있다. 그래서 공원과 공원 사이를 이동할 때 공원이 끊기지 않는 듯한 느낌이 든다. 이러한 파크 커넥터의 길이는 360km이며 공원과 공원이 이어지는 장소마다 레크리에이션, 문화공연, 전시 등 다양한 주제를 가지고 사람들이 모여 교류하고 소통할 수 있게 하고 있다.

우리나라도 이처럼 도시에 공원들을 만들고 인도 위를 공원화하여 공원과 공원이 이어지는 파크 커넥터를 만들어야 한다. 현재 서울에는 동서로 한강을 따라 만들어진 한강시민공원이 있기는 하나 접근성이 떨어지는 지역이 많다. 만약 서울에 남산공원-용산공원-동작대교-현충원 공원을 파크 커넥터로 잇는다면 서울시 안에 남북으로 거대한 면적의 공원이 생기게 된다. 그렇게 되면, 서울시민은 남산공원부터 현충원까지 강북-강남으로 끊이지 않는 공원길을 따라 산책을 하거나 자전거 등을 탈 수 있다. 용산 공원과 현충원 공원을 잇는 동작대교는 다리 밑이나 다리 옆에 교두보를 설치하여 나무를 심고 물길을 내어 공원화할 수 있을 것이다. 이렇게 된다면 서울은 세계적인 공원을 가진 도시가 될 수 있을 것이다. 또한, 공원 중간중간에 다양한 레크리에이션, 문화공연, 전시 등 사람들이 서로 교류하고, 즐기고, 소통하는 장소를 만든다면 코로나 시대 혹은 앞으로 또 언제 닥칠지 모를 팬데믹 시대에 비교적 안전하게 사람들이 만날 수 있을 것이다.

미국 또한 뉴욕의 브루클린 대교(Brooklyn Bridge Forest)를 차가 아닌 시민들에게 주인 자리를 돌려주려고 계획하고 있다. 코로나 시대에 대응하기 위해 사람들이 야외 활동을 할 수 있도록 브루클린 다리를 개조하여 공원화하고, 즐길 수 있는 요소를 넣어 사람들이 가족과 친구들, 또는 연인과 걷고 즐길 수 있는 다리를 만들려고 하고 있다. 싱가포르와 뉴욕의 모범 사례를 통해 염두에 둬야 할 문제가 또 하나 있다. 바로 '환경 형평성(environmental equity)' 문제로서 저소득 지역일수록 공원 접근성이 비교적 낮은 점을 유의해야 한다. 특히 우리나라는 서울 등 대도시의 저소득층 밀집 지역의 공원 접근성이 고소득층 밀집 지역보다 매우 낮다. 조사에 따르면 65세 이상 인구, 기초생활 보장 수급자분들이 많이 거주하시는 곳의 공원 접근성이 그렇지 않은 지역에 비해 낮은 수준이라는 결과가 나왔다. 코로나로 인해 피해를 많이 보는 분들이 노인 인구와 저소득층인 만큼 우선 이러한 지역에 공원들을 조성할 필요가 있다.

5. 그린벨트

코로나 시대, 공원을 조성하는 것과 더불어 그린벨트를 보전하는 것이 중요하다. 그린벨트가 도시의 자연 쉼터가 되어 줄 수 있기 때문이다. 예전에는 도시와 도시를 이동할 때 자연 완충지대가 있었다. 조금만 나가도 자연을 느낄 수 있었던 것이다. 하지만 언제부터인가 그린벨트가 해제되고 신도시들이 개발되면서 이제는 자연을 보기 힘들고 끝없는 도시가 펼쳐지고 있을 뿐이다.

우리나라는 그린벨트 규제 실패를 경험한 나라이다. 먼저 그린벨트 해제의 역사를 살펴보면, 노태우 정권 때 분당, 일산 등 신도시를 건설하기 위하여 그린벨트를 해제하였고, 김대중 정권에서 가장 넓은 면적인 782㎢, 그다음 정권인 노무현 정권은 수도권의 치솟는 집값을 잡기 위해 추가로 654㎢ 면적의 그린벨트를 대규모로 해제하였다. 하지만 노무현 정권은 결국 서울 아파트 가격이 94% 정도 상승하면서 완전한 실패로 끝이 났다. 지난 정권을 통해 무분별하게 그린벨트를 풀고 주택을 공급하는 것이 꼭 집값 안정으로 이어지는 것은 아님을 배울 수 있었다.

이처럼 그린벨트를 풀고 무분별한 개발을 추진하면서 서울과 경기도의 녹지 비율은 빠르게 줄어갔다. 공원으로 남겨져야 할 곳들이 아파트로 개발되면서 인공적으로 건립된 대규모 공원을 일부러 찾아가지 않는 한, 자연을 느끼기 어렵게 되었다. 또한, 도시 간 자연 완충지대가 없어지며, 도시가 서로 붙게 되는 문제도 생겼다. 이처럼 그린벨트 해제를 통한 무분별한 도시 확대는 시대를 역행하는 정책이 될 위험이 있다.

영국의 경우, 런던의 대도시를 벗어나 다른 도시로 이동할 때 푸르른 초원이 펼쳐진다. 런던은 실제로 도시의 크기보다 주변의 그린벨트의 면적이 더 크다. 영국의 그린벨트 정책에는 두 가지 특징이 있는데 한 가지는 '개방성(openness)'이고, 다른 한 가지는 '불변성(permanence)'이다. 그린벨트를 해제하기 위해서는 그 이유를 투명한 절차를 통해 객관적으로 분석하며, 다른 대안은 없는지 면밀히 연구한다. 즉 그린벨트를 해제하려면, 그에 합당한 심각하고도 중대한 이유가 있어야만 한다. 이러한 영국의 그린벨트 정책은 도시의 무분별한 확대를 방지하고 있으며, 그린벨트와 주변 지역의 개발을 억제하며 자연을 보호하고 시민들에게 쉼터를 제공하고 있다. 또한, 압축 도시(compact city)로의 발전을 유도하며 도시 인프라의 낭비를 막고 있다. 하지만 이미 우리나라는 무분별한 그린벨트의 해제로 인해 도시와 도시가 이어진 거대도시가 되었다. 도시의 인프라만 무한대로 커진 것이다.

그린벨트 해제보다 도심 용적률 완화를

만약 주택 공급이 부족하다면, 그린벨트를 해제하여 아파트를 짓는 것보다는 도시의 건축 용적률을 올리는 것이 대안이 될 수 있다. 서울에는 아직 낮은 아파트와 건물들이 많이 존재한다. 그린벨트를 해제한다면 우리가 쉴 수 있는 자연을 훼손하는 어리석은 선택을 하는 것밖에 안 된다. 그러므로 서울 재개발 및 재건축을 추진할 때 용적률을 높여야 한다. 2014년 수립된 서울시의 '2030 서울 플랜'에 따르면 아파트의 높이를 35층으로 제한하였다. 이러한 제한을 풀고 용적률을 높여 아파트를 짓게 하고, 그 대신에 공공임대주택 물량을 일정 비율 이상 포함하게 하는 것이다. 공공임대주택뿐만 아니라 공공도서관 등 공공시설을 아파트 건물 안에 포함 시켜 기부채납하는 방안을 고려해야 한다.

6. 환경보호를 우리의 새로운 가치로

최근 환경보호가 얼마나 절실한 것인지 많은 국민들이 인식하게 된 것은 참으로 다행이다. 환경보호의 가치는 결코 어느 한 진영의 전유물이 될 수 없다. 산업화 시대의 상징인 박정희 대통령도 산업화와 환경보호를 동시에 추진하였다. 개발제한구역이라고 불리는 그린벨트 정책이 그것이다. 산업화를 진행하면서 동시에 그로 인한 무분별한 환경 파괴를 우려한 것이다.

나는 자유한국당 당 대표 시절 우수한 젊은 당협위원장들을 아데나워 재단과의 협약을 통해 독일 집권여당인 기독민주당(CDU)의 영유니온 전당대회에 파견한 적이 있다. 그때 일행 중 한 명이었던 위원장으로부터 무엇을 배웠는지에 대해 물었더니 의외로 '환경'을 테마로 기민당이 녹색당보다 더욱 과감하게 친환경 우파를 지향했다는 점이 인상적이었다고 했다.

실제 독일 정치권에서는 녹색당이 새로운 다크호스로 부상하여 독일을 넘어 유럽연합과 세계 환경 트랜드의 핵심축으로 급부상하고 있다고 한다. 이러한 위협적 요인과 시대적 배경 등을 감안했던 독일의 기민당은 상대적으로 성장을 위한 개발 어젠다에만 집중했던 자당의 성장 만능주의 관성을 벗어나 시대적 흐름에 맞는 환경 중심의 녹색 이슈들을 공격적으로 수용하기 시작한 것이다.

특히, 환경이란 테마는 단순히 자연을 보호하자는 1차원적 관념을 벗어나 우리가 지향하는 성장이란 테마에 맞춰 더욱 과감한 미래 선도적인 모델을 만들어 낼 수 있는 잠재영역이기도 하다. 당장 미래 모빌리티 산업만 보더라도 급속히 탈석유를 지향하는 전기·수소 자동차들의 무서운 성장세가 유럽과 북미지역을 중심으로 전개되고 있다. 우리나라 역시 이러한 트렌드에 하루빨리 편승하여 에코 프랜들리 정신에 기초한 새로운 성장동력의 확보와 관련 기술 및 산업에 대한 지원 플랜을 더욱 능동적으로 추진할 필요가 있다.

과거에는 그저 형식적이고 선언적인 수준에 그친 녹색성장이었지만, 이제는 녹색 테마를 중심으로 한 새로운 대안 아이템의 출현이 필연적으로 우리 시대 고부가가치 산업과 연관될 수밖에 없다. 더 나아가 미국 바이든 정권의 출범을 시작으로 글로벌 환경 모니터링 시스템은 더욱 강화될 것으로 예상된다. 단순히 당위의 수준을 넘어 세계적인 흐름으로 강제될 것으로 예상되는 녹색 흐름에 우리의 잠재성을 일치시켜 새로운 부가가치를 창출해내는 것이 올바른 시대정신이라고 본다.

나는 환경보호를 이념적 도구로 사용하자는 것이 아니다. 다만 보수가 환경보호에 더 앞장서서 국민들과 함께 미래세대를 위한 환경보호를 실천하자는 것이다. 현재 대한민국은 과거와 비교할 수 없을 정도로 개발되었다. 개발이란 것이 일정 수준 이상 이루어진 상황에서는, 자연을 보호하는 것은 일종의 이념을 넘어선 보편적 가치이다. 따라서 보수 정권이 환경보호에 앞장서는 모범적인 모습을 국민들에게 보여주어야 한다. 더 나아가 환경이라는 인류 보편적인 가치 아래서 전 인류와 미래세대를 위해 온 국민이 다 함께 노력해야만 할 것이다.

무엇보다 나는 환경 이슈와 관련해서는 대한민국 미래세대에 대한 기대가 남다르다. 과거 기성세대가 너무나 쉽게 대하고 생각했던 환경에 대한 의제를 본질부터 바로 세울 우리 청년들의 역할이 더욱 동력을 얻을 수 있도록 그것을 도와주는 것이 어른의 역할이라고 확신하다. 세대가 함께 힘을 합하여 미래의 성장 어젠다를 과감하게 미래세대에게 맡겨 주어 그들이 진정으로 환경을 포함한 대한민국의 선진 어젠다를 세계적으로 이끌어가도록 도와주어야 한다.

제7장

글로벌 코리아 인플루언스 : (4) 국제분쟁

대한민국은 글로벌 시대의 도래에 맞춰 세계를 지렛대로 삼아 단군 이래 최대의 전성기를 이뤄냈다. 비록 영토는 작고 나라는 분단되어 '반쪽짜리 한반도'이지만 K 브랜드로 상징되는 경제·사회·문화적 파급력은 실로 세계적인 수준으로 발전했다.

과거 1950년대만 하더라도 우리나라는 산소호흡기나 다름없던 미국의 원조 없이는 국가운영 자체가 불가능한 나라였다. 당시 미국의 17억 달러 원조가 대한민국 정부 예산 절반에 가까운 액수였고, 일제 치하 35년 수탈에 이어 한국전쟁까지 거친 나라의 미래는 절망스러웠다. 그랬던 대한민국이 오늘날 세계 유일의 '원조 받던 나라에서 원조를 해주는 나라'로 변화했을 뿐만 아니라, 초일류

DNA를 내세워 글로벌 기업과 K-Pop 한류 등을 선도하는 세계 10대 경제대국으로 성장했다는 것은 한 마디로 '기적'이다.

문제는 이 자랑스러운 기적의 신화가 새로운 글로벌 소용돌이 속에서 과거 영웅담으로 전락할 대위기에 처해 있다는 것이다. 무엇보다 글로벌 감각과 정치적 상상력이 부재한 정부의 무능이 초일류와 선도형 경제를 만들어내고자 하는 민간기업과 개인의 노력을 도리어 막고 있는 실정이다. 가장 대표적인 예로는 최근 미국 뉴욕증권거래소에 상장된 쿠팡이다. 삼성과 현대 등 초일류기업들을 배출한 대한민국이지만 코리아 디스카운트로 인해 쿠팡의 꿈은 우리나라가 아닌 미국의 자본시장을 선택했다. 무엇보다 기업을 압박하는 정치적 개입과 규제, 그리고 자본시장의 후진성 등은 스타트업과 벤처들의 레버리지 효과를 초반부터 가로막고 있다. 많은 IT 종사자들은 알고 있겠지만 미국의 페이스북과 아이팟 이전에 대한민국의 아이러브스쿨과 아이리버가 먼저 등장했다. 문제는 퍼스트 펭귄은 우리였음에도 불구하고 글로벌 자본력이 뒷받침된 미국 기업들이 결국은 역사의 승자가 되어 세계시장을 제패했다는 것이다.

'글로벌 스탠다드'를 지향하는 대한민국의 정치적 리더십이 그 어느 때보다 중요하다. 무엇보다 시대착오적 세계관에 갇힌 운동권 세대의 어설픈 내수용 민주화 정치는 하루빨리 수정될 필요가 있다. 우리나라를 압박하는 글로벌 뉴노멀시대의 진짜 경쟁자이자 적은 바로 대한민국을 둘러싼 글로벌 패권 흐름인 만큼, 한반도를 둘러싼 미국·중국·일본에 대한 이해를 비롯하여 중대한 위협인 북한에 대한 국가적 전략, 그리고 대만과 아세안 등 신흥시장 개척 등에 관한 포괄적인 청사진을 다각도로 구상해볼 필요가 있다. 이번 장에서는 갈수록 격화되고 있는 미·중 패권전쟁과 코로나19 이후 대한민국이 수립해야 할 외교·안보전략에 대한 논의를 중심으로 언급하고자 한다.

G2 경쟁시대, 미·중 패권전쟁에 대한 고찰

미·중 패권전쟁은 과거 1980년대 미·일 패권 다툼과 유사하며, 큰 이변이 없는 한 세계패권을 둘러싼 G2의 경쟁시대는 앞으로 10년 이상 지속될 것으로 보인다. 실제로 과거 미국과 일본의 글로벌 주도권 싸움이 10년 넘게 걸린 것과 비교해볼 때 앞으로 총 세 단계에 걸쳐 전개될 것으로 예상된다. 현재 진행되고 있는 미·중 무역전쟁은 스몰딜에 해당되며, 주력수출상품 등을 둘러싼 견제와 관세 갈등 등이 이에 속한다. 가령 미국은 중국의 반도체 굴기를 견제하기 위한 방편으로 대만을 생산 기지화시켜 일본과 삼각동맹을 맺어 미래를 대비하고 있다.

이후 빅딜에 해당되는 환율·시장개방·국유기업 개혁 등에 이르는 전방위적인 압박이 이뤄질 것인데, 우선 환율전쟁이 본격화되고, 현재 위안화를 둘러싼 미국의 압박이 본격화되어 과거 1985년 플라자합의와 유사한 환율조정 시도가 이뤄질 것이다. 또한, 중국의 폐쇄적 보호주의를 압박하는 시장 전면개방에 대한 요구와 더불어 중국 자본주의의 꽃인 국유기업에 대한 개혁과 모니터링이 본격적으로 요구될 것이다. 이러한 기조는 과거 트럼프 정권에 이어 지금의 바이든 시대에서도 지속적으로 이어질 전망이다.

1. 미국의 아시아 전략, '쿼드(Quad)'와 '대만'

쿼드(Quad)는 미국 주도로 중국 견제를 위해 만들어진 미국·일본·인도·호주 등의 연합체이며, 이미 미국은 이와 유사한 다자동맹 체제를 만들어 역사적으로 승리한 전례가 있다. 바로 북대서양조약기구(North Atlantic Treaty Organization, 이하 NATO)이다. NATO는 제2차 세계대전 이후 새로운 경쟁자로 부상했던 소련을 견제하기 위해 만들어진 반공 집단방위조약이며, 이후 유럽 동맹국들의 전쟁 후유증을 돕기 위한 경제적 원조와 군사보조 등으로 유럽 내 자유민주주의 가치를 보전하는 데 성공했다.

쿼드는 소련 붕괴 이후 미국이 인도·태평양 지역에 새로 만들어 낸 제2의 NATO 체제이다. 과거 소련과의 냉전에서 승리한 미국이 아시아 지역에 없었던 이익·가치 공유를 목적으로 새로운 국제기구를 설치하기 위한 포석으로써 그 시작점을 쿼드로 잡은 것일 뿐이다. 한편 국가 간의 동맹은 국가 간 국민적 가치철학이 유사하거나 동일해야 하는데, 이는 곧 '국가이성'이 일치되어야만 동맹 시스템이 흥행한다는 것이다. 그런 맥락에서 쿼드에 소속된 국가들은 모두 정치적으로는 자유민주주의, 그리고 경제적으로 시장자본주의를 채택한 동일한 국가이성을 갖춘 나라들이기 때문에 앞으로의 협업모델은 아시아 외교 흐름에 있어 큰 변수로 작용할 것이다. 가장 안타까운 대목은 한·미 동맹이 가장 견고한 대한민국이 정작 미국 주도의 쿼드체제에 주역으로 참여하지 못했다는 것이다. 쿼드 플러스가 아닌 오각동맹체제인 펜타(Penta)로 대한민국 지분을 확보하지 못한 현 문재인 정권의 편협한 시각과 정치적 상상력 부재는 결국 한국 외교역량의 후퇴를 유발할 것이 자명하다.

대만, '아시아의 고아'에서 '아시아의 균형자'로 부상

대만은 향후 아시아 외교에 있어 블루칩이자 큰 변수로 등장할 것이다. 이미 지난 1월 미국은 바이든 대통령 취임식 때 대만 대표 격인 샤오메이친 대만경제문화 대표처 대표를 단교 이후 42년 만에 초청했다. 이후 중국 시진핑 주석과의 첫 통화에서도 바이든 대통령은 '하나의 중국'을 겨냥하여 대만에 대한 문제 제기를 공식화했다. 대만과 대한민국은 굉장히 많은 공통점을 지닌다. 자유민주주의와 시장경제질서로 상징되는 동일한 국가이성을 지향하고, 불합리한 공산주의체제와 과감히 투쟁했다. 또한, 수출중심의 경제 기적을 일궈냈고, IT와 반도체를 비롯한 유사한 산업 핵심역량을 지닌 선의의 라이벌 관계이면서도 중국과 제1의 무역교역 국가라는 부분까지 똑 닮았다. 이런 대만이 이제는 미국의 본격적인 지원에 힘입어 한때 '아시아의 고아'로 불렸던 과거를 뒤로 한 채 '아시아의 균형자'로 서서히 그 위용을 드러내고 있으며, 우리 역시 대만과의 관계 설정에 있어 상호협력을 바탕으로 한 시너지 효과를 지향할 필요가 있다.

2. 중국, 도광양회를 넘어 분발유위로

중국의 대외정책은 과거 덩샤오핑(鄧小平)의 도광양회(韜光養晦)를 따라 스스로를 드러내지 않고 때를 기다리며 실력을 쌓는 전략으로 일관해 오다가 지난 2017년 시진핑 시대에 이르러 본격적인 분발유위(奮發有爲)로 과감히 전환했다. 분발유위란 분발해 성과를 이뤄낸다는 보다 더 진취적인 뜻으로 과거 발톱을 숨겨 때를 기다리는 것을 넘어 중국의 위상을 공세적으로 세계 속에 드러내겠다는 의미이다. 이는 곧 중국이 미국의 세계전략에 편승할 생각이 없으며 본격적인 패권경쟁에 있어 중국의 몫을 더욱 과감하게 차지하겠다는 뜻을 내비친 것이다. 이에 맞춰 중국은 갈수록 격화되고 있는 미·중 패권경쟁에 대비하여 대내·외 국가전략으로 '글로벌 제조 강국 2025'와 '일대일로(一帶一路)' 등을 채택하여 중국몽(夢)의 가능성을 실현하고자 한다.

글로벌 제조 강국 2025

대내적 전략인 글로벌 제조 강국 2025 전략은 말 그대로 중국의 글로벌 제조 강국 위상을 위한 로드맵으로 2049년 건국 100주년에 맞춰 미국을 넘어선 제조 대국 선언을 목표로 한다. 4대 공통과제로는 혁신능력제고·품질제고·제조업 정보화 결합·녹색성장 등을 설정하고 있으며, 시장진입제도를 개혁시켜 민간의 시장참여 자율성을 강화하고 네거티브 시스템 도입 등을 바탕으로 시장개방에 대비하고자 한다. 또한, 진행 과정과 사후관리감독 등 모니터링 시스템을 강화하여 공정한 퇴출 메커니즘을 정립하고 품질개선 목표치를 달성하고자 한다. 결국은 시장화를 통한 기업 구조조정과 업그레이드를 전반적으로 유도한 후, 7대 전략산업인 신흥정보 및 첨단장비제조·신에너지·신에너지자동차·신소재·바이오·에너지 절약 및 환경보호 등을 육성하여 중국의 세계적 수준의 제조업 역량을 완성하는 것이 핵심 내용이다.

일대일로

일대일로(One belt, One road)는 중국이 당나라 시절 전성기를 맞았던 실크로드의 부활을 위해 주도한 '신(新) 실크로드 전략 구상'이며, 구체적으로는 내륙과 해상의 실크로드 경제벨트를 지칭한다. 35년 간(2014~2049)에 이르는 긴 시간 동안 고대 동서양의 교통로인 현대판 실크로드를 다시 구축해, 중국과 주변 국가의 경제·무역 합작 확대의 길을 열어 중국의 아시아 태평양 영향력을 극대화하겠다는 대외전략인 것이다.

실제로 중국은 미국과 일본이 주도하는 세계은행과 아시아개발은행(ADB)을 겨냥하여 자국 주도로 아시아 인프라개발은행(Asian Infrastructure Investment Bank, 이하 AIIB)을 지난 2016년에 출범시킨 후 실질적인 일대일로 프로젝트의 자금유치 역할을 담당하게 하고 있다. 여기에 인접 국가들과의 협력을 바탕으로 대외항구 개척을 통해 에너지 수급 루트를 집중적으로 개발하고 있다. 구체적인 사례로는 중국·파키스탄 경제회랑인 과다르항 루트 개척을 들 수 있는데, 과다르항은 중국과 중동을 잇는 전략적 요충지일 뿐만 아니라, 세계 원유 수송의 20%가 통과하는 에너지 모세혈관이다. 또한, 해상루트 내 군사적 주도권 확보에 필요한 난사군도에 콘크리트를 부어 만든 인공섬과 각종 군사기지를 설치하여 남중국해와 동남아 해상 지역 내에서의 군사적 우위를 점하고자 한다.

중국, 지금까지 어떻게 성공했는가?

G2 경쟁구도의 한 축인 중국의 부상 역시 급진적으로 이뤄졌는데, 지금까지의 성공 노하우로 어떤 요소들이 있는지에 대해서는 한 번 살펴볼 필요가 있다. 중국의 성공 요인 중 내부적인 것들로는 크게 문화대혁명으로 인한 대위기, 재산권 개혁, 그리고 시장개혁 등을 들 수 있다.

우선 중국은 마오쩌둥(毛澤東)의 극좌 사회주의 운동이었던 문화대혁명의 부작용으로 인해 건국 이래 최악의 경제 상황에 직면한다. 이런 위기 가운데 덩샤오핑(鄧小平)은 경제개혁을 도모하기 위해 천원(陳雲)을 기용하여 1979년 농업의 자율화와 소규모 작업조에게 할당량 초과분의 자유화를 인정하기 시작했다. 이를 시작으로 폭발적인 농업신장을 비롯한 산업 및 노동시장에서도 효율화 달성에 성공하게 된다. 이후 서류상 국가 소유의 사회주의를 지향하나 실질적으로는 개인소유나 다름없는 중국식 공기업으로 재산권 개혁에 성과를 거둔다. 마지막으로는 사회주의 시장경제를 확정지어 1994년부터 대대적 시장개혁을 진행하여 3개 대표론(노동자 · 농민 · 지식인)을 새롭게 내세웠으며, 유진유퇴(有進有退) 합의를 통해 국민경제에서 절대적 우위가 있던 국영경제에 대해 민간이 진출하면 국영기업이 물러나도록 조정해 주어 엄청난 경제적 붐을 일으키게 된다.

중국 성장의 외부적 성공 요인으로는 급속한 산업기술발전과 국제질서 변화 등을 들 수 있다. 우선 중국은 최신 교통·통신기술을 적극적으로 자국 산업 내에 도입시켜 평균성장속도를 기하급수적으로 앞당길 수 있었다. 국내 기존 인적·물적 자원의 강점을 최신 기술의 이점과 혼합시켜 세팅 비용을 크게 절감시켰으며, 해외기술 이전 토대까지 마련하는 데 성공한 것이다. 국제질서 변화 또한 덩샤오핑의 흑묘백묘(黑猫白猫)론에 입각한 개혁개방정책이 성공을 거두는데 유리한 여건이었고, 여기서 중국은 글로벌 제조 공급자 역할을 자처하여 막대한 해외자본 유치를 통해 스스로를 세계의 공장으로 자리매김시켰다. 이후 광범위한 내수시장과 자체 경쟁력 강화를 통해 해외 주요 기업들과의 합작투자를 활성화시켜 고부가가치 산업영역에까지 적극적으로 진출하는데 성공한다.

베이징 컨센서스 (Beijing Consensus)

중국은 자국 성장 성공신화에 힘입어 지난 2004년에는 칭화대 교수 조슈아 라모가 중국 고유의 사회주의 발전모델인 '베이징 컨센서스'를 발표하기에 이른다. 이는 미국식 시장경제체제의 대외

확산 전략인 워싱턴 컨센서스(Washington Consensus)에 대항한 중국의 글로벌 대외확산전략 모델이라고 볼 수 있다. 구체적으로는 강한 정부의 통제력을 발판으로 국영경제 생산수단을 국가가 독점하고 국가기관이 관리·운영하는 중국만의 모델이 주효했음을 주장하며, 조화롭고 균형 잡힌 발전전략과 더불어 타국의 주권 존중과 내정불간섭을 원칙으로 하는 내용 등으로 구성되어 있다.

베이징 컨센서스를 뒷받침하는 성공사례들로는 베이징 올림픽, 고속철, 글로벌 금융위기 속 9% 성장달성 등을 들 수 있으며, '힘을 집중해 큰일을 이루었다'라는 사회주의 강령식과 민족주의적 자부심이 결합되어 나타난다고 볼 수 있다. 결론적으로 베이징 컨센서스는 미국 주도의 글로벌 스탠다드를 수정하여 중국의 전통철학 사상과 자국의 성공모델을 세계적으로 과시하고, 이를 실질적으로 확산시켜 중화 패권주의를 완성하고자 하는 중국의 야심이 반영된 것이다.

중국의 잠재 리스크

지금까지 중국의 부상은 인상적이었으나 실제 중국이 미국을 압도하는 제국이 될 수 있는지의 여부는 전혀 다른 차원의 문제이다. 적어도 덩샤오핑의 개혁개방노선을 통해 사회주의와 자유민주주의 등을 적절히 조화시킨 건전한 중국식 발전모델이 자리 잡았을 때만큼은 중국의 잠재성 실현 과정은 경이로운 수준이었다. 그러나 10년 권력 교체를 포기한 채 시진핑 장기집권 체제로 점차 정치권력 독점을 꾀한다는 점과 기존의 도광양회를 버리고 분발유위로 전환되어 가는 과정에서 주변국과 동맹국들에 대한 고압적인 갑질 외교를 보였다는 점 등은 큰 핸디캡으로 지적된다. 아울러 경제적 신화 이면에 도사린 중국 경제의 부실 역시 아킬레스건으로 작용할 공산이 크다.

진나라 절대 권력으로 회귀한 중국의 권력 리스크

현재 중국 시진핑 주석의 리더십은 덩샤오핑의 권력이양 전통을 깨뜨리고 1인 독재체제로 귀결되는 것을 특징으로 한다. 실제로 시진핑 주석은 고대 진시황제를 능가하는 절대 권력자로 군림하여 21세기 시황제로 불리고 있다. 중국의 권력구조를 과거 진나라와 비교해볼 때 재미있는 유사성을 발견해볼 수 있다. 우선 시주석 본인은 공산당 총서기 겸 중앙군사위 주석 등을 겸직하는 황제의 역할을 수행하고 있으며, 그 산하로는 승상, 어사대부, 태위 등의 기능을 수행하는 국무원 총리(왕치산), 당 중앙기율위 서기(자오러지), 그리고 군사위 부주석(쉬치량) 등을 두고 있다. 여기서 국무원 총리는 행정을, 당 중앙기율위 서기는 검찰을, 그리고 군사위 부주석은 군부 기능을 각기 전담하여 시진핑 중심으로 국정운영을 공백 없이 메우고 있음을 확인할 수 있다.

　여기에 중국은 국가감찰위원회를 신설하여 국무원 감찰부와 국가예방부패국, 검찰 반부패조직 등을 통합하였으며, 주임으로 시진핑 친위세력인 '시자쥔(習家軍)'으로 분류되는 양샤오두(楊曉渡) 중앙기율검사위원회 부서기를 지명했다. 우리나라와 비교하자면 고위공직자범죄수사처, 이른바 공수처로 알려진 기관과 유사하다고 볼 수 있다. 이처럼 공백 없는 권력 독점에 이어 사정 정국 핵심 기관까지 측근으로 앉혔으니 권력 반대세력들조차 함부로 도전할 수 없는 시진핑 주석 중심의 중국 권력구도가 완성된 것이다. 과거에도 시진핑 주석과 정치적으로 최대 경쟁 관계에 놓여 있던 4인방은 권력대립 끝에 철저히 몰락하고 말았는데, 전 충칭시 서기 보시라이(薄熙來), 전 정법위 서기 저우융캉(周永康), 전 당 군사위 부주석 쉬차이허우(徐才厚), 그리고 전 중앙판공청 주임 링지화(令計劃) 등이 비운의 주인공들이다.

　물론 중국의 시진핑 중심의 권력 집중화 현상이 중국 성장 기조에 꼭 걸림돌이 된다고 예단할 수는 없다. 우리나라만 하더라도 故 박정희 대통령의 리더십이 경제적인 측면에서 볼 때는 산업화에 주춧돌 역할을 수행한 역사적 사례가 있다는 점을 감안할 때에는 더더욱 그렇다. 그러나 앞으로의 시대흐름은 다원성과 창의성으로 점철되는 자유의 가치를 그 어느 때보다 강조할 것이며, 글로벌 연결사회 속에서 특정 국가의 독점적 리더십이 민주주의의 가치와 역행하면서까지 나 홀로 두각을 나타내기란 매우 어려울 것으로 전망된다. 결국 중국의 독점적 권력 구조는 장기적으로는 중국

체제 내 발전과 민주사회로의 진보를 원천적으로 가로막는 최악의 장애물로 자리 잡을 여지가 크다고 볼 수 있다.

중국의 주변국·동맹국 갑질 리스크

중국은 자국을 둘러싼 주변국과 동맹국들을 힘으로 누르는 갑질 외교를 수차례 선보인 바가 있다. 구체적으로는 한국이 2016년에 사드를 배치한 이후 중국으로부터 경제보복을 당했고, 코로나19 기원 조사 필요성을 꺼냈던 호주가 석탄, 보리, 와인 등에 대해 중국 수출을 못하게 된 사례 등이 대표적이다. 최근에는 대만이 미국과 밀월관계에 접어들어 양안관계가 점차 소원해지자 본보기로 파인애플을 겨냥해 검역과정에서 유해물질이 나왔다는 이유로 수입을 중단시키는 무역보복을 시작했다.

개인적으로 보기에는 중국의 갑질 행태는 자국 특유의 중화사상에 입각한 패권주의, 아편전쟁 등으로 각인된 권력 트라우마, 그리고 국내정치 등이 복합적으로 작용한 것이라 볼 수 있다. 구체적으로는 자국중심의 세계관으로 절대적인 역사적 자부심을 가지고 있었음에도 불구하고 일개 동인도회사에 의해 아편전쟁에서 패배했던 아픔에 대한 예방적 성격이라고 볼 수 있다. 아울러 국내에 축적된 불만 등을 대외 애국심 등으로 포장시켜 글로벌 주류임을 자처하는 정부의 위상을 이른바 '국뽕'으로 둔갑시키고자 하는 다양한 정치적 포석이 깔려있다고 볼 수 있다. 최근에는 4년 전 사드 보복 당시에는 불매 대상이었던 김치를 놓고 이제 와서 파오차이(중국 절임채소)의 국제표준 인가를 들먹거리며 본격적인 김치공정까지 시도하고 있다. 이처럼 이웃 주변국에 대한 최소한의 존중과 문화적 배려 없이 중화사상을 확장시키는 행태는 중국에 대한 국제적 비호감 여론을 더욱 확산시킬 것이다.

　일대일로 해양루트를 둘러싼 해양패권 다툼 역시 중국의 동남아 여론을 갈수록 악화시키고 있는 형국이다. 이른바 난사군도로 분류되는 모래섬 위에 콘크리트 인공섬을 짓고, 그 위에 군사기지와 첨단 설비까지 일방적으로 배치하는 행위는 주변국에 대한 존중 없이 그저 힘의 논리만을 내세운 것이다. 또한, 중국은 자국 본토 해안선에 배치된 중단거리 탄도미사일로 미국 항공모함 등이 접근하는 것을 막기 위한 군사 전략인 '반 접근과 지역거부(Anti-access, area denial, 이하 A2AD)'를 추구하고 있다. 이는 사실상 중국의 아시아 해양 주도권을 비롯하여 안정적인 무역항로를 독점하기 위한 목적으로 설계된 것인데, 대한민국은 지속적으로 중국의 A2AD대열에 동참하여 미국의 남중국해 항해자유작전에 공동 대응할 것을 요청받고 있는 상황이다. 이에 대한 대처로 미국은 앞서 언급한 쿼드 등의 동맹체계를 더욱 활성화하여 대중국 포위망 설계를 더욱 강화시킬 것이다. 결국 대한민국도 언젠가는 A2AD대열 참여 등의 요청과 맞물려 미국의 쿼드와 더불어 양자택일을 해야 할 상황에 놓일 것으로 예측된다.

중국의 경제 부실 리스크

중국 경제의 가장 큰 문제는 '체재 내 경제 대리인 모델'의 한계가 명확하다는 것이다. 다시 말하자면 중국 내 경제 주체들은 본질적으로 시장을 위해 존재하는 것이 아닌, 사회주의 체제를 위해 존재하는 조연에 불과하다. 물론 중국은 막대한 자원과 인구 등을 토대로 대외개방 등을 통한 글로벌 투자 유치 등을 결합시켜 자신들만의 혼합경제체제를 성공적으로 실현시키는데 성공했다. 하지만 그렇다고 해서 외형적으로 커진 중국경제의 성공 스토리가 그 내실까지 발달되었다고 섣불리 예단해서는 곤란하다.

실제로 중국은 지금까지 내실보다는 외형적 성장에 기초한 성장을 바탕으로 견인했다고 봐도 무방할 정도로 국가주도의 무한확장전략만 강조된 채 시장의 본질인 자유주의와 민주주의 흐름에 같이할 기미를 전혀 보이지 않고 있다. 지금까지 해외자본의 유치와 글로벌 협력체계는 어디까지나 중국이 국제사회 내에서 자유민주주의 흐름에 부합하는 정상국가로서의 기능을 아시아에서 훌륭히 해낼 것이란 대전제 하에서 이뤄졌다고 본다. 그러나 정작 중국은 자국 공산주의 체제의 일방적 수호와 중화민족 사상 등이 결합된 패권주의 형태 등을 고수했으며, 자신들의 시장을 선진화시켜 자국 경제체제를 투명하게 개방하는 데에도 소극적이다.

더 나아가 중국경제를 지탱하는 국유기업의 방만한 운영과 부실을 해결하기 위해서는 특단의 조치가 필요하다. 하지만 체제 내 경제 대리인을 지향하는 기류 속에서 경제 선진화를 이룰 만한 변화를 이뤄내기는 힘들다. 또한, 개혁을 위해 감내해야 할 사회적 인내치도 걱정이다. 경제 선진화를 위한 조치를 단행하자니 그 방대한 인구들의 반감과 저항 리스크를 감당하기에는 현실적인 한계가 명확하며, 이는 곧 중국의 실질적인 개혁에 대한 의지를 크게 반감시킨다. 정경유착도 큰 문제이다. 지난 2003년 중국 국무원이 국유자산관리감독위원회(SASAC)를 설치한 후 정부를 대표하여 중앙국유기업들을 관리하고 감독하고는 있지만, 실제 중앙권력과 긴밀히 유착된 국유기업들을 완벽하게 통제하기란 사실상 불가능하다.

중국의 국내총생산(GDP) 대비 기업부채비율 역시 주요 선진국 대비 높은 편에 속하며, 코로나 등 대외경제여건 악화 등으로 실질 기업실적 또한 크게 하락하였다. 아울러 개혁에 따른 고용불안·소비위축·성장목표상충·기득권유착관계 등이 통제될지 여부에 대해서는 여전히 의문이며, 무엇보다 이런 전반적인 경제부실의 근본적인 원인은 베이징으로 집중화된 중국 권력구조와 밀접하게 연관된다.

더 나아가 금융 분야에서도 중국은 기존 중국 인민들의 저축률과 국가주도 운영방식의 관성으로부터 벗어나 금융 자유화를 하루빨리 실현시켜야 한다. 이는 곧 금융시장의 투명성과 상업성의 제고, 감독과 규제 체제 정비, 건전한 통화 및 재정정책 유지, 그리고 외환시장 유연성 제고 등의 실현 등과 연결되는데 이 역시 현실화시키기가 쉽지 않다. 본래 절대권력은 절대부패한다. 특히 경제 주체가 대리인에 불과한 중국 공산주의 모델 하에서 중국 경제가 세계 기준에 부합되는 기업 투명성과 사내 민주주의를 제대로 선보인다는 것은 굉장히 어려운 일이다. 결국, 절대정치와 결탁된 기업의 부실현상은 미래 중국 경제에 거대한 내부위험으로 작용할 것으로 본다.

변하지 않는 중국의 미래는 불안정

결론적으로 내가 중국의 부상을 인정하면서도 미국의 추월을 긍정하지 않는 결정적 이유는 중국 내치의 문제 때문이다. 특히 정치와 경제 양대 축은 각각 독단과 부실이란 아킬레스건들을 떠안고 있는 상황이며, 향후 중국의 장기적 발전과 글로벌 사회 내 건전한 위상 등에 큰 걸림돌로 작용할 것이다. 특히 자유민주주의가 국제질서 내 하나의 상식으로 자리 잡은 상황 가운데, 중국의 자국 기득권에 결코 도움 될 수 없는 인권 · 자유 · 환경 · 청렴 · 개방 등의 외부적 압박이 더욱 거세질 것이다.

이러한 내치 리스크와 더불어 대국답지 못했던 주변국들에 대한 패권주의적 외교 등은 향후 중국에 대한 국제여론을 더욱 악화시킬 것으로 전망된다. 그런 상황에서 미국 중심의 쿼드체제가 중국을 제외한 아시아 태평양 국가들을 대거 가입시킬 경우 중국의 입지는 줄어들 수밖에 없다. 당장 나만 하더라도 당시 대통령 권한대행이었던 시절 중국 정부가 대한민국에 일방적으로 자행한 사드 경제보복을 아직까지도 명확히 기억한다. 우리나라가 스스로의 안보를 위해 공중방어시스템을 도입한 것을 놓고 중국이 일방적인 경제보복을 자행한 것은 대한민국과 국민안전에 대한 중대한 도전이다. 지금부터라도 중국은 내부적 리스크 관리는 물론이요 외부적 리스크와 직결된 주변국들에 대한 기본적인 존중과 예의를 갖출 필요가 있다.

3. 과거의 망령에 묶인 한·일 문제

미래 발전적인 한·일 관계는 남다른 시너지 효과와 더불어 아시아·태평양 외교에 있어 새로운 린치핀 역할을 수행할 수 있는 잠재성을 갖췄으나, 정작 우리가 마주한 현실은 끝없는 반목과 갈등뿐이다. 이러한 문제의 근본 원인과 해법은 모두 '과거'와 '정치적' 문제와 맞닿아 있는데, 우선 재작년(2019년) 발생한 일본의 경제보복을 통해 한일관계는 최악의 갈등국면에 진입하게 되었다. 그 발단은 지난 2019년 대한민국 대법원의 일본 제철 강제징용 소송 배상 판결 및 해당 기업의 자산 압류 및 매각 명령이었다. 여기서 핵심 쟁점은 일본의 강제징용과 관련된 1965년 한·일 청구권

협정인데, 개인의 참여나 위임이 없는 상태에서 국가 간의 협상으로 개인의 청구권이 소멸되는지의 여부가 문제가 되었다. 대법원(사법부)의 경우 지난 2018년 강제징용문제는 청구권협정으로 종료될 수 없다고 판단하였다. 이에 일본은 같은 해 7월 1일에 경제산업성이 반도체 및 디스플레이 제조 핵심 소재의 수출을 제한하기로 전격 발표하였고, 그렇게 본격적인 무역보복이 시작되면서 우리나라 내에서도 'No Japan Boycott' 일본제품 불매운동이 전국적으로 확산되었다.

표면은 한·일 갈등, 그러나 내면은 양국 정치선동

한·일 청구권 문제로 촉발된 일본의 경제보복은 본질적으로는 양국의 정치적 선동과 그 과정에서 동원되는 과거사의 망령이 합쳐진 결과라고 보는 것이 합리적이다. 우선 일본의 문제부터 언급하자면 혐한을 앞세운 일부 우파 정치인들의 대한민국 견제심리가 강하게 작용했음을 짐작해볼 수 있다. 구체적으로 말하자면 한때 세계 제2의 경제대국이자 미국을 추월할 수 있다는 자신감까지 가졌던 일본이 잃어버린 20년 동안 급격히 부상한 한국의 성장세를 본격적으로 신경 쓰기 시작한 것으로 보인다. 특히 과거사에 대한 콤플렉스를 제거하기 위해 역사수정주의와 국가주의를 지속적으로 내세워 종국적으로는 일본의 평화헌법을 수정하여 자국을 전쟁

가능한 국가로 만드는 것이 일본 우파정치세력의 최종 목표이다. 결국 일부 우파의 소원성취를 위해 일왕을 포함한 국민 대다수가 부정적으로 여기는 개헌까지 들먹이면서 한국 때리기를 수단으로 삼아 보수 결집에 나선 것이라고 할 수 있다. 일본의 초조함과 역사 콤플렉스는 과거 영광 재현이 아닌 진심어린 반성에 기초한 미래 협력모델로부터 그 답을 찾을 수 있을 것이다. 문제는 이런 바른길을 두고도 시대착오적 발상과 주변국의 위상을 인정하지 않는 일부 과격한 정치인들이 일본 미래 자체를 어둡게 만들고 있다는 것이다.

일본 못지않게 대한민국 정치의 리스크 관리능력 역시 형편없었음은 주지의 사실이다. 우선 우리나라는 명실상부한 10대 경제대국으로 일본과 대등한 국가인식을 정립한 상태이며, 이런 달라진 힘의 관계에서 우리 정부의 접근방식은 프로다워야 했다. 대법원 판결을 존중하면서도 국내 강제징용 피해자들에 대한 보상해법은 정부가 나서 제3의 대안을 일본 측에 빠르게 제안하고 사전에 면밀히 협상했어야 한다. 지소미아의 일방적 파기선언도 문제이다. 대한민국 안보와 직결되는 한·일 군사정보보호협정의 효력을 정지시키겠다고 대책 없이 주장하는 행위는 우리 정부가 얼마나 심층적인 전략적 판단 없이 감정적 대응으로 일관했는지를 짐작할 수 있다.

이처럼 우두커니 대법원 판결까지 기다렸다가 정작 문제 발생 직후 일본의 보복 움직임에 대해 감정적 대응으로만 일관하니, 여기서 문재인 정부와 여당의 아마추어리즘이 얼마나 대한민국 경제와 안보에 해롭게 작용하는지를 확인해볼 수 있다. 실제로 청와대 민정수석이라는 사람은 어설픈 죽창가 운운하며 본인의 독립운동가 이미지 만들기에 혈안이 되었고, 민주당 역시 제1야당이었던 자유한국당을 토착왜구로 지칭하며 정부의 상황대처능력을 비판했던 경쟁 정당을 친일세력으로 매도한 채 일본무역보복에 관한 초당적 문제해결은 뒷전이었다.

여담으로 언급하자면 친일 운운하면서 야당을 비판했던 더불어민주당이 정작 비례대표로는 위안부 할머니들을 도구적으로 사용한 윤미향을 내세웠다는 사실은 참으로 아이러니하다. 애국 마케팅을 내세워 그토록 정치적으로 재미 본 정부와 여권이 정작 윤미향 하나는 제대로 처리하지도 못한 채 국민들만 기만한 꼴이니, 이 정도 되면 토착왜구보다 무서운 것이 토착매국임을 알 수 있다. 토착왜구 내세워 자신들의 애국 이미지를 내세웠지만 정작 현실은 윤미향을 비롯한 토착매국 인사들의 전횡이 그대로 남아있는 걸 보면 우리 정치의 내로남불도 참으로 세계적이다.

정리하자면 한·일 관계 회복에 있어서는 양국 정치 리더십 모두 미래 지향적인 정치 상상력을 동원해야 한다. 일본은 독일을 과거사에 대한 벤치마킹 모델로 삼아 양차 세계대전을 일으켰던 자신들의 역사를 어떻게 승화시켜 스스로를 유럽연합 내 리더 국가로 자리매김했는지 지속적으로 배울 필요가 있다. 역사는 해석의 산물이지만 그것은 어디까지나 사실이 전제되어야만 효력이 있는 법이다. 일본은 과거사에 대한 해석을 소설로 접근해서는 안 되며 마주하기 싫은 역사라 할지라도 사실과의 조우를 더 적극적으로 추진해야만 한다. 그것이 미래의 일본이 자신의 입지와 정당성을 키울 수 있는 지름길이다.

대한민국 역시 선진국다운 정치적 품격과 전문성을 바탕으로 한·일 관계를 프로답게 대처해야 한다. 특히 일본은 대한민국에 지울 수 없는 과거사를 안겨주었으면서도 자유민주주의와 시장경제질서 등 동일한 국가이성을 공유하는 가장 가까운 이웃 나라다. 무엇보다 향후 동북아시아를 비롯한 태평양 외교 전략은 한·일 관계를 중심으로 그 흐름이 뒤바뀌게 될 것이다. 우리나라 역시 일본에 대해 떳떳하게 주장할 것은 주장하되 일본과의 미래 협력에 있어서는 더 거시적이고 대승적인 관점으로 접근할 필요가 있다. 중요한 것은 앞으로이다. 조금씩 양국 사이의 이해관계를 일치시켜 나가 조금이나마 시너지 효과를 상호 경험할 수 있다면 과거 역사 아킬레스건이 두 국가에 미칠 해악과 리스크는 앞으로 더욱 감소할 것이라 확신한다.

4. 21세기 투키디데스의 함정

중국과 일본에 대한 설명을 앞세운 이유는 앞으로 도래할 21세기 투키디데스 함정으로부터 대한민국이 어떤 전략적 외교를 펼쳐야 하는지에 대해 논하고자 함이다. 투키디데스 함정은 신흥강국이 기존의 세력 판도를 뒤흔드는 과정에서 둘 간의 무력충돌이 발생함을 의미하는데, 근대의 사례로는 당시 신흥강국이었던 독일이 당시 패권국이었던 영국과 프랑스 등에 도전하면서 발생한 제1·2차 세계대전을 들 수 있다.

이제는 그 자리를 미·중 중심의 글로벌 패권다툼이 대체하게 될 것이며, 실제로 미국은 중국을 가상의 최대 위험국가로 분류하여 아시아 전략을 인도·태평양 범주까지 확장시켜 앞서 언급한 쿼드와 대만 등을 카드로 내세우고 있다. 중국 역시 중화민족의 부흥과 중국 특색의 사회주의를 내세운 중국몽을 통해 중국제조 2025와 일대일로 등을 내세워 대대적인 대내외 정비에 나서고 있다. 향후 두 국가 간 충돌은 경제·사회·문화·군사 등 다방면에 걸쳐 이뤄질 공산이 크며, 이 가운데 대한민국의 외교적 전략과 대응방식은 국가적 명운을 좌우하게 될 것이다. 특히 우리의 경우 북한 핵 실험과 국지적 도발 등이 양국 경쟁을 둘러싼 도화선 역할을 할 공산이 크다. 그런 맥락에서 북한전략을 단순히 한 민족 차원에서 접근하기보다는 다자주의 외교에 의한 영구적인 해법으로 안착시키는 데 국가적 노력을 기울여야 한다.

개인적으로는 투키디데스 함정이 전쟁과 같은 극단적인 대충돌로 이어질 확률은 높지 않다고 생각한다. 과거와 달리 전면전이 일어날 경우 이는 단순히 한 쪽의 패배로 마무리되는 것이 아니라 핵전쟁 등 인류 공멸의 길로 치달을 수 있을 만큼 전쟁 리스크가 너무 커져 버렸기 때문이다. 그러나 경제적 차원을 비롯한 국지전 수준의 투키디데스 함정은 충분히 발생할 수 있으며 여기서 가장 큰 리스크는 지정학적인 위치상 한반도로 상징되는 대한민국이 그 충돌 범위 내에 있다는 것이다. 이미 과거 한반도는 미국과 소련의 갈등구도 속에서 김일성의 광기 어린 남침으로 인해 역대 최악의 한국전쟁을 경험한 바 있는 만큼 우리를 둘러싼 외교적 파워게임에 대한 면밀한 분석과 대책을 마련할 필요가 있다.

그러므로 글로벌 감각에 기초한 미래 외교 전략의 청사진을 제시할 수 있는 프로의 정치가 하루빨리 회복될 필요가 있다. 특히 대한민국의 외교변수는 '북한'이다. 헌법에서도 평화통일원리가 적시되어 있지만 정작 통일에 관한 세대별 온도는 천차만별이다. 50대 이상의 기성세대에게 통일 담론은 반대 불가능한 당위이지만, 정작 2030세대에 있어서는 굳이 그것을 왜 해야 하는지에 대한 현실론을 중심으로 의견이 분분하다. 결국, 여기서도 정치적 상상력이 단순히 현재적 외교안보 상황에 몰입하는 것을 넘어 지금을 토대로 앞으로 어떻게 변화될지, 그리고 그 변화 요소 중 우리를 둘러싼 미 · 일 · 중 외교와 북한과의 전략은 어떻게 수립할지에 관한 입체적인 그림을 그릴 수 있어야 한다. 무엇보다 우리 외교의 정점은 통일과 연결될 수밖에 없는 만큼, 정부는 일반 국민들에게 멀게만 느껴지는 통일 담론들이 자연스레 제기되고 공론화될 수 있도록 제반 통일 로드맵과 홍보 전략을 재구성할 필요가 있다. 이 과정에서 통일의 비용부담 주체는 5060+ 세대를 상정해 놓은 후 포스트 통일 수혜 주체는 2030세대로 설정해 놓아 미래에 지속 가능한 통일 담론을 제시해야만 한다.

5. 한·미동맹의 미래

한·미동맹은 대한민국 대외정책의 가장 큰 자산이다. 역사적으로 양국 간의 혈맹은 대한민국 안보는 물론이요, 경제적 번영을 비롯한 자유민주주의적 가치를 구현하는 데 있어 불가결한 요인으로 자리 잡은 지 오래다. 71년 전 북한의 남침이 있었을 때 미국은 3만 7천 명에 달하는 미군들의 희생으로 대한민국의 자유를 지켜주었다. 또한, 경제적으로도 초기 원조를 비롯하여 미국이란 최대 시장과 함께하여 성장하였기에 '한강의 기적'을 현실화시킬 수 있었다.

도전받는 한·미동맹

오늘날 대한민국은 많은 도전을 받고 있다. 북한의 핵 위협, 중국의 경제적 영향력 확대와 공세적 외교 행보, 그리고 자유주의적 국제질서의 쇠퇴라는 커다란 과제를 안고 있다. 앞서 언급한 투키디데스의 함정 역시 중국의 부상과 더불어 북한의 변수가 뒤섞인 대한민국의 시대적 과제라고 볼 수 있다. 결국, 이러한 과제를 풀어내는 데 있어 가장 중요한 전략은 곧 한·미동맹의 강화와 직결된다고 볼 수 있다.

문제는 포괄적 전략동맹 관계에 있는 한·미동맹이 친북 친중 성향의 외교안보전략에 의해 갈수록 퇴색되고 있다는 것이다. 미국을 중심으로 시작된 쿼드는 지난 3월 초 북한의 완전 비핵화 원칙을 천명했으나, 정작 대한민국 정부의 행보는 북한 눈치 보기에 급급한 나머지 한·미동맹보다 북한의 김정은 체제를 더 비호하는 뉘앙스를 취하고 있다. 실제로 작년(2020년) 말 국회에서 통과된 '대북전단 살포금지법'은 김여정의 버럭 한 마디로 대한민국 국민들의 표현의 자유를 제한한 최악의 '김여정 하명법'으로, 실제 미국을 비롯한 유엔(UN) 등에서도 민주주의 정신에 위배되어 부적절하다는 의견이 지배적이다. 한·미동맹 연합훈련 역시 북한 심기를 의식한 현 정부의 뜻에 따라 올 전반기 대폭 축소된 형태로 시작된 형국이다. 핑계는 코로나19이지만 이미 그 이전부터 문재인 정부의 소극적 태도는 일관적이었다. 상황이 이렇다보니 대한민국에 대한 미국 내 신뢰도 흔들리고 있는 양상이다. 미국 일각에서도 북한 핵문제를 근본적으로 해결하는 것이 아니라 일단 묶어놓고 보자는 일부 의견이 존재하고 있다.

중국과 관련해서는 한국의 입장이 점점 더 모호해지고 있다는 우려가 있다. 2016년 한국에 사드 배치 당시 나는 국무총리로서 경북 성주지역에 사드를 배치할 수 있도록 현장 설득에 나섰다가 반대세력들의 공격을 받기도 했다. 그러나 사드 배치를 결행했다. 국민의 안전 확보와 한·미동맹의 중요성을 중시했기 때문이다. 앞으로도 한·미동맹은 더욱 강화되어야 하고, 한반도, 인도태평양, 글로벌 차원에서의 협력을 더욱 강화해 나가야 하며, 향후 쿼드의 가입 여부와 대만과의 상호협력 강화 등에 있어서도 대한민국은 한·미동맹에 근거한 전략을 하루빨리 실행해야 할 것이다.

한·미동맹에 근거한 북한문제 해결법

한반도 차원에서는 북한 비핵화와 인권문제 해결, 그리고 군사적 억제력 강화를 통해 북한 문제를 풀어나가야 한다. 핵 보유를 굳히려는 북한에 대해 일부에서는 한·미가 먼저 양보해 대화하면 문제를 풀 수 있다는 희망적인 접근을 하고 있다. 그러면서 한·미 군사동맹을 양보하려 하고 있는데 이는 매우 잘못된 주장이다. 오히려 한·미가 하나가 되어 북한 비핵화를 이끌어 내는 것이 올바른 원칙이다. 주변국들과 공동으로 북한 비핵화 로드맵을 만들어 북한이 이를 따르도록 만들어야 한다. 북한의 일방적 고집과 협박에 굴복해서는 안 된다. 한·미동맹에 기초한 전략적 인내와 압박 그리고 협업모델을 꾸준히 제시하면서 북한의 전향적 변화를 이끌어 내야 한다. 어차피 시간은 우리 편이다. 결국은 한 · 미 간 협력을 한층 강화하여 북한의 핵무기가 현실적 위협이 되지 않도록 튼튼한 억제력을 갖춰나가는 것만이 해법이자 상식이다.

자유민주주의를 지향하는 한 · 미동맹은 북한 문제에 접근하는데 있어 '인권'에 주목하여 김정은 독재체제의 불합리한 인권탄압에 대한 국제적 경종을 꾸준히 울려야 한다. 특히 북한 주민의 고통에 침묵하지 않고, 한국과 미국이 국제사회의 북한 인권 개선 노력을 선도해야 한다. 무엇보다 인권 대통령을 자임하는 문재인 대통령이야말로 인권과 같은 기본적 인간 존엄성 문제에 있어서는 북한에 대해 과감히 그 목소리를 높여야 한다. 가끔 TV에서 북한 최상류층만 모여 사는 평양의 모습을 보여주면서 그게 마치 북한의 일반적 모습인 양 방영하는 프로를 볼 때가 있다. 우리가 주목해야 하는 것은 인권탄압에 노출된 99% 북한 동포와 함께할 수 있는 미래이지, 북한 당국이 쇼윈도우로 내세운 배부른 1%의 가식적인 삶이 아니다.

6. 코리아 인플루언스의 확장을 상상해보라

대한민국은 단순히 스펙상의 국가 위상을 넘어 세계 모든 국가에 영감을 심어 줄 수 있는 소프트파워를 갖춘 나라이다. K-Pop으로 대표되는 세계적인 한류 현상만 보더라도 대한민국의 영향력은 과거와 비교해볼 때 말 그대로 상전벽해이다. 이러한 현상에 발맞추어 우리 정치 역시 코리아 인플루언스의 확장을 적극적으로 상상하며 과거의 코리아 디스카운트 현상을 과감하게 뿌리 뽑아야 한다.

지역적 차원에서는 동북아시아를 넘어 인도태평양으로 확장된 협력을 상상해볼 필요가 있다. 한국은 그 국력에 부합하게 지역정책의 시각을 동북아에서 인도태평양지역으로 확대하고, 그 내용 역시 규범에 기반한 질서가 이 지역에 자리잡을 수 있도록 적극적인 협력을 확대해 나가야 한다. 특히 쿼드와 같은 미국 주도의 지역협의체에 가입하고, 그 틀에서 지역문제를 풀어 가는 능동적인 외교정책이 필요하다. 아울러 아세안과 같은 신흥 동남아 시장에 대한 정부 차원의 적극적 진출이 중요하다. 한류로 인한 국가 브랜드 가치가 급상승한 동남아 지역을 중심으로 한국의 자본, 인재, 기술 등이 현지와 협업하여 새로운 부가가치를 창출할 수 있도록 지원해야 한다. 특히 인도네시아와 베트남을 비롯한 주요 동남아 국가들은 인구구조 역시 젊은 세대가 탄탄히 받쳐주는 피라미드 형태이다. 향후 미래시장 개척에 있어 인구통계학적 접근을 토

대로 동남아 시장의 잠재성을 더욱 유의미하게 바라보고 접근해야
한다.

　마지막으로 글로벌 차원에서는 자유주의적 국제질서가 뿌리내
릴 수 있는 다양한 협력을 해 나가야 한다. 팬데믹, 기후변화, 사
이버, 핵확산, 테러리즘, 재난재해, 빈곤 등 다양한 비전통 위협요
소들에 공동 대응하고, 민주주의와 인권의 확산에 협력해야 한다.
또한, 한국을 비롯한 코리아 동맹국들이 공동으로 지향하는 가치
가 지구촌 곳곳에 뿌리를 내릴 수 있도록 생각이 같은 나라들(like
mind states)과 네트워크를 강화해 나가야만 코리아 인플루언스는
전성기를 맞이할 수 있다.

제8장

우리의 미래를 위한 AI시대 : (5) AI혁명

K-혁신으로 준비하라

인간이 말의 속도를 넘어선 시기는 불과 200년 전이다. 인류 역사 전체를 대략 5000년이라 가정하더라도 지금의 눈부신 문명 발전은 4% 남짓한 짧은 시간 내에 급격히 이루어진 것이다. 앞으로의 발전 속도 역시 인공지능(이하 AI)으로 상징되는 데이터 혁명에 힘입어 융·복합적 시너지 효과가 폭발적으로 일어날 것이고, 가속도가 붙은 과학기술혁명은 미래 사회의 모든 면들을 근본부터 변화시킬 것이다. 미래에 도래할 데이터 시대에 상응하는 정치적 상상력을 제시하기에 앞서 데이터 혁명 배경을 간단히 짚고 넘어

갈 필요가 있다.

1. 본격화되는 데이터의 시대

데이터 시대의 폭발적 성장성은 스마트폰 시대의 개막과 밀접히 연관된다. '2007년 대분기점'이 그 불씨인데, 실제로 그해 스티브 잡스는 아이폰을 손에 쥐며 세상을 향해 'Hello world'를 외쳤고 그때부터 데이터 혁명의 물결은 둑 터지듯 본격화되었다. 우선 스마트폰의 등장은 단순히 기존 휴대폰의 재발명 수준을 넘어 터치 인터페이스를 세계적 표준으로 고정시켰을 뿐만 아니라, 대중들의 온라인 접근을 극대화시켜 인류를 방대한 데이터 시대로 진입시켰다.

이후 데이터의 엄청난 팽창은 인류를 제타바이트(ZB)의 시대로 이끌었으며, 실제로 작년(2020년) 기준으로 전 세계에서 사용 및 교류된 데이터양은 무려 59ZB에 육박한다. 참고로 1제타바이트는 1조 1천 기가바이트(GB) 양에 해당되는데, 이는 날마다 교류되는 페이스북 정보들의 교류와 트윗, 이메일, 인스타그램, 유튜브, 네이버와 구글 검색 등을 포괄하는 엄청난 양의 데이터라고 할 수 있다.

문제는 앞으로 필요한 데이터양이 더 엄청나다는 것이다. 가령 자율주행 자동차가 도입되어 세계에 있는 모든 차종이 하나의 IT 기기로 탈바꿈한다던가, 모든 주택들이 스마트 하우스로 변화되어 자동관리기능들이 추가된다면 데이터 증가추세는 극대화될 것이다. 아울러 예상치 못한 코로나19 사태로 인해 비대면 경제의 전성기까지 열린 상황이기에 머지않은 미래에는 데이터양 자체가 인간 스스로가 만들어 놓은 국제도량형총회 미터법을 금세 넘어서게 될 것이다.

데이터양이 증가할수록 그것을 처리하는 관련 기술 역시 더불어 발전할 수밖에 없다. 과거에는 통계적 방법을 활용하여 검증 결과를 알아내는 방식을 취했다가 수년 전부터는 데이터 마이닝 시대에 돌입하면서 대량의 데이터에 대한 분류 및 그룹화 방법을 통해 새로운 규칙을 발견해내는 방식이 유행했다. 이제는 AI 딥러닝 기술이 들어서면서 인간을 능가하는 정보처리역량으로 상상을 넘어서는 반복 학습을 통해 우리가 생각해내지 못한 해법들을 예측하기 시작했다.

실제로 AI는 우리 사회에 엄청난 변화와 혜택을 안겨 주었다. 당장 딥마인드 알파폴드2는 코로나19 발생 이후 그 원인 바이러스의 일부 단백질 구조 예측에 성공하여 신약개발에 큰 이정표를 제시했고, 앞으로는 치매와 암 등 기타 불치병 치료에 있어 필요한 분석에도 유용하게 사용될 것으로 보인다. 그 밖에 우리 일상 속에서 KT 기가지니는 사용자의 말투와 내용 등을 인식하여 이용자들의 편의를 도와주고 있으며, 테슬라 등의 자율주행 자동차 역시 지속적인 업데이트를 통해 보조주행을 비롯한 다양한 차량제어 기능들을 선보이고 있다.

2. 문제는 '준비'야, 이 바보야
: 혁신주도성장을 위한
랩 코리아(Lab Korea) 프로젝트

이런 시대적 변화가 눈앞에 들이닥쳤음에도 불구하고 한국경제는 AI 패러다임 변화 가운데 총체적인 위기상황에 놓여 있다. 무엇보다 우리가 준비되었느냐의 문제가 핵심인데, 한국무역협회 국제무역연구원에 따르면 대한민국의 4차 산업혁명 경쟁력은 세계 주요국 가운데 19위에 불과하다. 특히 우리나라가 같은 아시아권인 싱가포르(1위), 대만(14위), 그리고 일본(15위)에도 미치지 못한다는 것은 준비성 부재로 인한 혁신 부족으로 진단할 수밖에 없다.

그래서 '혁신주도성장'을 위한 밑그림을 국가가 주도해서 만들어야 한다. 슘페터는 혁신을 생산요소의 결합이자 기존에 있는 요소들을 재조합하여 새로운 것을 창조해내는 것으로 보았다. 결국은 창조적 파괴를 연이어 일으킬 수 있는 혁신 DNA를 국가가 뒷받침해주는 선제적 지원을 위해 데이터 시대에 편승한 '랩 코리아 (Lab Korea)' 프로젝트를 생각해볼 수 있다. 랩 코리아 프로젝트는 대한민국을 월드클래스 디지털 테스트베드로 위치시켜 세계 일류를 선도하는 트렌드 세터(trend setter) 국가로 발전시키는 것이다.

랩 코리아의 코어 DNA는 다름 아닌 일류 수준의 융·복합 생태계를 국가가 세팅해 주어 돈(자본), 사람(인재), 비즈니스(산업) 등이 결합된 혁신 특구가 만들어져 그곳에서 세계적 수준의 K-패러다임을 대유행시키는 것이다. 우선 돈이 제일 중요하다. 자본이 지식의 상업화와 대중화를 막대한 물적 지원으로 이끌어주지 않고서는 지식은 그저 책 속에 갇혀 있는 먹물에 불과하다. 이와 관련하여 우리가 벤치마킹으로 삼아야 할 성공사례는 바로 이스라엘의 요즈마(Yozma) 펀드이다.

지금은 완전 민영화되었지만, 요즈마 펀드는 초기에 이스라엘 정부와 민간기업이 4 대 6 합작으로 미국의 실리콘밸리 모델을 과감하게 현지화시킨 것이다. 인구 800만여 명대에 불과한 국가에서 내수가 아닌 글로벌 정신으로 철저히 무장하여 탁월한 아이디어와 기술능력을 갖춘 맞춤형 인재들을 발굴하여 집중 투자한 것이다. 현재도 스마트공장, 나노섬유, 바이오, 가상현실, 그래핀 등 일류 아이템들을 추적하여 야심 찬 벤처기업들의 비즈니스 모델 개발과 파트너 기업과의 연결 주선 등을 다각도로 도와주고 있다.

대한민국의 경우 일류 DNA는 개별적으로는 갖추고 있으나 이를 하나의 생태계와 시스템으로 안착시키는 능력은 늘 뒤떨어져

왔다. 가령 대한민국이 세계적 피겨 스케이팅 선수를 배출했을지는 몰라도 과거 김연아 선수는 스스로 성장했을 뿐이다. 실제로 그녀는 10년 전 CNN과의 인터뷰에서 한국 내 턱없이 모자란 빙상 인프라 현실을 구체적으로 지적했는데, 우리 정부는 언제나 천재 한 명이 알아서 큰 후에 숟가락 얹기에 급급한 부분이 없잖아 있었다. 그래서 키워야 한다.

과거 케네디는 "국가가 당신을 위해 무엇을 할 수 있는가를 묻지 말라"고 말했지만, 이제는 국가가 나서서 코로나19 시국 속 국민 개개인의 천재성을 일깨우고 꽃피울 수 있도록 책임져 주어야 한다. 노력이 천재의 몫인 것은 상식이지만 오롯이 자신의 실력을 꽃피울 수 있는 여건을 마련해 주는 것은 국가의 책임이다. 다행히도 대한민국은 이런 천재적 인재양성을 꽃피울 수 있는 여지를 갖춘 나라이다. 국가의 방임 가운데 어설프게 방치되고 있는 천재성들이 이제는 하나하나씩 글로벌 시장을 향해 제대로 실력 발휘할 수 있도록 넛지(nudge)를 넣어 줘야 한다.

3. K-탈피오트, 안보에 특화된
미래인재 양성 시스템 구축

대한민국과 같이 징병제를 채택한 이스라엘의 탈피오트를 대폭적으로 도입하는 것을 생각해볼 수 있다. 이미 1970년부터 도입된 탈피오트는 히브리어 단어 뜻 그대로 '최고 중의 최고' 인재를 선발하여 엘리트 군인으로 성장시키는 제도이다. 구체적으로는 물리학과 수학에 특화된 최상위권 학생들을 군(軍)·학(學) 연계 프로그램에 편입시켜 최첨단 군사장비 연구를 포함하여 사이버 대전 핵심자원의 상징으로 키워내는데, 여기서 키워진 인재들은 군복무를 포함한 9년간의 이수 후에는 창업영웅으로 데뷔한다. 한마디로 최고의 인재를 국가가 발굴하고 키워내 초반 사회이력을 군에서 쌓도록 해준 후에는 창업영역으로까지 진출할 수 있도록 중·장기적으로 보장해주는 것이다.

일류 인재가 초일류로 거듭나기 위해서는 자신의 실력 성장에 위협이 될 만한 요소들을 사전에 제거해 주어 쾌적한 환경을 조성해 주는 것이 필수적이다. 이는 특히 심리적인 요인과 맞닿아 있는데, 대한민국의 경우 '군 이력'을 대폭적으로 개편시켜 우수인재들의 중·장기적 사회진출과 역량 강화를 보장해 주는 형식으로 나서야 한다. 그렇지 않아도 코로나19 시국 속 취업대란의 그림자가 우수 이공계 영역으로까지 확장되고 있는 형국이다. 우수인재들에게 국가가 먼저 이에 합당한 보장체계를 만들어 국가에도 헌신할 수 있는 윈-윈 모델을 하루빨리 확대할 필요가 있다.

실례로 고려대학교 정보보호학부 사이버국방학과가 유사한 사례라고 볼 수 있다. 국내 최초의 사이버보안 전문장교 양성을 위해 국방부와 협업모델로 만들어낸 이 학과는 4년간의 등록금 면제를 비롯하여 졸업 후 7년간 사이버보안 전문사관(장교)으로 복무한 후 민간영역에 진출할 수 있다. 이처럼 엘리트 복무체계를 활성화시켜 국가가 인재들을 보장해 줄 수 있는 사회적 안전망을 확실하게 보장해 주게 되면 개인의 실력이나 이력은 물론 국가 차원에서도 선순환효과가 일어날 수 있을 것이고, 이를 정부가 더욱 과감하게 지원해 주어야 한다.

이토록 젊은 인재들의 미래 불확실성을 국가가 사전에 제거해 주고, 이들의 잠재성과 천재성이 제대로 싹트고 열매를 맺을 수 있는 인재 제일 로드맵을 제시해주어야 한다. 미래에 대한 투자를 지금부터라도 과감하게 진행시켜야만 향후 대한민국의 청사진을 그려내는 데 이들의 역할이 제때 발휘될 수 있기 때문이다.

세계 최고수준 대학 20개 이상 양성 대학 이원화

서울 소재 최고수준의 학교들과 핵심 지방 국·공립대학교들을 대상으로 국가가 이들에 대한 지원을 대폭적으로 확대하고 관련 규제도 풀어 줄 필요가 있다. 우리나라는 대학교 숫자를 줄일 필요가 있다. 특히 경쟁력 없는 대학교들은 엄격한 검증을 거쳐 과감하게 통폐합시키고, 예산 지원 역시 더 나은 성과로 이어질 수 있도록 개편해야 한다. 미국의 서부 인재 요람은 버클리를 포함한 UC 계열의 탄탄한 공립학교들과 스탠퍼드와 칼텍으로 불리는 캘리포니아 공과대학 등 세계 최고 수준의 사립학교들이 양 날개로 받쳐주고 있다. 또한, 동부에는 우리나라 사람들이 잘 아는 하버드와 예일 등의 아이비리그 학교들이 글로벌 인재들을 지속적으로 공급해 주고 있다. 이제는 대학교육은 수월성 모델과 평생교육 모델 등으로 이원화시킬 때가 되었다. 전자의 경우 대한민국 성장동력을 지속적으로 이끌어 낼 수 있는 플랫폼으로 키워야 하며, 후자의 경우 일반 교육과 더불어 재취업을 위한 직업교육도 포함하는 평생교육기관으로의 병행 운영을 고려해야 한다.

4. 대한민국 AI혁명의 열매를 온전히 국민의 것으로 만들자

데이터와 '인공지능(이하 AI)시대'에 맞는 융·복합 클러스터에 대한 얘기에 앞서 내가 생각하는 이해관계자 구상을 언급하고자 한다. 아무리 AI혁명이 비교 불가능한 풍요를 대한민국에게 안겨 준다 할지라도 그것이 국민들에게 잘 배분되지 않으면 혁명의 수혜자는 지극히 일부 계층에 국한될 수밖에 없다. 그래서 정치적 상상력을 통해 대한민국 국민들을 AI혁명의 이해관계인으로 합류시켜 AI의 성장열매를 온전히 국민의 것으로 만들어 주어야만 한다. 이러한 구상에 영감을 준 사례로는 인도 모디 총리의 '최소정부·최대 거버넌스 리더십'이 있다.

인도의 모디 총리는 인도경제 성장의 주역을 모든 인도인으로 규정한다. 최소정부 형태로 재정적 역할을 최대한 줄이면서도 기업과 민간인들의 참여를 대폭 늘려서 성장의 열매를 최대한 국민들에게 돌려주겠다는 구상이다. 그 이면에는 기업에 대한 정부의 존중의식을 바탕으로 민간 투자를 극대화시켜 '메인드 인 인디아' 프로젝트를 현실화시키는 것이 있다. 실제로 모디 정부는 5대 산업회랑 구축, 100대 스마트시티 건설, 중소기업 중심의 스타트업 창업 생태계 활성화 등으로 구체적인 성장로드맵을 내세워 인도를 무섭게 변화시키고 있다. 궁극적으로는 인도를 글로벌 디자인과 제조 허브로 전환시키는 것이 핵심 목표이며, 인도 내 영어권 인재풀과 활성화된 기업가 정신 등을 해외자본과 연결시키기 위한 세일즈에 한창이다.

앞에서도 언급했지만, 국가는 대외적으로 세일즈에 나서야 한다. 본래 정치의 근본은 국민들의 먹고사는 문제를 해결해 주는 것인 만큼 리더의 정치적 상상력 또한 어떻게 하면 국민의 풍요로운 일상을 위해 국가역량을 집중시킬 수 있는지에 대해 끊임없이 그려내야 한다. 과거 故 노무현 전 대통령이 경제영토를 넓히기 위해 (내부 지지층에서 반대했던) FTA 좌파개혁을 이끌어 냈었고, 그것을 토대로 이명박 전 대통령이 세일즈 외교를 표명하여 원자력발전소를 포함한 대한민국의 일류 상품들을 제대로 각인시킬 수 있었다. 좌·우 진영 논리를 넘어선 과거 정치 선배들의 리더십 상상력은 그런 면에서는 훌륭했다.

안타깝게도 문재인 리더십의 이해관계자는 전체 대한민국 국민이 아니다. 수혜자는 이미 정해져 있다. 정권창출에 힘썼던 일부 586운동권 기득권들의 세상이다. 자신들의 기득권 생태계와 직·간접적으로 연결된 이해관계인들은 어떤 루트를 통해서라도 이전에 누리지 못했던 부와 이력을 얻게 된 반면, 절대다수의 국민들은 탐욕스러운 아마추어리즘으로 얼룩진 국정운영 행태로 인해 먹고사는 문제가 더욱 힘들어졌다. 함께 대한민국을 만들어 가자는 통합의 정신보다는 편 가르기 등으로 분열과 갈등을 지속적으로 재생산시켜 자신들의 기득권을 유지하는 데에만 급급한지라 일반 국민들의 어려움은 딱히 신경 쓸 겨를이 없다.

결과는 실망스러웠지만 그래도 당시 미래통합당을 내세워 통합을 외쳤던 근본정신 역시 보수의 이해관계인들을 어떻게 해서든 최대한 확장시켜 우리 모두의 성과로 공유하고자 함이었다. 좌·우 할 것 없이 리더십은 인도 모디의 스타일처럼 모두를 이해관계자들로 참여시켜야 한다. 통합에 기초한 함께함이 결여된 리더십은 사실상 패거리 정치 그 이상도 이하도 아니다. 오늘날 대한민국의 비극은 그런 정치가 하나의 상식이기 때문이다. 나는 지금도 통합은 진행 중이라고 생각하며 그 결실을 제대로 맺을 날이 속히 오기를 고대한다.

대한민국 AI혁명의 주역은 '개인과 기업'

우리나라 최고의 엘리트 성장 트렌드는 더 이상 정부가 아닌 민간이 주도한다. 과거에나 고시 출신의 관료가 대한민국의 미래를 가늠하였지 이제는 국민 개개인들의 역량과 기업들의 경쟁력이 세계적 반열에 오른 상태이다. 문제는 더 이상 정부가 그들을 가로막아서는 안 된다는 것이다. 자유로운 개인과 기업의 실력 발휘를 최대한으로 존중해 주면서 정부는 최소한의 관리와 감시기능만 수행하는 것이 바람직하다. 구체적으로는 K-규제개혁과 K-혁신특구 설치, 그리고 미래정책 대안들을 제안하고자 한다.

국회의 직무유기, 유통기한 폐기 법안들의 블로킹

많은 사람들이 규제 철폐를 마치 기업의 비도덕적 행태를 눈감아주는 정부의 타협으로 해석하는 경향이 있지만, 이는 오해이다. 후진국 수준의 K-규제경쟁력은 혁신 DNA를 원천적으로 막아서고 있기 때문에 대폭적인 개혁이 불가피하다. 문제는 규제혁신의 중요한 역할을 국회가 담당한다는 것인데, 현재까지도 우리 국회는 시대적 변화에 순응하기보다는 여전히 직무유기로 일관하고 있다. 여기에 국회의 아마추어리즘까지 더해져 전문성 부재의 꼰대 입법이 현장에서 늘 문제이다.

대표적인 예로는 원격의료가 있다. 디지털 인프라가 완벽히 갖춰진 기본 토양과 세계 최고의 의료인재, 설비, 시설 등을 갖춘 대한민국의 명성과는 달리 대한민국에서 원격의료는 불법으로 되어 있다. 데이터의 시대라고 일컬어지는 변화의 시대 속에서 살고 있음에도 불구하고 여의도의 시계는 멈춰서 있다. 실제로 원격의료 관련 의료법 개정안은 무려 10년 넘게 국회에서 계류 중이다. 코로나19로 비대면 경제가 활성화된 배경까지 감안하면 원격의료가 국내에서 창출할 수 있는 헬스케어 시장규모는 최소 수 조원에 이를 수 있음에도 말이다.

반면 미국의 경우 이미 투포원룰(Two for one rule)을 도입하여 1개 규제를 신설하거나 강화할 때마다 낡은 규제 2개를 폐지하는 규제개혁을 실시했다. 덕분에 미국은 이러한 규제혁신을 통해 법안 1개당 7.6개를 폐지했을 뿐만 아니라, 약 50조 원의 비용을 절감하는 데 성공했다. 영국 역시 의회 임기 중 기업규제비용 감축 목표 설정을 지난 2015년부터 법적 의무화시켜 연평균 3조 원에 이르는 비용절감효과를 보고 있다. 이처럼 규제혁신을 위한 시대적 흐름이 대세를 이루고 있음에도 불구하고, 정작 우리나라는 180석 슈퍼 여당의 입법독주로 인해 전문성 없는 법안과 규제들만 양적으로 늘어나는 것이 아닌지 우려된다. K-규제경쟁력 강화의 핵심은 단순히 규제의 덩치를 키우는 것이 아니라 질적인 수준을 높이는 것이다.

무엇보다 국회의 전문성 한계를 지적해 줄 규제심의기관 설치가 중요하다. 이미 미국과 영국 등에서는 설치되어 규제개혁을 위한 제도정비에 나서고 있으며 우리나라 역시 규제예고제 도입을 검토 중에 있다. 이러한 제도의 취지를 살리는데 가장 중요한 변수는 바로 현장 목소리가 얼마만큼 반영되었는지 여부이다. 단순히 만들어질 규제들에 대한 형식적인 모니터링과 알림시계 역할만을 수행하는 것이 아니라 현장 속 중소기업들과 직접적인 이해관계자들의 생생한 목소리들이 강력하게 반영될 수 있도록 조치해야 할 것이다.

5. 빅 식스(Big 6) K-혁신특구

K-혁신특구는 대한민국의 미래 잠재성이 가장 탁월하거나 선제적으로 공략해야 할 산업을 국가가 나서 민간기업들과 역량 있는 국민들에게 파격적인 플레이그라운드를 만들어 주는 것이다.

가장 중요한 특구는 AI 컨트롤 센터이며 다양한 분야 속 인공지능 기술들이 융·복합 시너지 효과를 내는 역할을 수행하도록 해야 한다. 그 외에도 바이오, 모빌리티, 반도체, 교육·문화, 연구·개발 등의 K-혁신특구를 만들어 대한민국 브랜드를 세계 속에 각인시킬 수 있도록 집중 육성해야 한다.

K-AI컨트롤 센터 도입,
융·복합 산업 시너지 효과 극대화

우선 AI컨트롤 센터는 국가 산업 전반의 기초 인프라 구성에 참여하고, 산업별 AI 시너지 효과를 극대화시킬 수 있는 융·복합 발전모델을 즉각적으로 실행하는 것이다. 가령 제조업의 경우 스마트공장들과 연계된 데이터센터들을 구축하여 산업 내 비효율성을 최소화시킬 수 있으며, 교통과 물류 분야에서는 자율주행기술이 반영된 24시간 대중교통 시스템과 교통안전에 최적화된 주행 루트를 개발하여 시민들의 이동 편의를 극대화시킬 수 있다. 농·수산업에도 스마트팜 기술을 활용한 새로운 테스트베드들을 다양하게 적용하여 갈수록 고령화와 인구부족에 불안해하는 농업 지역에 희망찬 활력을 불어넣을 수 있을 것이다.

K-바이오의 미래, 의료범위의 확장

바이오 역시 AI와 더불어 우리 사회뿐만 아니라, 우리의 일상을 지배하는 하나의 거대변화이므로 혁신특구로 분류해야 한다. 가장 중요한 것은 의료의 개념이 바뀌었다는 점이다. 과거에는 의료가 단순히 질병에 걸려 병원에서 치료받는 일차원적 개념에 불과했다면 이제는 치료목적을 넘어 예방 및 인간 고유의 니즈를 충족시키는 다차원적 헬스케어 개념으로 확장된 것이다. 가령 수십 년 전 성형은 선천적 기형이나 교통사고 등의 환자들을 대상으로 치료목적으로 여겨졌지만 오늘날에는 아름다움에 대한 인간적 욕구를 현실화시켜주는 차원으로 대폭 확장되었다. 결국 헬스케어의 범위는 인간이 살아 있는 동안 치유를 포함한 예방과 일상 관리의 영역으로 더욱 복합적으로 진화하게 될 것이다.

이미 대한민국은 기존 의대 · 치대 · 한의대 · 약대 등 세계적 수준의 인적자원과 네트워크, 그리고 제반 인프라까지 어느 정도 두루 갖춰 놓은 상황이다. 여기에 국가는 최우수 의학 전문 종사자들을 대상으로 헬스케어 시대에 맞는 혁신 아이템들을 공동 개발할 수 있는 창업 리스크 프리 존(risk free zone)을 만들어 줄 필요가 있다. 그렇게 국내 최상위권 의학인재들이 다른 이질적인 전공자들이나 시너지 효과가 기대되는 기타 산업 인사들과 머리를 맞대어 몰입한다면 소비자들을 열광시킬 바이오 제품과 서비스 등을 개발해 낼 수 있다고 본다.

무엇보다 이러한 K-바이오 드림을 현실화시키기 위해서는 국가가 미래인재들에게 인센티브를 아낌없이 제공해주어야 한다. 특히 실패에 대한 위험을 국가가 최소화시켜 줄 수 있도록 불필요한 규제정리를 비롯한 심사허가절차의 간소화, 그리고 블록버스터 수준의 연구개발을 위한 과감한 재정 지원 등을 선제적으로 실행해야 한다. 특히 대중 헬스케어와 연관된 제약 · 화장품 · 바이오 로봇 · 자기관리 콘텐츠 등 다방면의 영역을 개척할 수만 있다면 앞으로 우리 사회 내 융 · 복합 시너지 효과는 더욱 극대화될 것으로 전망한다. 가령 미국 실리콘벨리에서는 명상이 유행이고, 캄(Calm)과 헤드스페이스(headspace) 등 앱은 이미 각각 1,000만 명의 회원들이 가입했다. 만약 우리나라 정신의학 분야의 전문지식이 일반심리와 경영 그리고 마케팅 등과 융합하여 AI기능에 기초한 글로벌 정신 헬스케어 앱을 선보인다면 그 역시 매우 선풍적이지 않을까 생각한다.

K-모빌리티 혁명,
더 이상 자동차가 아닌 대형 모바일 기기

지금은 자율주행 자동차에 대한 일반적 신뢰가 높지 않은 편이지만 향후 AI기술의 발달로 오토 주행 성능이 완벽해진다면 더 이상 사람들은 자동차를 몰지 않게 될 것이다. 한번은 내가 아는 한 청년이 서른이 넘도록 여전히 운전면허를 따고 있지 않아 그 이유를 물어보니 자기는 반드시 면허가 없어도 차를 살 수 있는 시대가 올 것을 확신한다고 했다. 엉뚱해 보이지만 일견 가능한 시나리오일 수도 있을 것 같아 그냥 웃고 넘겼는데, 어쩌면 미래 인간들은 과거 우리가 차를 운전했다는 사실 자체만으로 그 위험한 걸 어떻게 했을까 하면서 놀라워할 수도 있다고 생각한다.

모빌리티 혁명은 인간의 이동속도를 더욱 가속화시킬 것이고 인간의 활동 범위를 대폭 확장시킬 것으로 예상된다. 자율주행 자동차 시대가 되면 자동차 자체가 대형 모바일 기기로 둔갑하여 이동 중 개인 사무를 비롯한 문화 기능 등을 복합적으로 수행할 수 있는 멀티 IT 장소로 진화하게 될 것이다. 그런 면에서 살펴보면 앞으로 삼성전자와 현대자동차의 사업 영역은 향후 IT라는 거대 범위 내에서 사실상 동종업계로까지 마주하지 않을까 싶기도 하다. 지금은 핸드폰과 자동차로 이원화되지만, 나중에는 이 상품들마저 합쳐져 스마트카 시장을 놓고 상호 협력관계를 새롭게 정립하게 될 수도 있을 것이다.

이러한 기업생태계의 변화를 선도할 수 있는 보급 확산 인센티브를 국가가 제공해 줄 필요가 있다. 실제로 테슬라의 성공 이면에는 정부의 보조금 유인책이 작용했을 뿐만 아니라, 환경 인센티브 등이 복합적으로 작용한 사회적 결과라고 볼 수 있다. 이처럼 보조금을 비롯한 조세지원 혜택은 국가만이 제공해 줄 수 있는 서비스인 만큼 전향적으로 민간기업과 창업자들, 그리고 소비자 등에 이르기까지 방대한 인센티브를 제공하는 정부 보조 서비스를 제공해 주어야 한다.

관련 산업군의 집중적인 지원 또한 중요하다. 특히 2차전지 소재·부품·장비 등 핵심부품들을 담당하는 기업들과 스타트업들을 발굴 후 육성하여 미래 차를 아이템으로 한 다양한 부가가치들을 창출해내야 한다. 이 중에서도 2차전지는 처음에는 휴대폰용으로 개발되었으나 이후 전기자동차 개발과 에너지저장장치 등 다양한 용도로 그 활용범위가 대폭적으로 확대될 전망이다. 실제 작년(2020년)만 하더라도 국내 2차전지 매출은 16조 8,000억 원에 이르지만 향후에는 제2의 반도체로 자리매김할 정도로 그 시장규모의 잠재성은 무궁무진하다.

기술혁신에 의한 미래 자동차의 개발도 중요하지만, 국가는 새로운 모빌리티 인프라를 구축하여 이러한 기술의 상용화와 대중화를 이끌어 낼 수 있도록 힘써야 한다. 가장 중요한 시설 중 하나인 전기·수소 충전 인프라들을 민간기업과 제휴하여 전국에 설치하고 환경과 혁신 컨셉에 기초한 국가공인 인증마크 제도를 비롯한 각종 할인혜택을 미래자동차 구입 소비자들에게 지속적으로 제공해 주어야 한다. 결국 혁신적인 미래모빌리티 흥행 여부에 있어서는 정부의 돕는 손이 중요하다.

K-반도체 특구를 통해 세계적 경쟁을 원천 차단하라

한번은 이스라엘의 기업가 정신과 창업 생태계가 너무 부럽다고 얘기하니까 현지 투자자로부터 뜻밖의 반응을 본 적이 있다. 그것은 바로 '이스라엘에는 삼성과 같은 기업이 없다'라는 것인데, 무언가 정곡을 찔린 느낌이었다. 그만큼 우리나라 기업이 초일류 반열에 이르러 세계 시장의 표준으로 성장했다는 것을 의미하지만 정작 이를 뒷받침해야 할 정부는 오히려 혁신정신의 활력과 동기부여를 떨어뜨리는 경우가 많다.

반도체 얘기를 하기에 앞서 내가 뜬금없이 정부의 역할 부재를 꼬집는 이유는 간단하다. 데이터 시대 속 초일류 기업으로 성장한 삼성전자와 SK하이닉스 등을 대상으로 정부가 적극 나서 돕지 않는다면 초일류 위상이 생각보다 빠른 시일 내에 흔들릴 수 있다는 위기의식 때문이다. 특히 초일류로 성장한 삼성전자와 SK하이닉스 등에 미래 반도체 특구와 관련된 권한을 국가가 과감하게 위임하고 최소한의 모니터링과 감시로 일탈의 여지만 사전에 예방하도록 해야 한다.

반도체 산업에 있어서 정부가 스스로의 권한을 기업에게 과감히 넘겨야 한다고 말한 이유는 바로 미국·일본·대만 등이 반도체 삼각동맹을 맺어 삼성전자의 독주를 막아 내려는 치밀한 계획을 실행 중에 있기 때문이다. 반도체 공정에 있어 필수적인 설계, 소재 및 장비, 제조 등을 미국과 일본 그리고 대만이 각각 역할을 나누어 분업 시너지 효과를 내세워 삼성을 고립시킨다는 것이다. K-반도체 특구를 하루빨리 지정하여 초일류기업들을 정부의 어설픈 개입으로부터 완전히 자유롭게 해 주어야만 세계적 견제를 막아낼 수 있는 자신만의 실력 발휘가 온전히 이뤄질 수 있다.

특히 초일류 기업인 삼성전자조차 상대적 약세를 드러내는 시스템반도체에 대한 정부지원을 대폭적으로 늘려야 한다. 이미 세계 반도체 시장의 80% 이상을 차지하는 시스템 반도체는 앞서 말한 데이터 시대에 필수적인 정보처리 기능을 수행하는 뇌의 역할을 수행하는 만큼, 앞으로 디지털 패권을 놓고 글로벌 반도체 전쟁은 한층 더 심화될 것으로 전망된다. 결국 반도체 제조를 전담하는 생산전문 기업들, 이른바 파운드리(foundry)들의 핵심역량강화를 위해 정부가 발 벗고 나서야 한다. 무엇보다 현장에서는 인재부족을 호소하는데 연구 인력의 대폭 증원, 부설 R&D센터 증축 등을 정부차원에서 보완해주고, 그 외에도 상생펀드 신설과 조세지원 등을 제공해 주어야 한다.

창업과 수성에 있어 세계 초일류기업들의 경우 자기 자리를 지키는 수성이 훨씬 더 힘든 법이다. 적어도 2등은 모방하고 따라가는 추격형 전략을 세우면 그만이지만 1등은 스스로를 이겨낼 수 있는 선도형 모델을 지속적으로 제시해야 하기 때문이다. 반도체가 바로 그런 상황이다. 과거에는 창업을 위해 선진국들을 벤치마킹하여 따라가고 추월하는 데 급급했지만, 이제는 우리가 초일류 패러다임을 선도해야 한다. 그래서 정치적 상상력이 중요하다. 미래를 선도하는 기업들은 이미 겹겹이 쌓인 자신들만의 노하우로 세계를 주름잡고 있지만, 정부는 여전히 과거 권위적 관료주의 운영행태에 젖어 있는 경우가 많다. 글로벌 스타플레이어가 없어 창업 생태계를 어쩔 수 없이 개척할 수밖에 없었다고 말한 이스라엘 투자자의 말을 다시 곱씹어 본다. 만약 정부가 이스라엘조차 가지

지 못한 초일류기업들이 피땀 흘려 얻어낸 세계적 주도권을 뺏기
도록 방치한다면 이는 말 그대로 국가적 비극이자 국민들의 미래
를 망치는 것이다. 결국 정부부터 긴장하고 과거의 권위를 내려놓
고 오직 국가 미래를 위한 서비스 정신을 철저히 실현해야 한다.

K-에듀와 문화, 글로벌 호모 루덴스를 독점하라

　방탄소년단과 블랙핑크는 이미 대한민국의 역대 정치인들이 해
내지 못한 글로벌 트렌드를 선도해냈다. 가끔가다 유튜브 댓글들
을 보면 때아닌 영어·중국어·일본어·아랍어 등으로 작성된 한국
연예인 칭찬 글들이 달려있는데, 이것이야말로 한류의 주역들이
글로벌 호모 루덴스를 독점하고 있다는 자부심이 강하게 만든다.

　21세기 초연결의 시대에서는 인간 유희와 문화 등으로 상징되
는 소프트파워가 엄청난 사회적 파급효과를 몰고 올 것이다. 이미
K-Pop을 비롯한 한류문화가 세계적 감성을 흔들어대는 현상은
우리 모두가 보았고, 앞으로도 그런 사례들이 대한민국 국가 브랜
드를 크게 발전시킬 것이라 확신한다. 아울러 이런 문화적 유희와
더불어 교육에 대한 관념 역시 기존의 국·영·수 주입식 교육 수
준을 벗어나 새로운 모델의 툴과 콘텐츠 등으로 부상하게 될 것이
다. 특히 미래세대로 갈수록 유희와 교육은 상호 밀접히 연결되어
콘텐츠의 전달능력과 내용상의 탁월성 등이 각각 즐기는 목적의

엔터테인먼트와 배우기 위한 엔터테인먼트 등으로 크게 확장될 것이라 본다.

우선 교육의 경우 이미 K-에듀 모델은 영어 종주국 미국에 역수출까지 해내는 기염을 토하면서 대한민국 교육 콘텐츠의 우수성을 다시 한번 입증했다. 이미 SAT·TOEFL 등의 강의능력은 세계적 수준이 입증되어 도리어 한국으로 학원관광을 오는 사례가 십수 년 전부터 유행했다. '뚜 루루 뚜루'를 읊조리는 아기상어 노래 역시 대표적인 유아교육 겸 문화 캐릭터로 분류되며, 작년(2020년)에는 유튜브 조회 수가 70억 뷰를 넘길 만큼 세계적 유행을 선도했다. 또한, IT 기술을 응용한 온라인 교육 플랫폼은 코로나19 이후로 급성장세를 보이면서 이에 편승한 한국 스타트업들의 선전이 희소식으로 부각되고 있다. 가령 에듀테크 스타트업인 매스프레소는 학생들이 모르는 문제를 찍어 보내면 학습 솔루션을 제공해 주어 새로운 개념의 교육용 구글로 평가받고 있다. 현재 이 회사는 동남아 개척에 이어 미국과 남미시장에까지 도전장을 내민 상태이다.

문화의 경우는 더 말할 것 없다. 이미 젊은 세대라면 너무나 잘 알고 있는 SM·JYP 등 수많은 엔터테인먼트 기업들이 손으로 셀 수도 없는 많은 아이돌 그룹들을 시장 속에 선보이면서 그때그때마다 세계인들의 시선과 감수성을 확 사로잡는다. 한류의 한 축인 영화의 경우 이미 2019년에는 기생충이 오스카 4관왕을 수상했고, 올해에는 영화 미나리의 선전 역시 주목받았다. 드라마 역시 넷플릭스의 킹덤을 비롯한 수많은 콘텐츠들이 세계인들의 호평을 받고 있고, 최근에는 유튜브 크리에이터들까지 영어자막을 첨가하여 해외 유저들의 관심을 개별적으로 유도해낸다는 점에서 크게 감동받았다.

AI시대가 세상을 집어삼키더라도 인간의 창조적 유희와 상상력은 절대로 기계가 넘어설 수 없다. 문화의 소프트파워 역시 그런 맥락에서 포스트 AI시대에 있어 우리 한국이 주도해야 할 하나의 산업이면서도 세계인들의 호모 루덴스 정신을 선도해야 할 시장이자 기회이다. 국가도 제반 미래형 교육·문화 콘텐츠 제작을 위한 K-특구를 신설하여 상상 스튜디오 등의 콘텐츠 창작 플랫폼들을 지속적으로 열어주어 참여자들의 발전을 도와야 한다.

K-랩의 주춧돌, 국가 R&D 사업 개혁

혁신정신이 연구·개발 분야에 제대로 녹아들기 위해서는 현장 속 목소리의 반영과 연구자들의 동기부여를 새로운 차원으로 자극시키는 것이 중요하다. 무엇보다 이를 보조해주는 관료들은 자신과의 고정관념과 치열하게 싸워나가면서 상대방인 연구진들이 생각하고 바라는 니즈가 무엇인지 정확하게 파악할 필요가 있다. 그 중에서도 연구 자율성 확보와 책임 구조의 현실적 재정립이 중요한데, 현재 정부가 시행하고 있는 기관 관리 및 통제방식을 전수조사하여 연구현장 내에서의 정부개입이 타당하고 적정한지에 대해 면밀하게 살펴보고 수정해야 한다.

　무엇보다 정부는 '수요자의 입장'을 머릿속에 계속 그려내어 이를 바탕으로 연구·개발 기능이 실용적으로 적용될 수 있도록 관련 기업과 상업화의 기회들을 지속적으로 연결해주어야 한다. 일반적으로 연구에만 몰입하는 과학자들의 경우 혁신적인 기술을 만들어 낼 수 있을지는 몰라도 그것을 대중화시키고 상업적인 제품으로 바꿔내는 주인공이 되기는 쉽지 않다. 연구자 본인이 잘하는 본연의 역할에 더욱 충실하게 몰입할 수 있도록 연구의 자율화를 지향하면서도 이를 확장시킬 수 있는 기회들을 정부가 연결해주어 연구자 자신 외의 인적 네트워크들을 제공해주는 것이 중요하다.

　특히 국가 연구 개발사업 프로그램을 기획하고 평가하는 제반 시스템과 제도를 혁신적으로 개혁할 필요가 있다. 임기철 고려대 기술경영전문대학원 특임교수에 의하면 선도형 혁신을 위해서는 전문성과 창의성이 평가의 핵심요소가 되어야만 연구 활동의 자율성이 담보될 수 있다고 한다. 또한 기간별(단·중·장기) 과학기술계의 기획 및 연구개발에 있어 필요한 자원배분 체계를 재정비하고 기존 성과주의 예산제도 역시 개혁 또는 폐지할 것을 주장한다. 쉽게 말해 전문적이면서도 창의적인 연구활동을 독려하기 위한 공정한 검증 시스템과 창의적 연구를 마음대로 수행할 수 있도록 관련 부담과 리스크도 정부가 최소화시켜 주어야 한다는 것이다. 나 역시 단순 논문 수와 특허출원 등 양적 연구 성과 위주의 과도한 평가제도로 연구자들을 압박하기보다는 질적 성과와 혁신 성과에 가산점을 주어 좀 더 진취적인 연구들이 진행될 수 있도록 연구 동력을 발전시켜야 한다고 본다.

문제는 정부가 이러한 자율성에 기초한 장기적 연구 패러다임을 벗어나 권력 당사자들 입맛대로 특정 산업 경쟁력과 미래기술을 평가절하한 전례가 있다는 점이다. 제일 대표적인 사례가 바로 원자력발전기술인데, 실제로 세계 최고수준의 원전기술 생태계는 문재인 정권이 들어선 이후 정권 입맛에만 맞는 탈원전 정책 시행으로 인해 생태계 자체가 완전히 붕괴되어 버렸다. 이처럼 정부가 시대 흐름에 맞는 연구 분야와 산업을 제대로 살펴보지도 않고, 그저 자신들만의 실력 없는 정의론만 앞세워 수십 년에 걸쳐 만들어낸 축적의 힘을 포기하게 만들어서는 안 된다.

정권이 바뀌는 횟수와 상관없이 혁신의 큰 흐름과 발전 로드맵은 일관성 있게 지속되어야 한다. 물론 시대적 변수에 의한 특정 산업과 연구영역에 대한 비중이 조금씩 달라질 수 있을지는 몰라도 결국은 이 모든 작용들이 철저하게 연구자 중심의 사고와 현장속 목소리들을 복합적으로 대변해야 한다는 것이다. 그렇게 국가 연구·개발 산업 발전에 있어 올바른 여론들을 수합하고 시행착오를 거쳐야만 대한민국은 비로소 코리아 랩 주춧돌을 제대로 세웠다고 말할 수 있다.

'Form is temporary, but the class is permanent.' 형식은 일시적이나 그 수준만큼은 영원하다는 말처럼 국가는 백년대계를 책임지는 권력의 상징이자 주체이다. 무엇보다 방대한 데이터 시대에 접어든 AI의 대유행이 일상화된 현실 가운데 정부의 역할은 더더욱 미래 대한민국에 대한 상상력 넘치는 이미지를 상정해 놓고 정책들을 섬세하게 집행해야만 한다.

　K-랩 프로젝트 역시 혁신 DNA 없이는 생존할 수 없는 일상 가운데 민간기업과 개인들의 창조능력을 더욱 발산시킬 수 있도록 돕는 역할에 집중해야 한다. 노력은 천재 자신이 하더라도 그 노력이 헛되지 않도록 주변 환경을 정리해 주는 것은 국가가 책임져야 할 부분이기 때문이다. 그래서 제대로 준비되어야 한다. 앞으로는 더욱 빠른 속도로 발전하고 융합하고 새로운 것에 의해 대체되는 정신없는 변주곡에 노출될 것이다. 특히 코로나19로 인해 갈수록 가속화되는 성장위기와 양극화 문제를 풀어내는 데는 더더욱 시대적 흐름에 맞는 전략과 상상력을 발휘해야만 한다. 우리의 미래를 위한 AI시대를 K-혁신으로 개척할 수만 있다면, 이전에 경험해 보지 못한 인간 풍요와 행복의 시대에 접어들 것이라 본다.

제9장

인간의 존엄성을 위한 나라
: (6) 평등과 자유 그리고 공정

새로운 시대정신 : 인간의 존엄성을 지키는 나라로

지난 일 년 동안 많은 생각을 해왔다. 우리나라의 새로운 시대 정신은 무엇인가? 어떻게 하면 현재 편이 갈린 국민들이 위로받고 화해할 수 있을까? 그렇게 하기 위해 국민들과 함께 이룰 수 있는 통합된 목표와 가치가 무엇일까?

곰곰이 생각해보면 우리나라는 지금처럼 좌우로 전 국민이 나뉘어 싸우고만 있지 않았다. 해방 전에는 나라의 독립을 위해 3.1 운동으로 한마음이 되었고, 결국 독립을 이루어 냈다. 독립 후에는 전 국민이 가난했고 보릿고개가 남아 있어 말 그대로 '한 끼'를 때

우기가 힘든 집도 많았다. 그러나 결국 우리는 다른 나라들이 하나도 이룩하기 어려운 '경제성장'과 '민주주의'를 단기간에 이루어냈다. 위대한 국민이 단합하여 만들어낸 대한민국의 눈부신 저력이다.

얼마 전 영국에서 정책을 공부한 청년을 만났다. 그 청년에 따르면 옥스퍼드 공공정책 대학원에서 한국의 민주주의 사례를 전 세계의 모범으로 삼고 학생들에게 가르치고 있다는 것이다. 한국의 민주주의의 과정을 분석한 케이스 스터디를 가지고 100여 개국에서 온 학생들과 치열하게 토론했다고 한다. 그 과정에서 그 청년은 한국인으로서 한국의 민주주의에 대해 동기들에게 많은 관심과 질문을 받았고, 많은 학생에게 한국의 민주주의에 대한 설명을 해주었다고 한다. 그만큼 우리나라의 민주주의는 다른 나라들이 본받고 싶어 하는 모델이다. 경제성장 또한 마찬가지이다.

이처럼 우리는 역사 속에서 시대정신이었던 경제성장과 민주주의를 이루기 위해 하나로 힘을 모을 수 있었다. 그것은 그 시대에 이루어야 할 국가적 사명이었기 때문이다. 그러나 현재 대한민국은 리더십의 부재로 국민들이 분열되고 힘이 분산되고 있다. 리더라면 시대정신을 국민들에게 제시하고 공감하며, 또 함께 이룰 수 있어야 한다. 그렇다면 앞으로의 시대정신은 과연 무엇일까? 우리가 진정 선진국으로 도달하기 위한 다음 시대정신은 바로 '인간의 존엄성'이라고 생각한다.

1. '인간의 존엄성' : 새로운 시대적 사명으로

헌법 제10조는 이렇다. '모든 국민은 인간으로서의 존엄과 가치를 가진다.' 인간의 존엄성은 인간이라는 이유만으로 그 내재적 가치가 있으며, 인간이 출생하는 순간부터 부여받은 천부인권 사상에 기반을 두고 있다. 따라서 인간이라는 이유만으로 존엄한 가치를 보장받고 존중받아야 한다. 인간의 존엄성이란, 전통적으로 생명권, 인권 등이 있지만 시대에 맞게 인간의 존엄성에 새로운 가치를 더해야 한다. 내가 생각하는 이 시대에 더해져야 할 인간의 존엄성이란 다음과 같다. 행복할 권리, 존중받을 권리, 정당한 노력에 대한 보상을 받을 권리, 사회적으로 평등할 권리, 그리고 기회의 평등이다.

사회적 평등은 곧 개개인의 존엄성이 동일하다는 것이며, 누구든지 가진 것과 지위에 상관없이 사회적으로 차별받지 아니하는 것이다. 무슨 직업을 갖든지, 사회적 위치가 어떠하든지, 돈이 많든지 없든지 간에 사회적 차별이 없어야 하며 서로 존중해야 한다. 이것은 각자의 존엄성이 동일하고 평등하기 때문이다. 인간의 존엄성은 차이를 따질 수가 없다. 따라서 헌법 제10조에는 '모든 국민은 인간으로서의 동등한 존엄과 가치를 가진다'라고 내재적으로 명시되어 있다고 생각한다.

왜 존엄성인가? 여러 존엄성에 관련된 사회적 문제들

우리나라는 예전에는 성폭력, 학교폭력, 갑질, 불평등, 불공평, 상하 계급 간 언어폭력 등 현재의 시각에서 볼 때 말도 안 되는 불합리가 존재했다. 과거의 우리는 그것이 불합리하다는 생각은 하였지만, 지금처럼 사회적으로 크게 문제가 되어 이슈가 계속 대두되지는 않았다. 경제성장의 과정에서 우리는 우리의 존엄성에 대한 훼손을 참고 있었던 것 같다. 요즘 계속 이슈가 되는 연예인 학교폭력, 성폭력 같은 미투 운동, 그리고 경비원분들에 대한 갑질을 보면서 우리가 이제 진정으로 원하는 것이 인간의 존엄성이라는 것을 떠올리게 된다. 약자와 강자의 존엄성은 동일하다.

덴마크에서 유학한 어느 청년에 따르면 덴마크 친구들이 마라톤 행사에서 덴마크 왕자를 만났는데, 우리나라처럼 깍듯이 존대하지는 않는다는 것이었다. 같은 존엄성을 가진 인간으로 대하겠다는 것이다. 또 그 한국 청년은 덴마크 교수 앞에서 두 손을 모으고 경청하는 모습을 보여주었는데, 그 모습을 보고 덴마크 친구들이 깜짝 놀랐다고 한다. 특히, 그런 계급적 모습을 보이는 것은 교수와 학생의 대등한 문화를 망치고, 다른 학생들에게 좋지 않은 영향을 미친다고 조언받았다고 한다. 이후 그 청년은 한국의 계급 문화에 대해서 많은 생각과 고민에 잠겼다고 한다.

우리나라에 '갑과 을'의 계급 사회가 지속된다면 결국 갑질, 언어폭력, 성추행 등 인간의 존엄성과 관련된 문제가 지속해서 생길 수밖에 없다. 또한, 기업은 수직관계에 매몰되어 창의성을 발휘하지 못할 것이며, 결국 국가적으로는 혁신과 창조가 일어나지 않아 국제사회의 기술적·제도적 변화에서 뒤처질 수밖에 없다.

또한, 청년 및 아이들과 관련된 주요 문제로서 '직업에는 귀천이 없다'라고 하지만 우리는 아직 직업에 따라 개개인의 존엄성을 다르게 보고 있다. 그래서 아이들이 사회에서 선호하기는 하지만 사회적으로 평판이 낮은 직업을 선택하려고 할 때, 많은 경우 부모님의 반대에 부딪쳐 포기하는 것을 보아왔다. 이는 아이들이 각자의 재능과 선호에 따라 꿈을 펼칠 기회를 어른들이 방해하는 것이다. 몇 년 전에 한 고등학생을 만났다. 그 친구는 미용을 좋아해 '메이크업 아티스트'를 꿈꾸고 관련 대회에서 수상하는 등 미래를 착실히 준비하던 학생이었다. 그런데 당시 부모님의 반대가 심해 관련 고등학교 진학을 포기했고, 그 친구 마음속 상처로 남았다고 한다. 나는 그 학생을 보면서 우리나라에 세대 간 뿌리 깊은 인식 차이가 있다는 것과 그것이 우리 사회의 발전을 가로막는다는 것을 다시금 깨닫게 되었다. 따라서 우리가 할 일은 어떠한 직업을 갖든지 차별을 받지 않게끔 만드는 것이다. 사실 메이크업 아티스트는 젊은이들에게는 멋진 직업이 아닌가. 어떠한 직업을 갖든지 그 사람의 존엄성은 동일하게 존중되어야 한다. 모든 직업에는 귀천이 없어야 한다. 그래야 많은 청년들이 진정 자신이 하고 싶은 일을 할 수 있을 것이다.

이건 비단 어린 학생과 청년들에게만 적용되지 않는다. 요즘 대기업, 공공기업에서 은퇴한 분들 또한 은퇴 후 소득을 위해 경비원으로 취업하는 경우가 많이 있다. 지금까지 그분들이 갑이었을 때는 아파트 경비원에 대한 '갑질' 문제는 타인의 문제였다. 그러나 누구라도 '을'이 될 수 있는 시대이며, '을'의 일이라고 치부되었던 것들은 삶을 영위하기 위해 누군가는 감당해야 하는 일임을 명심해야 한다. 아직도 뉴스에는 경비원에 대한 아파트 주민들의 갑질 소식이 많이 들려온다. 영원히 높은 사람도 없고, 영원히 낮은 사람도 없다. 높으면 낮게 되고, 낮으면 높게 될 수 있는 것이 세상의 이치이다. 한 사람의 인생에서 그는 강자가 되기도 하고, 한순간에 약자가 되기도 한다. 따라서 우리는 다시 한번 '인간 존엄성'에 대해 성찰하며, 우리 스스로 존중하는 사회, 차별하지 않는 사회를 만들어 가야 한다. 나 또한 그런 사회를 만들기 위해 열심히 노력할 것이다.

2. 인간 존엄성의 토대 위에서 복지를 상상해보다

인간의 존엄성은 동일하기 때문에 보편적으로 우리는 인간으로서의 존엄과 가치를 보장해주어야 한다. 나는 '지킨다'라는 보수의 이념과 인간의 존엄성을 합하여, 우파의 복지 철학을 재정의해야 한다고 생각한다. 복지는 세계적으로도 거스를 수 없는 시대적 사명이다. 예전에는 10%의 사람들이 90%의 부를 가지고 있다고 했지만, 요즘에는 1%, 아니 0.1%가 90%의 부를 가지고 있는 시대로 변하고 있기 때문이다.

지금까지 특히, 우파에 대한 편견은 다음과 같다. 자유주의 사상을 토대로 정부의 개입을 지양하고, 개인의 빈부격차는 필연적인 경쟁의 산물이라고 많은 이들이 믿어왔다. 하지만 자유와 방임은 구분해야 한다. 문제가 있는데 아무것도 하지 않는 것은 자유가 아니라 방임이다. 자유시장경제가 중요하나, 우리는 그것의 긍정적인 면만을 맹신하면 안 된다. 자유시장경제 속에서는 경쟁에 밀린 사람들과 약자들이 발생하게 되고, 경쟁의 출발선이 동일하지 않음은 모두가 알고 있다. 따라서 자유시장경제 체제로 인해 발생하는 경제적 약자를 '먼저' 배려해야 한다. 자유시장경제 체제의 의의는 약자를 보듬고 그들과 동행할 때 비로소 빛을 발하기 때문이다. 특히 코로나 시대를 겪으며 중산층까지도 삶의 터전이 무너지면서 사회·경제적 약자가 되어가고 있다. 이들의 삶과 시장을 지지하고 구제하기 위한 정책이 필요함은 자명하다.

우리는 누구나 다 약자가 될 수 있다. 아무리 능력이 좋은 사람이라 할지라도 건강을 잃는다면 한순간에 빈곤층이 될 수 있다. 가족 구성원 중 한 명이 아파 중산층이 몰락한 사례도 많이 보아왔다. 또한, 아무리 잘 나가는 회사와 사업의 책임자라 할지라도 망하는 것은 한순간이다. 특히 코로나로 인해 그동안 장사가 잘되었던 식당 또한 '버티기'가 그 끝을 보이는 지금, 국가와 정부는 누구나 약자가 될 수 있다는 사회적 합의에 동의하고, 그에 대한 정책을 만들어야 한다.

여기서 나는 맹목적인 보편복지를 주장하는 것과는 결을 달리한다. 단순히 욕구에 의한 무분별한 일차원적 복지가 아닌 보다 더 본질적으로 인간으로서의 존엄성을 지킬 수 있는 복지를 이루어야만 한다는 것이다. 이것은 맞춤형 복지이며 인간으로서 아이들과 청년 그리고 노인분들이 하루에 영양이 풍부한 세 끼를 먹을 권리, 쾌적한 주거환경에서 살 권리, 남들과 동일한 질 좋은 교육을 받을 권리, 양질의 의료 서비스를 받을 수 있는 권리, 실업자가 되어도, 또는 사업에 실패하였더라도 최소한 인간 존엄적인 삶을 누릴 수 있는 권리 등을 포함한다.

최소한 그 사람이 어떠한 일이 있더라도 인간으로서의 존엄적인 삶을 살 수 있도록 마지노선을 만들어 놓고 복지를 하자는 것이다. 이러한 권리만 지켜진다면 가난한 청년들과 노인들이 단칸방과 고시원에서 열악하게 살아가며, 라면으로 끼니를 때우는 일은 없어지게 될 것이다. 이것은 욕구에 의한 무분별한 복지가 아니라 필요에 의한 복지이다. 그래서 우선 모두가 인간다운 삶을 살 수 있는 '최소한의 기준'을 합리적으로, 또 현실적으로 세워야 할 것이다. 현실적으로 볼 때 모두 동일한 복지 혜택을 받을 수는 없으며, 그럴 필요도 없다. 한정된 자원 속에서 우리는 맞춤형 복지를 실천해야 한다.

보편적 복지보다 맞춤형 복지로

2019년 통계에 의하면, 한 가구가 시장에서 벌어들인 소득을 기준으로 한 지니계수, 소득 5분위 배율, 상대적 빈곤율 등은 모두 악화한 것으로 나타났다. 이는 경제적 약자가 더 살기 어려워졌다는 것을 말해준다. 아이러니하게도, 2019년 정부 예산은 470조 원으로 소위 '슈퍼 예산'으로 불렸으며, 당시 복지 명목 예산은 전체 예산의 34.5%로 책정되어 역대 최대였다. 이처럼 많은 예산을 복지에 썼음에도 상황이 악화한 이유 중 하나는 보편적인 복지를 바탕으로 예산을 집행했기 때문이다.

국민의 세금을 계획 없이, 제대로 된 정책 없이, 또 욕구에 의해 사용해서는 안 된다. 포퓰리즘은 매우 달콤하다. 한번 맛을 보면 절대 빠져나올 수 없다. 보편적인 복지는 당장은 좋아 보일지 몰라도 결국 나라를 위태롭게 할 수 있다. 마키아벨리는 그의 저서 〈군주론〉에서 이런 말을 하였다. "군주가 후하게 베푼다는 평판을 받으려면 엄청난 돈을 써야 하고 결국 재력이 바닥날 수 있다. 그렇게 되면 다시 많은 세금을 걷어야 하므로 결국에는 사람들의 미움을 사게 된다"고 하였다. 따라서 현명한 지도자가 재정을 튼튼하게 하는 것은 결국 국가를 수호하는 길이자, 많은 세금을 걷지 않음으로써 민심을 얻을 수 있는 길이 될 것이다. 결국, 인기를 얻기 위한 포퓰리즘 정책은 나라를 파멸로 몰고 갈 수 있다. 복지 예산은 필요하지 않은 사람에게 허투루 돈이 들어가지 않도록 해야 한다. 그것이 복지의 기본이다. 필요한 사람에게 더 많은, 더 충분한 지원이 될 수 있도록 해야 한다.

새로운 조사
: 전 국민의 인간답게 살 권리가 지켜지는가?

그래서 먼저 우리는 사람이 인간답게 살아가는데 필요한 모든 것에 대한 지역별 조사를 할 필요가 있다. 지역별 조사를 하는 이유는 지역마다 물가와 생활환경 등이 다르기 때문이다. 얼마 전 유튜브에서 쪽방에서 라면만을 먹고 살아가는 노인분들을 본 적이 있다. 또한, 가난한 집의 아이들은 영양 섭취가 중요한 성장기에 양질의 식사를 못 하는 경우가 있다. 그러한 집에 부모가 맞벌이라면 아이들이 제대로 식사하기 힘들 것이다. 노벨경제학상을 받은 에스테르 뒤플로(Esther Duflo), 아비지트 배너지(Abhijit Banerjee)가 쓴 〈가난한 사람이 더 합리적이다〉라는 책에서는 어렸을 때의 영양 섭취가 뇌의 발달에 큰 영향을 끼치며 성인이 되었을 때의 소득을 좌우한다고 하였다. 여기서는 어린이, 청년에 초점을 맞추어 이야기해 보고자 한다.

우리나라가 경제성장을 이만큼 이루어 냈지만, 아직 우리는 복지 사각지대를 만들어 놓고 외면하고 있는 것이 아닌가 깊은 고민에 빠지게 된다. 그분들이 국가의 지원을 받지 못하는 것은 아니다. 다만 조금 더 집중하여 더욱 인간다운 삶을 살 수 있도록 해야 한다. 진정한 복지라면 그러한 분들이 최소한 집다운 집에서 양질의 세 끼 식사를 할 수 있도록 도와야 한다. 가난한 집의 아이들이라면 양질의 교육을 받을 수 있도록 도와야 하며, 청년은 적어도 한 평 남짓한 고시원보다는 나은 환경에서 살 수 있도록 고시원 최저평수를 규제해야 한다. 조사를 통해 이러한 기준들을 마련하여 최소한 인간답게 살 수 있는 복지 기준을 만든다면, 좀 더 나은 삶을 영위할 수 있게 될 것이다.

3. 인간 존엄성과 맞닿은 복지의 첫 번째 질문 : "밥은 잘 먹었니?"

최소한의 인간적인 삶을 살 수 있는 기준을 만들게 된다면, 모든 국민이 기본 수준의 생활을 유지할 수 있게 된다. 시작은 당연해 보이지만 정작 내막을 들여다보면 간단하지 않은 문제로부터 시작해 볼 수 있다. 복지의 출발은 '밥'이다. 유독 우리나라는 다른 사람들과 인사를 함에 있어 밥 얘기를 많이 한다. '밥은 잘 먹었니?'는 단순히 식사 여부를 묻는 것을 떠나 건강과 근황 그리고 평소 삶의 질 등 모든 것을 포괄한다. 헤어질 때에도 '밥 한 번 먹자'라고 하면서 보다 더 친근하게 가까운 미래의 만남을 기약한다.

이처럼 밥과 관련하여 기본적인 인간의 존엄적인 삶을 위해 다양한 정책적 방법을 시행할 수 있다. 예를 들어 저소득 가정의 아이들에게 영양이 풍부한 하루 세끼의 식사를 보장하는 것이다. 영양이 풍부한 하루 세 끼 식사는 인간으로서 누려야 할 기본적인 존엄적 권리이다. 한 연구에 따르면 저소득 가정에서 아동이 결식하거나 영양이 부실한 식단을 섭취하는 경우가 많다고 조사되었으며 부유한 가정과의 영양 양극화가 심화되고 있다고 한다. 점심은 대개 학교에서 먹을 수 있으므로 아침을 학교에서 제공하거나 양질의 도시락을 배달해 줄 수 있을 것이다.

프랑스 마크롱 정부의 경우 10만 명의 차상위 계층 학생들에게 무상으로 아침을 제공하고, 점심값을 단돈 1유로(약 1,280원) 정도에 먹을 수 있게끔 하는 정책을 내놓았다. 정부는 아침을 든든히 먹고 온 학생과 그렇지 않은 학생들 간의 학습 능력에 차이가 있고, 가난한 학생일수록 아침 식사를 제대로 하지 못할 가능성이 있다면서 이러한 정책의 배경에 관해 설명하였다. 마크롱 대통령 또한 무상으로 제공되는 아침 식사와 1유로 점심은 아이들의 존엄적 권리라는 것을 밝혔다.

가까운 일본의 경우에도 아침을 제공하는 초등학교가 늘고 있다고 한다. 한 끼 가격은 약 200엔 (약 2,000원) 정도로 오사카에서 150엔을 보조해주고 학생이 내는 돈은 50엔(약 500원)이다. 히로시마현은 무상으로 아침을 학생들에게 제공하고 있다. 일본의 경우 저소득층 아이 중에 맞벌이로 인해 아침을 제대로 못 먹는 아이들이 많아지자 정부에서 지원을 시작한 것이다. 히로시마현은 사전 연구를 통해 현의 저소득층 아이들이 아침을 제대로 먹지 못하는 상황에서 그들의 학습 성취도 또한 뒤떨어지는 경향을 발견하였다. 일본의 2018년 전국학력 조사결과 아침을 매일 먹는 학생과 그렇지 않은 학생들의 국어와 산수 성적을 비교했을 때 15%의 차이가 나는 것을 발견하였다. 실제로 국내외의 많은 논문도 아침 결식이 학업 수행에 많은 영향을 미치고 있다는 것을 보여주고 있다.

양질의 식사는 청년들의 삶에도 중요하다. 뉴스를 보니 코로나로 인해 많은 청년이 끼니를 거르거나 편의점에서 라면과 삼각김밥을 사 먹는 등 제대로 된 식사를 하지 못하고 있다고 한다. 대학생들 또한 공부하면서 아르바이트를 병행하는 것에는 분명 한계가 있고, 요즘 같은 코로나로 인한 불경기에는 아르바이트 자리 또한 구하기가 힘이 든다. 많은 청년과 만나면서 대화를 하고 있지만, 주거 문제와 더불어 식사 문제가 청년들에게는 삶의 중요한 문제였다. 서울만 하더라도 한 끼 식사비가 9,000원 가까이 된다. 돈을 버는 어른들도 부담스러운 가격인데 청년들이야 오죽 부담스러울까 마음이 아프다.

청년들에게 최소한의 양질의 식사를 보장하기 위해 프랑스의 정책을 살펴볼 필요가 있다. 프랑스의 경우 학생조합 개념의 학생 복지기구로서 교육부 산하기관인 대학생 후생복지센터(CROUS)가 운영하는 학생 식당이 있다. 이 학생 식당은 무료는 아니지만, 정부와 학교들의 보조를 받고 있기에 일반 식당의 ⅓ 가격으로 학생이면 누구나 이곳에서 식사할 수 있다. 학교는 특히 기숙사비,

행사비 등에서 얻은 이익으로 이 학생 식당을 지원한다.

특이한 점은 대학 가까운 곳뿐만 아니라 파리 같은 경우 도심 한가운데에도 이 학생 식당들이 자리 잡고 있다는 것이며 학생이라면 누구나 소속에 상관없이 식사할 수가 있다. 한 학생 식당에 다양한 학교 출신의 학생들이 이용할 수 있다. 프랑스에서 유학한 청년에 따르면 프랑스의 일반 식당의 식비가 한화 15,000원 정도로 매우 비싼데 이러한 학생 식당을 이용하면 5,000원 정도에 양질의 식사를 할 수 있다고 한다. 학생 식당의 메뉴는 뷔페식으로 되어 있고 샐러드 등 애피타이저, 메인, 케이크, 과일 등 후식까지 다양한 음식들이 준비되어 있다고 한다. 프랑스 정부는 학생들에게 양질의 하루 세끼를 섭취할 인간적인 권리를 기본적으로 보장하고 있다.

우리도 프랑스의 학생 식당 제도를 우리나라의 실정에 맞게 들여올 필요가 있다. 물론 모든 청년들에게 프랑스처럼 할 수는 없지만, 최소한 그들이 직업을 얻기 전 사회 경제적 약자로 있는 기간만이라도 청년들에게 우리가 최소한의 양질의 식사를 보장해야 할 의무가 있다고 생각한다.

일단 정부 기관이 대학 그리고 각 지역의 지자체와 학생 복지를 위한 컨소시엄을 만들어 각 지역에 학생들의 접근성이 좋은 곳에 학생 식당들을 만들고 정부, 대학, 지자체에서 일정 비율로 돈을 내면 될 것이다. 민간기업 또한 사회공헌 차원에서 지원할 수 있도록 독려해야 한다. 출신학교에 상관없이 이용 가능한 학교 식당을 강남과 종로 도심 한복판에 만드는 것이다. 물론 선별 방안을 두어

표면적으로는 모든 학생이 이용할 수 있되 저소득층 학생들이 밖으로 드러나지 않고, 소득에 따라 가격을 차감받을 수 있다면 좋을 것이다.

4. 인간 존엄성과 맞닿은 복지의 두 번째 질문 : "잠은 잘 잤니?"

'밥'에 이어 복지의 두 번째 초점은 '잠'으로 옮겨간다. 고단한 일상 속에서 유일한 안식처는 뭐니 뭐니 해도 집이다. 화려하든 소박하든 결국은 내가 사는 공간을 중심으로 밥에 이어 인간의 쉼과 재충전의 시간이 잠으로 표현된다. 여기서 나는 주거의 문제를 언급하고자 한다.

우리나라 청년들의 주거를 떠올리면 가장 먼저 생각나는 게 고시원이다. 1평 정도 되는 고시원 생활은 생각보다 정말 쉬운 일이 아니며 많은 학생들이 주거 기본권조차 누리지 못하고 있다. 예전에 신림동에서 고시 공부를 하는 학생을 만났는데, 고시원 1.5평의 월세가 40만 원이라고 해서 매우 놀란 적이 있다. 한 인간으로서 최소한의 주거권은 보장해주어야 하는 것이 중요하다고 생각한다. 현재 고시원의 평수 제한은 지자체별로 상이하다. 서울시의 경우 고시원 방 크기는 2평 이상 되도록 강제하고 있는데, 앞으로 이를 일괄적으로 지킬 수 있도록 해야 하며 더 나아가 최저 평수를 늘려가야 한다. 청년 주거 문제를 해결하기 위한 다른 나라의 예시를 들자면 프랑스의 '알로까시옹'(Allocation)이 있다. 보통 주거비의 10~15%를 국가에서 지원하고 있다고 하는데, 우리나라에 접목시킨다면 보편적인 지원보다는 꼭 필요한 청년들에게 소득별 맞춤형으로 지원하는 것이 타당해 보인다.

프랑스의 또 다른 주거 정책 중 하나는 파리의 모든 유학생이 거주할 수 있는 국제기숙사 촌을 만들어 놓은 것이다. 파리 중심부에서 남쪽으로 조금 떨어져 있는 곳에 하나의 마을을 이루고 있다. 이곳에서는 각국이 프랑스 정부로부터 땅을 받아 자기 나라 국가의 돈으로 기숙사를 짓는다. 그 안에 학생 식당도 있어서 기숙사비도 저렴할 뿐만 아니라 식당 또한 저렴하여 많은 학생들이 혜택을 받고 있다. 우리나라는 프랑스의 예를 활용하여 서울에 대학기숙사 촌이나 저렴한 청년임대주택을 만들 수 있다. 정부는 땅만 제공하고 기숙사 건설은 각 학교가 할 수도 있으며 민간에 맡길 수도 있을 것이다.

공간은 알게 모르게 우리 삶의 질을 좌우하는 중요한 요소이다. 결국은 내가 어디서 살며 거기서 어떻게 살아가느냐가 인간으로서의 존엄과 자존감을 지켜나가는 문제와 긴밀하게 연결된다. 무엇보다 영끌해서도 집을 살 수 없는 젊은이들과 사회적 약자들을 위한 주거 문제에 있어서는 국가가 더욱 책임의식을 가지고 방안을 마련해야 한다. 밥에 이어 잠의 기본적인 질까지도 챙겨주는 국가야말로 선진국에 진입한 대한민국이 지향해야 할 새로운 국가의 모습이다.

인간 존엄성 실현을 위한 재원마련, 공공기금 지원 제도를 정리하라

공공재원 마련을 위해서는 모든 지원예산들을 조사하여 낭비되는 것, 불필요한 것은 없애야 한다. 많은 지원제도가 너무 허투루 쓰이고 있다. 민간 사회단체, 자격이 안 되는 기업, 개인의 부정 수급 문제, 수많은 공공사업에 들어가는 전시행정 비용 등을 살펴봐야 한다. 그리고 국가에 꼭 필요하지 않은 직책 등을 없애는 동시에 정부 예산과 지자체 예산 가운데 흩어져 있는 비슷한 성격들의 지원예산들을 통합해야 한다. 또한, 가짜로 복지혜택을 받는 수급자들을 선별해야 한다. 아직도 뉴스에서는 서울의 임대주택에 외제 차들이 즐비하다고 한다. 수급자에 대한 전수 조사 또한 매우 시급한 상황이다.

특히 정부 보조금을 허위로 타는 사례에 대한 전수 조사가 필요하다. 예를 들어 어떤 어린이집 원장이 실제 근무하지 않은 보육교사를 채용했다고 하며 인건비를 신청하거나, 보육비가 지원되는 어린이의 숫자를 허위로 늘리는 방법으로 보조금을 타는 사례가 있었다. 비단 어린이집뿐만 아니라 보조금을 타는 많은 기관들의 문제일 것이다. 또한, 나라의 돈을 허위로 타내는 기관과 사람에 대한 강력한 처벌을 규정하는 법을 만들어야 한다.

좋은 취지로 시행되는 정부 지원책이 본래 목적과는 전혀 다른 용도로 쓰이는 것은 없는지 더욱 철저히 점검할 필요가 있다. 가끔 뉴스를 통해 '눈먼 돈'을 부정한 방법으로 가로채는 사례들을 볼 수 있다. 국가가 제대로 된 위기의식 없이 방치해 놓을 경우, 정부의 선한 의지와는 상관없이 불순하게 접근하여 지원금을 타가는 얌체족들의 배만 불리는 일이 생기게 된다.

기업의 사회적 책임 강화

기업 또한 마찬가지이다. 법인세를 인상하지 않더라도 자발적으로 사회적 책임을 강화해야 한다. 단순한 기업의 사회적 책임(CSR, Corporate Social Responsibility)을 넘어 지역사회의 문제를 해결하기 위해 적극적으로 활동을 해야 한다. 중국의 경우 정부가 주도하는 청년 스타트업 활성화 사업을 돕기 위해 기업들이 자발적으로 창업 기숙학교 같은 시설을 만들어 청년들을 지원하고 있다. 중국의 실리콘밸리로 불리는 중관춘(中關村)에 '유플러스(YOU+)라는 청년창업 아파트가 있는데 이 건물은 샤오미 창업자 레이쥔이 투자하였다. 이 창업 아파트는 기숙사의 형태로 전국 9

개 도시에 22개를 운영하고 있다. 이 창업기숙사를 통해서만 5,000명이 넘는 청년이 창업 생태계로 들어와 살고 있다. 샤오미 외에도 성공한 중국 기업가들은 후배 스타트업을 지원하기 위해 거주, 투자, 교육 등 모든 분야에서 지원하고 있다. 결국, 정부와 민간의 협력으로 중국은 세계 최대의 유니콘 기업을 보유한 국가가 되었다. 2018년 기준 전 세계의 48%, 205개의 유니콘 기업이 중국에 있다.

우리나라 또한 정부에게만 모든 것을 맡기지 말고 성공한 기업 스스로 사회적 문제를 해결하는 데 동참하고 주도적인 모습을 보여주기를 기대한다. 기업 스스로 적극적으로 활동하여 실업문제뿐만 아니라 지역사회의 복지 문제 또한 적극적으로 개입할 필요가 있다. 미래 사회에는 정부가 모든 문제를 해결하는 데 한계가 있기 때문이다.

5. 생산적 복지

인간의 존엄성에 기초하여 설계된 복지 시스템은 사람들이 아무리 실패하더라도 최소한의 인간적인 삶을 살아가도록 지켜줄 수 있어야 하며, 이는 강력한 사회안전망이 될 수 있다. 동시에 일을 할 수 있는 사람들은 다시 일할 수 있도록 지원해야 한다. 취약계층의 재정적 지원 이외에도 그들이 한 인간으로서 당당하게 사회에서 자리매김할 수 있도록 우리는 도와야 한다. 기본적으로 직업이 없다면 취약계층에서 빠져나올 수가 없다. 일할 수 없는 어쩔 수 없는 상태에 놓여 있지 않은 이상 사람들이 일할 수 있게 도와야 한다. 사람은 일을 함으로써 더 나은 삶을 살 수가 있다. 미래를 위해 투자하고 자녀를 교육하며 가정을 이뤄 가족과 행복한 미래를 꾸려나가고 노년이 되어서도 안정적인 삶을 이어나갈 수가 있다.

일을 할 수 있는 것은 한 인간의 존엄한 삶과도 이어진다. 그래서 우리는 일을 할 수 있지만 잠시 좌절하여 동기와 희망을 잃은 사람들을 다시 일으켜 세워야 한다. 새로운 시대에 맞게 미래 직업에 필요한 역량과 지식, 기술들을 교육해야 한다. 또한, 미래에는 한 회사만 다니거나 한 가지 일만 평생 하는 사람들이 줄어들 것이다. 결국, 4차 산업혁명의 소용돌이 속에서 예전의 직업은 사라지고 새로운 직업들이 나타나게 될 것이다. 20년 뒤의 미래에는 우리가 현재 알고 있는 직업의 47%가 사라진다고 한다. 또한, 의료기술의 발달로 사람들의 수명이 늘어날 것이기 때문에 60살의 은퇴 후에도 지속해서 일할 수 있는 지식과 기술에 대한 습득이 필요하다.

세계경제포럼(World Economic Forum)에 의하면 21세기 가장 핵심적인 역량은 창의성, 비판적 사고, 문제해결력, 커뮤니케이션, 협력 등이며 기업근로자가 갖추어야 할 가장 중요한 역량은 비판적 사고, 복잡한 문제해결, 사람 관리, 창의력, 감성 지능, 판단과

의사결정, 협상, 서비스 지향성, 인지적 유연성이라고 한다. 이러한 것들을 '사회 정서 학습 기술(Social and Emotional Learning (SEL) Skills'이라고 한다. 따라서 우리는 미래에 필요한 이러한 역량을 교육하는 동시에 실질적인 지식과 기술들을 습득해야 한다.

이를 위해 생애주기별로 20대부터 50, 60대까지 직업 전환이 바로 될 수 있도록 맞춤형으로 교육 프로그램을 계획하고 실행하여야 한다. 내가 아는 한 청년은 부사관으로 군대에 있다가 30대 중반에 제대하게 되었지만 새로운 직업을 찾는 것에 대해 매우 힘들어했다. 40, 50대에 대기업에서 명예퇴직한 사람들 또한 직업 전환에 대해 매우 막막할 것이다. 이들의 대부분이 요식업 등 자영업으로 향하지만, 자영업으로 성공하는 사례는 10% 이하로 매우 드물다는 게 현실이다. 60대에 제때 은퇴하였다 하더라도 막막하긴 마찬가지이다. 대부분의 60대는 공감할 것이다. 60대는 한창 일을 할 수 있는 에너지가 있고 의욕도 있는 나이이다. 아무리 은퇴를 했다 하더라도 아직 10년 더 일할 수 있는 나이이고 소득이 없으면 100세 시대에 노후가 불안하기 때문에 60대 은퇴자에게 맞는 직업 전환 교육 또한 매우 필요한 실정이다. 하지만 현재 국가 직업 전환 교육에는 60대가 참여하기 힘들다. 주변의 몇몇 60대 시민들이 직업교육을 받기 위해 고용복지센터를 찾아갔지만 60대에 직업교육을 받기 힘들다는 답변을 들었다고 한다.

K-MOOC와 지역대학을 활용한
평생직업교육 시스템 구축

그렇다면 생애주기 맞춤형 직업 전환 교육은 어떻게 이루어져야 할까? 대학들을 활용할 수 있다. 현재 지역별로 인구감소, 고령화 등으로 인해 존폐의 기로에 선 대학들이 늘어나고 있다. 2021년 현재 대학입학 가능한 학생 수는 41만 4,000명으로 대학입학 정원 49만 2,000명보다 7만 8,000명 적다. 문제는 앞으로 더 심해진다는 것이다. 20년 후인 2040년에는 현재의 절반인 28만 명 정도의 인원만이 대학에 가게 된다고 한다. 그러므로 존폐의 기로에 서 있는 대학은 직업 전문교육 학교로 전환하는 것도 고려해야 한다. 디지털시대, 4차 산업혁명 시대에는 새롭게 익혀야 할 많은 지식들이 넘쳐날 뿐만 아니라 사람이 일생에 걸쳐 몇 차례나 직업이 바뀔 수도 있으므로 모든 연령층에 대한 직업 전환 교육 및 교양교육이 평생 가능하도록 활성화해야 한다.

앞서 수월성 교육을 강화하자는 얘기를 한 바 있는데, 이와 더불어 지역 대학교를 평생(직업)교육 학교로 전환해 미래에 필요한 양질의 교육과 실습기회를 제공하도록 하는 것이 필요하다. K-MOOC(Korean Massive Online Open Course) 같은 온라인 교육 플랫폼을 활용하여 직장인들이 온라인으로 언제 어디서든 수강할 수 있도록 하며 주말에 지역 대학교의 평생(직업)교육 학교에 가서 실습을 받을 수 있도록 시스템을 구축하는 것이다. 충분한 교육과 실습을 마치면 국가에서 인정하는 자격증을 주고 기업에 매칭해주는 취업 컨설팅까지 해준다면 많은 사람이 직업 전환 문제에 있어서 혜택을 받을 수 있을 것이다.

일할 수 있는 자유 : 양질의 일자리

생애주기별 맞춤형 직업교육 시스템을 구축하여 양질의 노동 공급을 할 수 있음에도 불구하고 양질의 일자리가 없다면 우리는 일할 수 있는 자유를 누릴 수 없다. 2017년 현 정부가 출범하고, 제 1호 업무지시로 일자리 위원회가 만들어질 때 기대가 많았다. 청년들을 비롯한 우리 국민들이 일할 자리를 만드는 것을 제1순위로 여기는 대통령이라고 생각하면서 정말 잘하는 일이라고 생각하며 응원했다. 최근 통계청이 발표한 '2020 사회조사'에서 국민들은 우리 사회의 가장 큰 불안 요인으로 신종질병(32.8%), 그리고 경제적 위험(14.9%)을 꼽았다. 현재 가장 불안을 느끼는 요인이 경제적 위험이라는 것은 일할 곳이 없다는 것과도 일맥상통한다. 지난 4년 동안 도대체 무슨 일이 있었던 것일까?

현재 대한민국은 고용 쇼크라는 말을 넘어 고용이 증발하고 있는 상황이다. 통계청에 따르면 청년 체감실업률은 2020년 9월 기준 25.4%를 기록하고 있다. 졸업 후 취업하지 못한 청년은 2020년 5월 기준 역대 최다인 166만 명을 기록했고, 국내 대기업의 4곳 중 3곳은 신규 채용을 꺼리거나 계획하지 않고 있다고 한다. 청년 4명

중 1명은 실업자가 되어 살아가고 있는 것이다. 한국 경제의 허리라고 할 수 있는 40대의 일자리는 5만 개가 줄었고, 2009년 이후 처음으로 고용률도 하락했다. 정부도 코로나로 증가한 실업에 대응하기 위해 공공 일자리를 30만 개 이상 만들려고 하고 있다. 이를 위해 1조 3,401억 원이 투입된다고 하지만 공공 일자리들은 농어가 일손 돕기, 전통시장 배달 서비스. 관광 통역안내사 활용 서울 관광 인플루언서, 방역 등 아르바이트 수준의 일자리들이 대부분이다.

코로나로 인해 단기적으로는 어쩔 수가 없다고 생각하더라도 코로나 이전에도 이러한 유명무실한 공공 일자리들이 많이 있었다. 서울시 같은 경우 청년 일자리를 늘리기 위해 '서울형 뉴딜 일자리'라는 사업을 운영하였고 1,000개 정도의 일자리 창출을 목표로 하였다. 하지만 이 프로그램에 참여한 몇 명의 청년들을 만나 이야기를 나누어 보니, 한 청년은 예술 대학원 전공자로서 서울시의 한 지자체의 예술재단에서 일하는 꿈에 부풀어 있었지만, 로비의 안내원으로 배치하여 큰 충격을 받았다고 했고, 다른 한 청년은 직무와 상관없이 지자체 공공기관 안에 있는 커피숍에서 일하게하여 바로 일을 그만두었다고 했다. 참으로 안타까운 일들이다.

2018년도에도 비슷한 예가 있었다. 정부는 단기 공공 일자리를 만들기 위해 국립대학교에서 빈 강의실에 불을 끄는 일자리를 만들었다. 또한, 28억 원의 예산이 투입된 '소상공인 제로페이 시스템 홍보 요원 모집', '라돈 측정 서비스 요원' 등 실질적으로 일하는 사람들에게 아무런 도움이 안 되는 일자리를 만들었다. 이는 노동자의 자존감과 존엄성을 훼손하는 일이다. 아무리 공공 일자리라고 하더라도 그 사람이 공공 일자리를 통해 실무를 익히고 경력을 쌓고, 민간의 양질의 일자리로 전환할 수 있도록 도와야 하는 것을 목적으로 해야 하고, 이것이 잘 지켜지는지 모니터링을 해야 한다. 특히 청년들에게 일자리는 단순히 돈을 받는 것이 아니라 자신의 꿈을 이루는 토대이다. 이를 무시하고 단순히 숫자만 쉽게 늘릴 수 있는 아르바이트 성 공공 일자리를 만든다면 세금만 낭비하는 꼴이 된다.

〈청년을 위한 나라는 없다〉라는 책에서 청년들이 가장 바라는 것 중 한 가지는 '좋아하는 일', '미래에 대한 발전 가능성이 있고 합당한 보수가 있는 일'이라고 한다. 어찌 보면 당연한 이야기이지만 우리는 지금까지 이러한 사실들을 외면해 왔다. 이를 위해 국가가 책임지는 것이야말로 일할 수 있는 진정한 자유를 지키고 인간의 존엄성 또한 지키는 것이다. 양질의 일자리를 많이 만들어내는 것이야말로 사실상 최상의 복지라고 할 수 있다.

6. 청년들에게 중요한 공정 사회,
   LH 사건으로 몰락한 공정과 정의

　존엄성을 지켜주는 것과 더불어 청년들에게 가장 중요한 가치 중 한 가지는 '공정'이다. 문재인정부에게 청년들이 등을 돌린 이유는 공정한 사회를 만들겠다고 했던 공언과는 달리 오히려 부정부패의 내로남불을 보여주었기 때문이다.

　공정하지 않은 사회에서는 자신의 노력에 대해 정당한 보상을 받을 수가 없기 때문이다. 청와대, 정치권을 비롯하여 이스타항공 이상직 의원의 사례에서 보듯 권력집단의 인사 청탁이 광범위하게 퍼져 나라를 썩게 하고 있다. 청년들은 취업을 위해 죽어라고 노력하는데 권력을 가진 사람들이 자신의 자녀를 인사 청탁으로 쉽게 취업시킨다면 청년들은 결국 그 노력조차 포기하게 될 것이다.

　누구나 부모의 직업이나 부의 유무, 자신의 위치와 상관없이 공정한 경쟁을 하여 발전해 나갈 수 있어야 한다. 그러기 위해서는 현재 만연해있는 자녀 대물림에 대한 규제와 더불어 인사 청탁에 대한 처벌을 대폭 강화해야 한다. 인사 청탁자와 그것을 들어준 사람의 이름과 직책을 정부 홈페이지에 공개하는 것도 한 방법이 될 것이다. 부패의 척결은 공정한 경쟁 속에 최선의 노력을 다하면 이룰 수 있다는 희망 사다리의 복원이며 청년들에게 가장 중요한 것이기 때문이다.

　취업에 대한 공정한 경쟁 또한 중요한 이슈지만 LH 직원들의 땅 투기 사례가 큰 사회적 이슈가 되었다. LH 직원들이 내부 정보를 이용하여 신도시 개발 지역에 땅을 미리 사 놓는 등 투기를 일삼은 것이 적발되었다. 어느 SNS에서는 등록금 낼 돈이 없었던 사촌 형이 LH에 입사한 지 15년 만에 재산을 무일푼에서 20억 이상으로 불렸다는 이야기가 나왔다고 한다. 이로 인해 요즘 영혼을 끌어모아도 집을 사기 힘들다는 20, 30대의 분노가 치솟고 있다. 20, 30대 청년들에게 가장 중요한 것은 '공정' 곧, 페어플레이이다. 내부 정보를 활용하여 '반칙'으로 돈을 쉽게 번 LH 직원들은 청년들이 가장 바라는 공정 사회를 무너뜨린 것이다. 반칙은 희망을 빼앗는 일이 된다. 공정하지 않은 사회에서 청년들이 희망을 잃으면 그 사회에는 더 이상 미래가 없게 된다.

공정한 사회를 만드는 것은 곧 기회가 평등한 사회를 만드는 것이다. 우리가 지향하는 것은 기회의 평등이다. 얼마 전 "공정한 출발선을 지켜주면 할아버지라도 지지"한다는 기사를 보았다. 조국 전 법무부 장관의 자녀가 부정 입시로 의학 전문대학원에 입학하고 또 병원에 인턴으로 들어간 사실 때문에 청년들의 분노가 채 가시지 않은 이때 LH 사태마저 터진 것이다.

2019년 경기도연구원의 조사에 따르면 응답자의 76.3%가 우리 사회는 공정하지 않다고 답했다 한다. 2021년 LH 사건이 터진 이후 대부분의 청년들이 2019년보다 더 우리 사회가 공정하지 않다고 느끼고 있을 것임은 자명하다. 이러한 것이 얼마 전 서울, 부산 시장 재보궐 선거결과로 드러났다. 지금까지 여당을 지지해온 청년들이 조국 자녀 불공정 입학 사태, LH사태 등 불공정 이슈에 실망하여 야당에 압도적인 몰표를 던진 것이다. 그만큼 청년들에게는 공정이라는 가치가 중요하다. 따라서 우리는 공정한 사회 즉, 공정한 출발선을 만드는 일에 사활을 걸어야 한다.

결과의 평등보다는 기회의 평등이 더 공정하다

청년들은 기회의 평등을 원하지 결과의 평등을 원하지 않는다. 결과의 평등은 공평하지 않기 때문이다. 문재인정부는 결과적 평등을 내세우는 실수를 하였다. 공정한 사회를 만들어 누구나 동일한 조건으로 노력하게 하여 공정한 시험을 보고 들어가야 할 공공기관에서, 어느날 갑자기 비정규직이 정규직으로 전환되면서 정규직 입사를 위해 오랜 기간 준비했던 수많은 청년들의 노력이 한순간에 물거품이 되고 말았다.

이러한 결과적 평등이 공정과 정의를 외치는 문재인정부의 모습이다. 오히려 비정규직 청년들에게 입사 시험에서 가산점을 주는 방식으로 했다면 조금 더 괜찮지 않았을까 하는 아쉬움이 있다. 공정한 사회를 만들기 위해 먼저 사회적 합의를 통한 공정한 룰을 만들 필요가 있다. 공정에 대한 개념설립과 함께 사라진 절차적 공정 시스템 등을 다시 확고하게 만들 필요가 있는 것이다.

보수, 기득권으로 오해받고 싶지 않거든
헌법정신으로 돌아가라

보수가 국민들로부터 가장 많이 받는 오해이면서도 선입견으로 남아 있는 부분은 바로 기득권 세력이라는 것이다. 물론 대한민국 정치사를 살펴보면 보수계열로 대표되는 세력이 오랫동안 정권을 유지했음을 쉽게 확인해 볼 수 있다. 실제로 산업화의 눈부신 열매를 비롯하여 민주화의 안착에 이르기까지 그 시대적 흐름 속에서는 항상 보수의 주도적 역할이 있었다. 그러나 이런 시대적 공이 있음에도 불구하고 그 이면에는 성장과 발전이라는 명분에 가려져 따뜻하게 챙기지 못한 사회적 약자들이 있었음을 부인할 수 없다.

산업화와 민주화의 걸출한 영웅들이 만든 대한민국이기 이전에 수많은 무명의 국민들이 자신들의 땀과 피를 뿌리며 만든 나라이다. 대단한 보상이나 인정도 없었지만, 그저 내 자식이 더 나은 세상에서 살았으면 하는 불굴의 헌신과 집념이 똘똘 뭉쳐 오늘날의 선진 대한민국을 일군 것이다. 케네디가 "조국이 여러분을 위해 무엇을 할 수 있는지 묻지 말고, 여러분이 조국을 위해 무엇을 할 수 있는지 스스로 물어보라" 했을 당시 이미 우리 국민들은 일당백으로 이 나라를 일으키기 위해 헌신하였다.

그런데 이런 국민의 헌신과 희생이 어느 순간부터 국가 차원에서 너무 당연시된 것이 아닌가라는 느낌이 들 때가 있다. 경제는 세계 10대 강국으로 성장했고 전반적인 사회체계 역시 선진국 반열에 위풍당당하게 올랐지만, 정작 국민들 개개인의 삶은 여전히 어렵고 미래가 불투명한 경우가 허다하다. 과거 국가가 부유하고 행복해지기 위해 국민들의 삶을 비용으로 치렀다면, 이제는 국가가 국민들에 대한 빚을 갚는 서비스 정부로서의 면모를 실현할 때가 온 것이다. 만약 보수가 이러한 시대정신을 감안하지 못하고 약자에 대한 배려정신을 함양하지 못할 경우 기득권 프레임 극복은커녕 국민들의 완전한 신뢰를 회복함에 있어서도 큰 걸림돌로 작용할 것이다. 여기서 국민 서비스를 실현시키기 위한 가치는 바로 헌법 속에 규정되어 있고, 앞서 언급했던 인간의 존엄성 역시 국민의 기본권을 더 이상 형식으로 두어서는 안 된다는 시대정신과 맞닿아 있다.

제10장

초일류 거버넌스 시스템 : (7) 정부개혁

    과거 정부는 권위주의 모델에 바탕을 둔 만능해결사로 우리 사회 내 모든 문제를 관리, 감독, 조정하는 단일 리드형식을 취했었지만, 이제는 다양한 시대적 변화 요소들과 맞물려 더 이상 우리 사회 내 만능적인 존재로 자리할 수 없게 되었다. 오히려 기업에서는 삼성과 현대 등을 위시한 대기업들이 대한민국 브랜드 가치를 세계적으로 끌어올린 초일류 글로벌 재계 리더로 성장했으며, 문화적으로도 과거 배용준의 겨울연가 한류를 시작으로 싸이의 강남스타일, 이후 방탄소년단과 블랙핑크, 세계인의 마음을 움직인 영화 기생충, 미나리 등이 세계 문화 트렌드를 선도하고 있다. 비단 유명 기업과 연예인들의 선전뿐만 아니라, 우리 개별 국민들의 능력 역시 놀라운 수준으로 성장하였다.

오늘날 대한민국 국민 각자의 전문성과 능력은 거의 모든 사적 영역 내 정부의 수준을 넘어서 버렸다. 결국에는 탁월한 국민들의 개별 역량을 더 이상 리드하는 것이 아닌 이들을 스마트하게 관리하고 지원해주는 '서비스 정부'로 탈바꿈되어야 하는 것이 현대 거버넌스의 시대적 사명이다. 내가 지금까지 정책설계에 있어 '국민수요'와 그에 상응하는 '정치적 상상력'을 계속 언급한 이유도 바로 이런 배경과 맞닿아 있다. 이제는 대한민국 거버넌스 구조도 민간의 역량을 극대화시키고 정부가 이를 뒷받침해 주는 융·복합 연결모델로 전면 개편될 필요가 있다. 특히 이러한 미래 거버넌스를 현실화시키기 위해서는 AI를 비롯한 하이테크 중심의 과감한 정부개혁이 필요하다. 그러기 위해서는 정부 스스로 통제 지향적인 태도를 과감히 버리고 민간영역과 협력할 수 있는 새로운 기술기반의 K-거버넌스 모델을 정립해야만 한다.

1. 혁신의 시작은 스피드
: 정부의 시대착오적 규제 만능주의 탈피

혁신정부의 가장 큰 필요역량은 순발력이다.

길거리만 봐도 무능한 정치의 규제강화로 인해 대한민국 토종 기업들의 어려움은 더 도드라져 보인다. 정부의 중소기업적합업종 정책 시행 이후 상대적으로 규제에서 자유로운 스타벅스, 맥도날드, 버거킹 등은 승승장구하는 반면 한국 국적의 파리바게뜨와 뚜레쥬르 등은 동네빵집 변경 500미터 내 출점제한과 매장 수 조정 등의 규제를 받아 도리어 역차별을 당하고 있다. 대기업을 규제해야 골목상권이 살아난다는 취지로 시작된 규제가 정작 외국 업체들의 배만 불려준 채 기존 골목상권도 지키지 못하고 있는 것이다. 이런 상황 속에서 국내 업체들만 표적이 되어 정부의 이상한 공정 원리에 계속 탄압만 받고 있으니 과연 국가가 자국 기업을 지킬 기본적인 의지조차 있는지 의심스러울 따름이다.

아세안(ASEAN)의 맹주 인도네시아만 살펴봐도 일자리 창출과 외국인 투자 유치를 위해 시대 흐름에 맞는 노동 유연성 강화와 규제 완화를 핵심으로 한 옴니버스 법을 개정했다. 구체적으로 살펴보면 외부 아웃소싱과 관련된 규제들을 대거 철폐하고, 외국인 근로자 고용조건 완화와 고용 관련 사항 및 요건의 간소화 등을 내용으로 하는데, 이는 대한민국의 시대착오적 입법 트렌드와는 정반대이다. 이러한 현장 중심의 규제혁신에 힘입어 인도네시아는 이미 한국의 LG를 비롯하여 일본의 파나소닉 등 글로벌 기업들의 생산기지들을 유치시키는데 성공했고, 작년(2020년) 코로나19 사태 선방에 힘입어 올해에는 4%대의 경제성장률을 이뤄낼 것으로 기대하고 있다.

차세대 금융 플랫폼인 핀테크(Finance technology)도 마찬가지다. 정작 IT와 금융의 시너지 효과는 폭발적인 사회적 파급효과를 낼 수 있음에도 불구하고 현실은 항상 업종별 인허가제도 제한으로 인해 시작부터 주저앉는 경우가 허다하다. 또한, 비대면 헬스케어 서비스 역시 코로나 시국 속 의료분야 내 거래비용을 대폭 줄일 수 있는 이점과 미래 성장성을 가지고 있지만, 현재 규제로 인해 관련 서비스 자체가 아예 원천적으로 금지되어 있는 상태이다.

대한민국 최고 인재가 각각 금융·의료 분야로 진출하고 있음에도 불구하고 이런 우수 인재를 중심으로 실현시킬 수 있는 미래산업을 규제로 막아선다는 것이 큰 문제이다. 앞으로 우리나라에 우수 인재들 간의 융합과 협업을 통한 다양한 비즈니스 모델과 서비스들이 쏟아져 나올 것이지만 정작 정부는 20세기 관료주의 분류법에 함몰되어 규제 프로토콜만 강제하고 있을 뿐이니 참으로 시대착오적이라고 볼 수밖에 없다. 갈수록 초일류를 지향하는 대한민국 민간영역의 창의성과 전문성을 삼류 관성에 젖어 있는 정치와 행정이 규제를 들먹이면서 가로막아서야 되겠는가?

이러한 정치적 무능 때문에 민간기업과 개인들은 잠재성을 갖추고 있어도 그 실력 발휘를 굳이 국내에서 하려고 하지를 않는다. 왜냐하면, 시대착오적인 국가변수가 너무 크기 때문이다. 아무리 미래시장을 선점할 아이템과 가능성을 갖추고 있다 할지라도 그것을 실현할 물리적 토양이 갖춰지지 않는다면 애당초 그것을 무리하게 추진할만한 동기가 부여될 수 없는 것이다. 실례로 국내의 한 탑 티어 드론 제작 스타트업은 최고 수준의 역량과 잠재성을 충분히 갖췄음에도 불구하고 최악의 국내 규제와 경영상의 제약을 견디다 못해 결국은 100억 원대의 투자 유치 이후 본사를 과감히 미국으로 옮겨 버렸다. 이처럼 기업과 개인들의 '자유'를 거세해 놓고 정부주도의 가이드라인에 맞춰 혁신하라는 말은 한마디로 거짓말에 불과하며 결국은 탈 대한민국 현상을 더욱 가속화시키는 최악의 결과와 마주하게 될 것이다.

정부는 과거 '권위주의 리드 모델'에서 '공공 서비스 모델'로 탈바꿈하여 국민 한 사람 한 사람을 정책 수요자로 바라보고 접근해야 한다. 왜냐하면, 미래를 선도할 실제 능력과 잠재성을 갖춘 존재는 바로 정부가 아닌 민간기업과 개인들이기 때문이다. 앞으로 우리 정치와 행정은 철저히 '돕는 손'으로서의 역할을 수행해야 한다. 특히 경제성장동력을 확보하는데 필요한 공정한 시장 생태계를 지속적으로 지킬 수 있는 모니터링 서비스를 비롯하여 민간영역 내 성장 새싹들이 무럭무럭 자랄 수 있는 효과적인 수요자 중심 지원책들을 적극 개발해야만 한다.

2. AI 윤리헌장의 헌법 명문화, 디지털 정부의 첫 출발점

인공지능(이하 AI)은 어디까지나 인간의, 인간에 의한, 인간을 위한 현대기술혁명의 수단이지 그 자체가 인간을 넘어선 목적이 될 수 없음을 명심해야 한다. 무엇보다 AI는 기존의 우리 정부가 예상하지 못했던 전혀 다른 차원의 윤리적 문제들을 일으킬 것으로 예상되는데 가장 대표적인 사례가 바로 동영상 속 특정 인물의 얼굴을 가상으로 반영하는 딥페이크(Deep-fake) 기술의 남용을 들 수 있다. 본래 딥페이크 기술은 가상현실 속 인간의 모습을 한 AI 캐릭터를 화면 속에 띄우는 것이지만, 유명 연예인들의 얼굴을 무단으로 포르노 등장인물들에 대입시켜 마치 그것이 진짜인 것처럼 온라인에서 유통시키는 범죄들이 무분별하게 발생하고 있는 것이다.

이처럼 기술의 양면성이 우리 사회에 미칠 파급력은 그 이전과는 상상할 수 없는 수준으로 더 크게 확대될 것이 자명하다. 그러므로 정부는 향후 디지털 체제로의 전환을 앞둔 현시점에 자체적인 윤리 가이드라인을 대폭 반영한 AI 윤리헌장을 수립하여 향후 국가 내 데이터 관리 및 운용방식 등에 대한 자체적인 도덕관념을 정립할 필요가 있다. 이미 네이버와 카카오 등 대한민국 일류 IT기업들은 AI윤리의 중요성을 깨닫고 기업 차원의 윤리헌장을 도입한 바가 있다. 무엇보다 기업들이 앞서서 윤리기준을 설정하고 움직이는 근본적인 동기는 바로 AI기술의 윤리준수 여부가 향후 사업의 지속성과 직결되기 때문이다. 대표적인 실패 사례로는 챗봇 이루다를 들 수 있는데, AI를 성적 대상으로 취급해 차별·혐오 표현을 주입하며 논란이 된 바가 있었다.

네이버의 경우 '네이버 AI 윤리 준칙'을 올해 공개한 바 있는데, 이는 AI에 대한 사회적 요구와 네이버의 기업 철학 등을 통합시켜 사내 구성원들의 AI 개발과 이용의 중요한 원칙으로 수립한 것이다. 구체적인 내용으로는 사람을 위한 AI 개발, 다양성의 존중, 합리적인 설명과 편리성의 조화, 안전을 고려한 서비스 설계, 프라이버시 보호와 정보 보안 등 총 5개 조항을 마련했다. 이는 네이버뿐만 아니라, 향후 정부기관과 연관 스타트업들과의 AI 협력 프로젝트들을 진행함에 있어서도 중요한 참고 기준으로 작용될 것이다. 카카오 역시 알고리즘 윤리헌장을 통해 알고리즘 원칙과 중요한 윤리적 문제점들에 대한 대비책을 마련해 놓고 있다.

대한민국 K-AI 거버넌스의 윤리 원칙 마련은 디지털정부 출범에 있어서 무엇보다 중요하다고 할 수 있다. 미래 AI기술의 적용 및 응용범위가 삶의 현장 속에서 더욱 확대될수록 국가적 차원의 윤리헌장은 대내외적 리스크를 차단하는 데 효과를 발휘할 수 있을 것이다. 한번 생각해보자. 만약 효율적인 관리를 위한 국가 AI 모니터링 시스템이 특정 정치권력과 세력들의 이권을 위한 도구로 전락될 경우 민간 사찰은 물론이요, 정적 제거를 위한 약점 찾아내기 등으로 남용되어 곧 현대판 빅 브라더의 일탈현상으로 귀결될 것이다. 또 다른 경우로는 AI기술의 품질 문제로 인해 안면인식 등을 잘못 적용하여 엉뚱한 사람을 곤경에 처하게 한다든가 오작동으로 인하여 문제해결 과정에 있어 최악의 수를 두는 등 각종 시스템 부작용들이 일어날 수 있을 것이다. 대외적인 차원에서는 국가 AI시스템의 보안 부족으로 인하여 제3국의 해킹 등 사이버 테러를 막지 못하는 최악의 시나리오를 예상할 수 있다.

결국, 단순 윤리적 선언을 넘어 법 개정을 통하여 인공지능의 운영방식과 지향점 등에 관한 내용을 명확하게 해야 한다. 미래 AI 프로세스와 관련된 모든 국가 행위는 철저히 국민주권과 기본권을 비롯한 헌법 가치를 지향하는 방향으로 명백히 규정될 필요가 있다.

디지털 K-민·관 협동모델

데이터와 알고리즘의 시대에 접어든 AI혁명은 사실상 모든 영역 사이의 경계를 파괴하고, 전 사회구성원과 기관들을 하나의 거대 이해관계 집단으로 연결시켰다. 이는 곧 초연결시대의 시작을 의미하며 이 과정에서 AI기술에 의한 프라이버시 침해와 윤리논쟁들이 우리 사회 내 끊임없는 도전과제들로 나타날 것이다. 여기서 중요한 것은 모든 사회 구성원들의 참신한 아이디어들을 한 데 모아 최적인 집단지성을 발휘할 수 있는 AI플레이 그라운드를 만들어내는 것이며, 가장 중요한 점은 정부가 민간 영역 내 기업들과 개인들의 역량 발휘를 위한 자유를 최대한 보장해 주는 것이다. 특히 앞으로는 AI경쟁력 강화를 위한 오픈 플랫폼 설계와 글로벌 AI 이기주의 등이 중요해지므로 디지털 K-민·관 협동모델에 기초한 국가적 차원의 AI역량 강화는 선택이 아닌 필수이다.

먼저 정부는 관료주의 집단에 맞춰진 보수적인 성향의 조직 관성을 가질 수밖에 없는 만큼 새로운 협업모델 설계와 현장 속 니즈 파악만큼은 철저히 민간영역 내 주인공들이 주도할 수 있도록 자유로운 오픈 플랫폼을 만들어야 한다. 가령 영국의 경우 코로나19 퇴치를 위한 국가적 차원의 백신 프로젝트를 진행시키는 과정 속에서 민간 제약회사들의 공급체계를 비롯한 세계적인 학계 및 연구기관들의 역량을 한 데 모으는 데 성공하였고, 이는 곧 국가적 차원의 효율성과 효과성 등을 동시다발적으로 이뤄낼 수 있음을 증명하였다. AI기술 또한 마찬가지이다. 정부가 K-AI 거버넌스를 집행하는 과정 역시 국가적 기술체계에 대한 기초설계부터 그것의 적용과 관리에 이르기까지 민간영역 내 특유의 창의성, 전문성, 그리고 정책수요 등에 관한 개별 역량들이 한 데 모여 조화가 이루어져야 한다. 실제로 중국의 경우 AI오픈 플랫폼을 구성하여 이미 세계적 수준의 데이터양 및 가공역량을 갖춘 바이두, 알리바바, 텐센트, 샤오미 등으로 구성된 15대 기업들과 더불어 국가적 차원의 AI 경쟁력을 대폭적으로 강화해 나가고 있다.

오픈 플랫폼을 현실화시키는 데 있어서는 정부의 정책니즈에 대한 반응속도가 매우 빨라야 한다. 특히 시대적 흐름이 빠르게 전개될수록 기존 규제들이 시대착오적인 걸림돌로 작용할 가능성이 더욱 크게 나타날 것이다. 이에 대한 대안으로 규제폐지 패스트 트랙을 신설하여 시대 적합성이 떨어지는 과거 법안들을 폐기하거나 개정하는 방법이 있다. 대부분의 민간영역이 정치권에 대해 가지고 있는 불만은 바로 이런 불필요한 규제들이 일방적으로 강제되어 기업과 개인 차원에서 낭비되는 거래비용이 지나치게 커지기 때문이다. 디지털시대에 상식적으로 제일 먼저 해결되어야 할 이슈가 바로 사회적 거래비용이다. 실제로 IT 비대면 기술이 전성기에 접어든 오늘과 같은 시대에는 국민이 정부와 AI기술을 매개로 한 직거래가 가능해진다. 그래서 더 많은 민간기업과 개인들의 참여를 활성화시켜 여기서 발생된 공통의 니즈를 신속히 반영하여 새로운 시대상에 부합하는 정부정책 방향을 수립해야 한다.

여기서 중요한 것은 대한민국 고유의 데이터 허브를 구축하여 관련 AI기술역량을 순전히 우리 실력으로 만들어야 한다는 것이다. 왜냐하면, 자국 데이터를 하나의 자본으로 인식하는 경향이 확대되면서 국가별 데이터 보호주의 트렌드가 더욱 강화되고 있으며 이는 곧 글로벌 AI이기주의로 귀결될 수 있기 때문이다. 4차 산업혁명 시대에 있어서는 데이터가 곧 석유와 같은 상징자본으로 그 입지를 더욱 굳힐 것으로 전망되는 만큼, 앞서 언급한 K-오픈 플랫폼을 구축하여 대한민국 민·관 협동모델을 통한 AI경쟁력 강화와 글로벌 AI이기주의에 대한 만반의 태세를 갖춰야 한다.

3. K-디지털 거버넌스를 위한 중구난방 정부 부처 통폐합

디지털 거버넌스는 단순히 행정절차를 온라인으로 간소화시키는 도구적 수준에 머무는 것이 아니다. 우리가 더 본질적으로 따져 봐야 하는 것은 바로 일원화된 컨트롤타워인데, 실제로 정부 내 통합관리기구의 부재로 인하여 특정 미래산업군을 둘러싼 부처들 간의 밥그릇 싸움이 일어나고 있고, 그것이 기업과 개인들의 거래비용으로 그대로 이어지고 있다. 구체적으로는 부처 간 중복규제로 인한 민간기업과 개인들의 행정 부담이 가중될 뿐만 아니라, 행정 비효율성으로 인한 미래산업 성장동력의 둔화로까지 이어질 여지가 있다고 본다. 당장 전자금융거래, 온라인플랫폼 사업, 그리고 온라인동영상 서비스(OTT)만 놓고 보더라도 관할권을 둘러싼 정부 부처들 간의 힘겨루기가 갈수록 심해지면서 시장 내 혼란만 키우고 있음을 확인해 볼 수 있다.

네이버·카카오 등의 빅테크 기업들의 내부 결제내역을 놓고 금융위원회와 한국은행의 샅바 싸움이 본격화되고 있는데 여기서 문제가 되는 쟁점은 바로 '청산'이다. 여기서 청산이라 함은 일정 기간 거래에 따라 발생하는 채권과 채무 관계를 한 번에 처리해주는 거래 간소화 제도를 의미하는데 원래 이 작업을 한국은행이 전담하고 있었지만 이번에 국회에서 개정된 전자금융거래법이 금융위원회를 관리기구로 지정하면서 문제가 생긴 것이다. 한마디로 주무 부처에 관한 통제 네트워크를 제대로 파악하지 못한 국회의 입법 전문성 부족과, 이에 따라 관리영역을 놓고 대치하게 된 한국은행과 금융위원회의 부처 이기주의가 확산되면서 관련 기업들과 소비자들에게 혼선만 가중시키게 된 것이다.

'온플법'으로 불리는 거대 온라인플랫폼 갑질 행위 예방법 또한 방송통신위원회와 공정거래위원회의 규제 권한 갈등이 심화되고 있는 양상이다. 가령 과학기술 방송통신위원회 소속 의원이 발의한 법안은 대규모 플랫폼 사업자에 대해 불공정 중개거래 행위 금지와 이용자 보호 책무를 부여하면서 이에 관한 규제 권한을 방송통신위원회에 두고 있다. 하지만 정작 정보위원회 소속 의원들이 발의한 온라인플랫폼 법의 경우 규제기구를 공정거래위원회로 지정하여 온라인플랫폼 사업자와 입점업체 간 계약서 작성을 의무화하고, 플랫폼 사업자의 불공정 행위를 규정해 위반 시 과징금을 부과하는 내용으로 구성되어 있다. 자칫 이를 방치해두었다가는 단순 부처 간 이기주의 문제로 끝나는 것이 아니라 방통위 이용자보호법과 공정위 공정화법 간 중복규제로 인해 관련 플랫폼 사업의 피해와 비효율성으로까지 확대될 위험성이 있다.

가장 뜨거운 감자인 온라인동영상 서비스 규제관할권의 경우 과학기술정보통신부와 방송통신위원회, 그리고 문화체육관광부 등의 삼파전으로 나뉘어 관련 산업발전을 저해하는 행정 비효율성이 더욱 심해지고 있는 양상이다. 한마디로 세 개 부처들 간의 규제 올림픽이 개막되면서 본래 온라인동영상 서비스 산업을 진흥하고, 시장 내 사업자들을 돕기 위한 경쟁 취지가 완전히 변질되어

버렸다.

실제로 과기부는 방송진흥기획과 내 온라인동영상 서비스 활성화 지원팀을 신설했고, 방송통신위원회는 방송기반총괄과 내 온라인동영상 서비스 정책협력부서를 운영하고 있으며, 문체부의 경우 방송영상광고과 내에 온라인동영상 서비스 콘텐츠 팀을 새로 만들었다. 당장 관리감독 대상으로 분류되는 왓챠 등 국내 온라인동영상 서비스 사업자들은 거인 넷플릭스와 싸우는 것도 버거운 마당에 정작 자신들을 보호해 주어야 할 정부가 도리어 시어머니 역할을 자처한 채 무려 세 명씩이나 등에 올라타고 있으니 말 그대로 '죽을 맛'일 수밖에 없다.

4. 리더들을 위한
AI 리터러시 컨퍼런스 의무화

K-디지털 거버넌스의 변수는 앞서 언급한 조직적 차원의 컨트롤타워 문제도 있지만, 보다 더 본질적인 요인을 따져본다면 다름 아닌 내부에서 AI 관련 문제들을 해결해야 할 정치·행정 리더들의 'AI리터러시' 문제를 생각해 볼 수 있다. 특히 앞으로의 리더들

은 자신들의 정치적 상상력을 동원한 AI 대안과 담론 그리고 비전 등을 내세워야 할 의무를 진다. 이는 곧 국가의 AI 서비스 운용을 비롯한 제도적 준비역량을 리더 스스로가 끊임없이 탐구하고 학습해야 함을 의미하는데, 이런 의지와 필요성이 무색하게도 실제 현장 속 국회의원들과 관련 부처장들의 AI 리터러시 수준은 매우 떨어진다고 보는 것이 맞다.

AI 리터러시가 중요한 이유는 해당 기술로 인한 사회적 파급효과가 어마어마하게 크기 때문이다. 특히 리더가 AI 설계구조의 기본 흐름과 향후 그것이 미칠 영향 등에 대한 기본적인 인식체계를 갖추고 있지 못할 경우, 잘못된 AI 개념설계로 인한 사회적 편견과 불공정 문제 등에 관한 위기의식 역시 느끼지 못할 수밖에 없다. 이는 곧 미래 AI사회에 발생될 수많은 정책적 수요와 문제들을 해결하기 위한 밑그림 그리기를 제대로 해낼 수 없음을 의미하며, 결국은 무능한 리더의 AI정부 운영방식은 형식적인 관리와 최소한의 감독 등으로 무책임하게 전개될 가능성이 크다.

한번 상상해보자. 허위정보와 디지털 왜곡으로 얼룩진 가짜뉴스라든가, 앞서 말했던 딥페이크 콘텐츠 등은 초연결망을 통한 빠른 확산이 언제든 가능한 만큼 한 번 퍼지는 순간 수습 자체가 불가능하다. 더 나아가 정치 분야와 관련해서는 알고리즘으로 인한 영상 콘텐츠의 편향된 습득 성향이 자기 입맛에 맞는 허위정보에 대한 맹목적인 신뢰로만 굳어져 진영논리의 극단적 양극화 현상을 불러일으킬 것이다. 이는 곧 나 빼고는 누구도 용인할 수 없는 최악의 배타성으로 이어져 사회 전반의 신뢰를 감소시키고, 극단적으로는 혐오 심리까지 자극해 반대 입장에 선 사람들에 대한 온·오프라인 폭력과 명예훼손 등을 촉발시킬 수도 있다.

사생활 문제 역시 만만치 않다. AI 기술이 남용된 프라이버시 침해는 많은 경우 특정 인물을 악의적으로 표현하기 위한 표현기법들이 사용되며, 한 번 사회적관계망을 포함한 온라인플랫폼에서 확산될 경우 개인의 존엄성은 완전히 파괴될 수밖에 없다. 일반적으로는 연예인들과 같은 유명인사들이 이러한 위험에 노출된다고 보지만, 일반인들 역시 의도된 범죄 표적이 되어 큰 피해를 볼 가능성이 농후하다.

이처럼 AI와 결합된 사회적 잠재 리스크들을 예측하고 그 대안들을 탁월하게 상상해내기 위해서라도 리더 개인들은 사회적 맥락 가운데 객관적인 AI 관련 지식체계를 명확하게 수립하여 스스로의 AI 리터러시를 강화하고, 국민들의 안전과 미래를 위한 청사진을 그려내는 데 더욱 분발해야만 한다. 더 나아가 국가가 공인한 컨퍼런스 플랫폼을 중심으로 정치·행정 리더들의 의무 학습 할당량을 개별적으로 부과하여 최적의 정치·정책 상상력을 키워낼 수 있도록 장려해야 한다. 한편 옥스퍼드 인사이츠는 지난 2017년부터 거버넌스, 기술, 데이터·인프라 등의 3개 지표를 기준으로 국가별 AI 기술 수준을 평가하는 '정부 AI준비 지수'를 발표했는데, 다행스럽게도 작년(2020년) 대한민국 순위는 세계 7위로 나타났다. 리더들의 AI 리터러시 역량만 강화되더라도 국가의 AI운용과 공공 서비스에서의 활용수준, 그리고 실효성 있는 미래대안 제시 등의 종합적인 성과들이 가시화되어 결국에는 글로벌 AI지수 탑 3

에 들 수 있는 파급효과가 일어날 것이라 본다.

K-디지털 거버넌스 미래 정치 · 행정 참여 인재양성

초일류 거버넌스의 초점은 항상 미래에 방점을 둔 현재 시점의 혁신에 있다고 봐야 하는데 여기서 가장 중요한 변수는 다름 아닌 '인재'이다. 문제는 시대에 부합하는 인재를 우리 사회가 새로운 방식으로 키워내야 하는데 여전히 인재양성 방식에 있어 대한민국은 20세기 방식을 고수하는 경향이 있다. 항상 느끼는 것은 대한민국 에이스 인재들의 기본 역량은 세계적 수준임에도 불구하고 경직화된 조직 관성과 연공서열주의 등으로 인해 젊은 새싹들의 가능성을 초장부터 눌러 버린다는 것이다.

실제로 장유유서 질서라는 명목 하에 젊은 친구들의 주장이 버릇없음으로 치부된 채 존중받지 못한 생태계가 지속될수록 잠재성 넘치는 미래 인재들은 알아서 침묵을 선택한 채 매우 빠른 속도로 동화되기 시작한다. 경륜이야 당연히 기성세대의 경험이 그들을 앞설지는 모르겠지만 적어도 시대상에 부합한 기술 트렌드와 융·복합 실험정신은 철저히 젊은 세대에게 주도권이 주어져야 한다고 생각한다. 가령 하이테크 기업들의 에이스 R&D 팀만 보더라도 민첩성에 특화된 초일류 젊은 인재들이 창조적 파괴를 일으킬 갖가지 실험들을 사실상 주도하고 있다. 더 나아가 이들에게 주어진 권한과 보상체계 역시 그들의 자존감과 동기부여를 확실하게 보장해 주는 모델로 만들어져 있다 보니, 조직 자체가 인재들의 활발한 참여를 이끌어낼 수 있는 넛지 역할을 수행하고 있다.

문제는 거버넌스를 구성하는 정치·행정 조직문화가 기본적으로 연공서열에 기초한 선·후배 관계를 중심으로 운영된다는 것이다. 연령을 중심으로 수직적으로 서열화된 조직문화가 변화의 흐름 가운데 새로운 발상을 한다는 것은 말 그대로 난센스이다. 그럼에도 불구하고 참신한 젊은 친구들만 조직 내 부품으로 투입시키기만 한다면 충분히 보완될 것이라 생각하는 경향이 지배적인 것이 현실이다. 여기서 가장 큰 문제는 높은 연령의 기성세대 중심의 경직된 조직문화가 새로운 시도를 감행하는데 있어서 젊은 인재들에게 그에 합당한 권한과 보상을 제대로 제공해 주지 않는다는 것이다. 젊은 인재들에게 형식적으로는 알아서 잘해보라고 독려하지만 정작 하는 일마다 족족 개입하고, 기성세대의 철지난 의견을 반강제적으로 주입시키는데 급급하다보니 결국은 초기의 야심찬 기획과는 달리 잡탕이 되어 흐지부지 되는 경우가 허다하다. 이는 곧 조직 내 잠재적인 불만 사항으로 자리 잡게 될 뿐만 아니라, 자신의 기량을 제대로 발휘하지 못한 젊은 아웃라이어들의 일탈을 부추기는 현상과 직결된다.

특히 정치영역의 핵심 플랫폼인 정당 내 젊은 친구들의 실질 참여율과 공헌기회는 더욱 형편없이 운영되는 경우가 일반적이다. 적어도 행정부처 내 공무원 조직은 최소한의 보상체계와 직업 안정성이 보장되기 때문에 중·장기적인 인재 록인(lock in) 효과가 있어 젊은 인재들이 꾸준히 머물고 조직 내 프로젝트에 참여하여 이를 진행시킬 수 있다. 그러나 정당의 경우에는 전혀 딴판이다. 체계적인 인재양성 시스템도, 보상체계조차도 없다 보니 최고의 인재가 정치활동 핵심인 정당 활동에 참여한다는 것은 굉장히 큰 기회비용을 지출한다는 것을 의미한다. 더욱이 어른들의 경우 이른바 '병풍효과'만을 노린 채 젊은 인재들에게 접근하다 보니 결국 우수인재들은 다른 길로 방향을 바꾸기 일쑤고, 기존에 남은 인재들도 소모적 버티기로만 일관할 뿐이다. 기성세대를 넘어서는 정치적 상상력을 내세워 어른들을 자극해야 할 정당 내 정치인재들이 정작 소모적인 여건 속에서 방치되어 있다는 것은 정치, 사회적으로도 우리나라에 큰 손해라 할 것이다.

무엇보다 정당 내 차세대 인재양성 시스템은 미래 거버넌스와 직결되는 사항이다. 자발적인 참여를 희망한 우수한 젊은 인재들을 정당이 어떻게 해서든 교육시키고 키워주어 기성세대의 사고방식을 넘어선 영감을 제공할 수 있도록 지원해주어야만 정치를 근본부터 바꿔낼 수 있을 것이다. 가령 20대 청년 때 서포터즈 역할만을 수행한 인재들에게도 또래 젊은 세대에 대한 전략을 세워볼 수 있도록 권한을 부여하고, 엄격한 피드백 과정을 통해 이들의 성장판을 더 키워줄 수 있도록 독려해 주는 것이다. 경우에 따라서는 각자의 전문성을 장기적으로 키워낸 다음 정당 정치에 더 실력 있게 공헌할 수 있도록 펀드를 만드는 것도 한 모델이 아닐까 싶다.

한편 정부 차원에서는 중·장기적인 안목으로 인재뱅크를 신설하여 정치·행정 분야 발전을 위한 우수인재들의 참여를 이끌어

내어 이들의 신선한 아이디어와 융·복합적 역량을 차세대 거버넌스에 반영할 수 있도록 시도해볼 필요가 있다. 행정시험과 같이 선발 과정을 거쳐 정부 부처 내 타이트한 소속을 요구하는 방식이 아니라, 각자의 전문성을 갖춘 검증된 인재들을 정부 프로젝트와 느슨하게 네트워크로 연결하여 정부 기능을 민간영역으로까지 확대 및 다원화시키는 것이다. 예를 들면 국가공인 인재뱅크 내 네트워크 효과를 극대화시켜 소속 회원들의 교류 활성화를 중개해 주거나 소속된 젊은 인재들을 공인된 인재뱅크 내 국가우수인재DB에 등록시켜 대내외적으로 스스로를 어필할 수 있는 인센티브를 제공해주는 것들을 생각해볼 수 있다. 이러한 인재뱅크 아이디어를 통해 기존의 조직 관성에 갇혀 있던 우리나라 정치·행정의 정책 상상력과 유연성이 한결 더 강화될 것이며 이는 곧 K-디지털 거버넌스의 뿌리를 더욱 탄탄히 만들어내는 밑 작업이 될 것이다.

실제로 AI기술로 인한 미래정책수요와 관련하여 국가의 역할은 더욱 다양하게 나타날 수밖에 없다. 가령 가상화폐를 놓고 금융 정책대안을 내놓기 위해서는 기존의 금융 전문가들뿐만 아니라, 기술 분야 전문가, 변호사, 세무·회계 전문가, 그리고 스타트업 종사자 등에 이르기까지 다양한 현장 전문인들로부터의 조언들을 한데 모아 새로운 정책 청사진을 제시해야만 한다. 또 다른 예로는 드론을 들 수 있는데, 도서지역과 같이 긴급구호물품처럼 중요한 유통망이 인력으로 다다르기 쉽지 않은 지역에 대해서는 AI 기능이 탑재된 드론 시스템을 바탕으로 문제해결을 도모해볼 수 있다. 이 역시 도서지역 내 주민들의 다양한 필요 내역들을 조사할 수 있는 경영 마케터들을 비롯하여 모아진 데이터들을 가공시킬 전문가들과 실제 드론 등을 제작 및 작동시킬 전문 구성원들의 다양한 재능들이 한 데 모여져야만 현실화시킬 수 있다.

이처럼 향후 정부가 풀어야 할 문제의 양상은 더욱 복잡하고 다양한 이해관계들과 연결될 수밖에 없기에 문제를 바라보는 기본적인 시각을 다차원적으로 설정하여 접근하는 것이야말로 미래 거버넌스의 핵심역량이 될 것이다. 그러기 위해서는 호기심으로 가득 차 있고 관찰력까지 뛰어난 우리 젊은 인재들의 전문성 고취와 제 기량을 발휘할 수 있는 참여 루트 설계가 그 어느 때보다 시급하다. 또한, 이들의 정치 · 행정 프로젝트에 대한 보상체계도 확실하게 정립시켜 적극적인 디지털 거버넌스에 대한 참여가 본인들의 스펙과 경제활동에도 도움 된다는 것을 명확히 제시해 줄 필요가 있으며, 이는 곧 인재뱅크를 비롯한 기성세대의 존중 등을 전제 조건으로 한다.

5. 글로벌 콜라보레이션 강화

과거 정부의 역할은 물리적인 영토 내 주권행사를 통해 국민들의 삶을 책임지는 아날로그 형식이었지만 이제는 디지털로의 빠른 전환을 앞두고 중대한 시대적 도전과 마주하게 되었다. 현재 AI를 비롯한 데이터 혁명이 가져다주는 기술 패러다임은 물리적인 국경과 국민들의 국적 등을 모두 초월하며 기존 국가의 독점방식과 통제 메커니즘을 쉽게 넘어설 수 있게 되었다. 초연결망으로 이어져 있는 가상 네트워크의 발달은 언제 어디서든 온라인 연결 노드(nod)만 확보되면 시·공간 제약을 넘어설 뿐만 아니라, 국가를 비롯한 공공기관의 감시를 벗어나 자체적인 활동을 얼마든지 수행할 수 있으며, 이러한 현상은 대한민국을 넘어 전 세계적인 현상으로 나타나고 있다.

또한, AI와 데이터 관련 기술들은 필연적으로 정보와 그것을 처리하는 알고리즘과 연결되며, 이는 곧 거시적 글로벌 안보와 정치·경제 등에 관한 영역에까지 깊숙이 연관될 수밖에 없다. 이런 배경 속에서는 특정 국가가 나 홀로 별도로 글로벌 데이터 흐름을 추적하고 관리하는 것이 사실상 불가능하다. 그렇기 때문에 대한민국이 선제적으로 동일한 국가이성을 공유하는 동맹국들과 함께 디지털 얼라이언스를 체결하여 공동의 글로벌 디지털 스탠다드를 만들어 내기 위한 협업을 적극적으로 모색한다면 글로벌 기술 트렌드를 선도할 수 있는 기회의 장을 마련할 가능성이 있다. 가령 미국통신정보표준협회(ATIS, Alliance for Telecommunications Industry Solutions)는 사물 인터넷 프레임워크를 만들어내기 위한 국제표준 설계에 돌입했고, 구체적으로는 데이터 공유 및 교환, 그리고 스마트 도시 속 민관협업모델 등에 관한 발전 로드맵 등을 만들고 있는데, 여기에 우리나라 과학기술분야 기관들과 관련 분야 최고 인재들을 엄선하여 글로벌 표준 설정에 지분을 확보하기 위한 협업 제안을 적극적으로 타진해 본다면, 한·미 중심의 사물 인터넷 프레임워크 개발에 선제적인 물꼬를 틀 수 있을 것이라 생각한다.

아울러 글로벌 대중을 대상으로 정부의 혁신 파트너십을 맺어보는 것도 발상의 전환이 될 수 있다. 특히 전 세계에 퍼져 있는 우리 동포들의 네트워크를 위해 대한민국 정부 차원에서 온라인플랫폼 등을 위시한 소통창구를 적극적으로 마련해보는 것도 방법이다. 아무리 똑같은 대한민국 사람이라 할지라도 한반도를 넘어 외지에서 터전을 잡은 동포들이 가지고 있는 아이디어와 역량 등은 더 색다르고 다양하게 발달되어 있을 수밖에 없다. 특히 동포들이 해외에서 거주하면서 자연스레 가지고 있는 정보를 비롯하여 자신들의 융·복합적 사고방식과 노하우 등을 데이터화하여 이를 정부 차원에서 관리해 줄 수만 있다면 이는 국가적 차원에서도 매우 귀한 자원을 확보한 것이나 다름없다.

오히려 해외 동포들은 대한민국 안에서 보지 못했던 문제들과 새로운 관점들을 바깥에서 체득한 경험과 정보 등을 통해 우리에게 제공해 줄 수 있는 잠재성을 갖춘 인재들이다. 특히 이분들은 해외장벽과 마주하여 자신들만의 현지화 전략을 통해 스스로의 생존을 책임지는데 성공한 영웅들이다. 대한민국이라는 공통점을 토대로 본국 정부가 해외에 성공적으로 안착한 동포들과의 혁신 파트너십을 맺을 수만 있다면 이는 국가적 차원의 다원성과 창의성을 증진시킬 수 있는 중요한 전환점이 되리라 예상한다. 대표적인 예로 실리콘밸리 내 거주하는 우리 동포 중 현장에서 리더십 역할을 훌륭히 수행하고 계신 분들이 많은데, 이런 분들과의 꾸준한 교류를 바탕으로 대한민국 거버넌스에 대한 외부적 관점에 기초한 피드백을 충분히 확보할 수 있으리라 본다.

이처럼 대한민국의 K-디지털 거버넌스의 글로벌 콜라보레이션은 궁극적으로 두 가지 혁신을 목표로 한다. 하나는 AI시대에 접어들어 국제적 차원에서 합의해야 할 표준설계에 있어 대한민국이 진취적으로 참여하여 글로벌 지분을 선점하는 것이다. 또 다른 확장전략은 해외동포 네트워크의 활성화를 통해 그분들의 핵심역량을 데이터화시켜 이를 본국 경쟁력 강화로 이끌어내는 것이다.

6. 스마트시티 거버넌스

21세기에 접어들면서 가장 도드라지는 특징 중 하나는 거대도시의 출현이 가속화되고, 그 숫자 역시 시간이 지날수록 증가하여 수도권과 같은 메트로폴리스를 형성하게 되는 것이다. 실제로 국가경쟁력의 상징자본 역시 미국의 워싱턴과 뉴욕, 중국의 베이징과 상하이, 일본의 도쿄와 오사카 등 모두 국가 내 주요 도시들을 중심으로 이미지가 설정되는 경우가 많다. 우리나라만 하더라도 싸이의 '강남 스타일'이 대한민국 서울에 대한 이미지를 세계적으로 완전히 탈바꿈시켰고, 지금까지도 '범 내려온다' 등을 비롯한 다양한 도시 콘텐츠들이 나타나며 세계인들의 이목을 끌고 있음을 확인해 볼 수 있다. 거버넌스 역시 도시를 중심으로 효율과 효과성 모두를 실현할 수 있는 미래기술 세팅의 필요성이 날로 대두되고 있으며, 실제 도시 인프라와 관련된 혁신 실험들은 거의 대부분 글로벌 도시들을 무대로 이루어진다.

대한민국의 경우 역시 국가 인프라가 서울과 부산과 같은 양대 메트로폴리스를 중심으로 집중화되어 있으며, 스마트시티로의 대전환을 앞두고 있는 상황이다. 개념적 차원에서 풀어 얘기하자면 스마트시티는 4차 산업혁명 시대의 혁신기술들을 대거 도입하여 시민들의 삶의 질을 높이고, 도시의 지속가능성을 제고하며, 새로운 산업을 육성하기 위한 플랫폼 등을 의미한다고 볼 수 있다. 한편 이러한 기술 흐름을 주도해야 할 주체는 다름 아닌 정부이며, 이는 곧 미래 거버넌스 또한 스마트 체제로 탈바꿈되어야 함을 의미한다. 특히 민간영역 내 기업들과 개인들이 자신들의 자유로운 역량을 마음껏 발휘할 수 있는 쾌적하고 '스마트한 공간'을 만들어 주는 것이 정부의 책임이라 볼 수 있다. 이는 곧 '스마트시티'들을 전국적으로 더욱 발굴해내어 대한민국 국가 전체를 하나의 메가로폴리스, 이른바 초거대도시 국가로 변모시키는 과감한 조치와 연결시켜 볼 수 있다.

4차 산업혁명의 핵심요소로는 기존의 정보통신기술을 비롯하여 데이터 처리 등을 전담하는 알고리즘과 인공지능 등을 들 수 있다. 이러한 최신 기술들을 도시 인프라와 결합시켜 데이터 기반의 거버넌스를 완전히 안착시키게 된다면 기존 도시 내에서 발생했던 만성적인 교통, 주거, 환경 등의 삶의 질적 요소와 연결되는 문제들을 용이하게 해결할 수 있을 것이다. 이런 기술적 진보를 십분 활용하여 지방 주요 거점 도시들의 낙후된 디지털 인프라를 대폭적으로 개선시킨 후 국내 기타 핵심 도시들과의 연결고리를 더욱 발전시켜 전국을 메갈로폴리스로 변화시키는 것도 하나의 거버넌스 혁신과 맞닿아 있을 수 있다. 실제로 코로나19 이후 원격근무에 기초한 노동 패턴의 변화를 비롯하여 삶의 질을 중시하는 인식변화로 인해 좀 더 쾌적한 지역으로 이주하는 움직임 또한 증가하고 있는 추세이다. 이러한 국민들의 변화된 인식에 부합하는 새로운 스마트시티들을 정부가 주도하여 많이 등장시킬 수만 있다면 인구 재배치 효과는 물론이요, 그토록 정치적 구호로만 여겨졌던 국토 균형발전이란 이상 역시 동시다발적으로 실현될 수 있을 것이다.

Epilogue

　2021년 5월 5일부터 12일까지 미국에 다녀왔다. 이번 방미의 목적은 '한미동맹의 정상화와 현대화', 그리고 우리 국민들이 혈맹인 미국을 통해 하루빨리 '양질의 백신을 공급받는 것'에 있었다. 미국의 문재인 정권에 대한 불신이 대한민국에 대한 불신이 되지 않도록, 내가 할 수 있는 일을 하기 위해서였다.

　문재인 정부 들어 얼마되지 않아 한미동맹이 약화되고 있다는 지적이 나오기 시작했다. 2018년 6월 15일 조선일보 사설은 '북핵 폐기 흐려지는데 한·미 동맹만 약화되고 있다'고 보도한 바 있다. 그 즈음 문화일보 사설은 "한미 양국서 높아지는 '동맹 불안' 시급히 불식해야 한다"고 주장하기도 했다. 한미동맹이 심각하게 흔들리고 있는 것이다. 제1야당은 정부에 지속적으로 한미동맹의 중요성을 역설하며 한미동맹의 정상화를 촉구했지만 전혀 개선되지 않고 있다. 심지어 문재인 대통령은 2021년 1월 18일 청와대 춘추관에서 열린 신년기자회견에서 한미 연합훈련 중단 문제를 "필요하면 남북 군사공동위를 통해 북한과 협의할 수 있다"고 했다. 김정은이 노동당 대회에서 "미국과의 합동 군사훈련을 중지해야 한다"고 압박한 데 대한 답변이다. 발언 내용이 알려지자 곧바로 "적에게 양해 구하고 훈련한다는 이야기냐"라는 등 지적이 쏟아졌다.

그간 우리 안보의 근간이 되었던 한미 동맹이 심각하게 무너지고 있고, 국내외 전문가들의 우려가 한계를 넘어가고 있는 상황이다. 나라도 나서서 미국 조야에 "대한민국은 한미동맹을 높이 평가하고 있으며 동맹의 강화를 희망하고 있음"을 알려야 했다. 그래서 방미를 준비하게 되었다. 지난 2021년 2월 초부터 일정을 준비했다.

명백한 다른 동기도 있었다. 코로나 백신이다. 코로나19가 발생한 지 1년이 넘었고, 세 차례 대유행을 거치면서도 우리는 백신 대책이 미진했다. 코로나19 대책의 첫 번째는 유입차단이었다. 나는 처음부터 발병원인 중국으로부터의 입국을 차단해야 한다고 주장했다. 그러나 문재인 정부는 그렇게 하지 않았다. 코로나가 번지면서 방역과 치료에 나섰다. 철저한 마스크 착용, 자주 손씻기, 사회적 거리두기 등 방역조치로 코로나 관리가 어느 정도 되면서 K-방역을 자랑하기 시작했다. 그러나 정작 박수 받아야 할 이는 고통을 감수하면서 기꺼이 방역에 동참한 국민들과 헌신적인 의료진들이었다. 그럼에도 불구하고 이미 많은 피해자, 희생자가 발생하고 있었고, 무엇보다도 게임체인져인 백신이 필요했다.

　그러나 정부는 백신의 필요성에 대해 코로나 발생 초기부터 건의했던 전문가들의 의견을 무시하고 백신구입에는 소홀했다. 우리 정부가 백신구매를 지체하고 있는 동안, 영국은 2020년 5월 1일부터 백신 선구매 계약 체결에 들어갔고, 7월부터는 미국, 이스라엘 등 많은 나라가 백신 선구매에 나섰다. 국민들의 항의가 빗발치자 정부는 그해 11월 27일에야 아스트라제네카 백신 선구매 계약을 체결했고, 부작용 우려가 적은 백신으로는 그해 12월 31일에야 모더나 선구매 계약을 체결했다. 이미 선구매한 나라들이 많으니 뒤늦게 나선 우리에게는 백신 공급이 늦어질 수밖에 없었던 것이다. 한때 우리나라 백신 접종 순위는 세계 100위권 밖으로 뒤쳐져있기도 했다. 더욱이 어이가 없었던 것은 백신 확보는 그렇게 급하지 않다고 했던 기모란 교수를 방역기획비서관으로 임명한 것이다(2021년 4월 16일).

　나는 미국에 가서 당시 백신 선진국이 된 미국으로부터 대한민국에 백신 우선공급을 요청해야겠다는 생각을 했다. 이러한 목적을 가지고 방미일정에 올랐다.

어게인 한미동맹, 정상화와 현대화

　미국의 대표적 싱크탱크 해리티지는 코로나로 인해 문을 닫았다가 감사하게도 15개월만에 첫 외부손님으로 나를 초청해 한미동맹의 미래를 논의하게 되었다. 해리티지 재단의 월터 로만 소장 및 동북아전략 연구원들은 이구동성으로 한미동맹을 크게 우려하면서 문재인 정권에 대해 기대심리를 크게 낮추었다. 핵심은 '북한'에 대한 문재인 정권의 인식이었다. 한 마디로 "북한의 권리는 그렇게 챙기면서, 왜 그들에게는 떳떳하게 의무를 지우지 못하느냐"가 해리티지 재단 내 날카로운 지적이었다. '문재인 대통령식 소우주'에 만족하는 비정상 외교는 앞으로 미국 내에서 신뢰받기는 어려워 보인다. '북한인식 대전환'을 통해 새로운 개념설계로 미래형 한미동맹의 청사진을 혁신적으로 그려내야만 한다.

맹목적인 진영논리에만 매몰된 20세기형 안보관은 한미동맹을 남북대치 상황으로만 바라보지만, 실상은 우리의 안보는 더 넓고 다양하다. 북핵문제 등과 관련된 안보가 중요하지만, 이것만으로 우리의 안보가 전부 설명되지는 않는다. 현재 국민들이 고통을 겪는 코로나백신 대란도 안보문제이고, 사이버테러와 데이터 보안 이슈도 중요한 안보이슈이다. 반도체 위기는 말할 것도 없다. 나는 미국을 방문하여 만나는 인사들마다 한미동맹의 차원에서 백신문제에 접근해 줄 것을 요청했다.

미 국무부 마크 내퍼 동아시아태평양 담당 부차관보, NSC 간부들과 회동을 가졌다. 그들은 내가 제시한 한미동맹의 정상화와 동맹의 현대화에 대해 크게 공감했다. 앞으로 미국은 인도태평양지역을 중심으로 자유민주주의 동맹체제를 더욱 굳건히 할 계획이며, 가장 강력한 동맹인 미ㆍ일관계에 이어 한국과 대만에도 깊은 관심을 가지고 있다고 밝혔다. 국가 간의 동맹은 유사한 가치와 철학을 공유해야만 흥행할 수 있다. 미국의 동맹국이자 상호방위조약의 파트너인 대한민국은 북한의 완전한 비핵화와 인권 개선을 위해서라도 쿼드 플러스에 참여함을 보여줘야한다. 물론 신중한 접근이 필요함을 안다. 그러나 근접 국가의 눈치를 보느라 포기할 수는 없다. 나는 특히 한미동맹 차원의 백신 공조에 대해서도 당부했고, 내퍼는 이에 대해 긍정적으로 상부에 보고하겠다고 답했다.

미국의 전 국무장관이자 노벨 평화상 수상자인 '외교 차르' 헨리 키신저 박사와도 화상 통화를 했는데 현 한미동맹 체계에 우려 섞인 목소리를 내면서도, 나의 외교적 구상에 전적으로 동감한다며 때론 진중하게 고개를 끄덕이며 힘을 보태주었다.

CSIS 전략 문제 연구소와의 간담회는 존 헴리 CSIS 회장과 빅터 차 선임 부회장, 수미 테리 선임연구원, 그리고 익숙한 얼굴인 마크 리퍼트 전 주한 미국대사까지 함께했다. 나는 쿼드에 대한민국의 역할을 더욱 강화시킨 '펜타동맹'으로의 발전이 필요함을 주장했고, 단순히 안보수준의 범위를 넘어 기후문제, 코로나팬데믹, 그리고 경제혁신 등에 이르는 한미동맹의 입체적인 확장이 그 어느 때보다 절실하다고 말했다. CSIS 존 헴리 회장의 우려는 명확했다.

"북핵 문제 해법을 위한 명확하고 확실한 한미공조와 로드맵이 제대로 서지 않고서는 우리의 미래와 한반도 전략은 길을 잃게 될 것이다."

"이제는 모호함을 벗어던져 한미 양국이 확실한 가치 중심의 동맹을 강화시킬 필요가 있다."

미국 외교 싱크탱크의 공통 관심사는 중국과 미국에 대한 한국 정부의 모호한 입장과 이로 인한 한미간 역할분담의 불명확성이었다. 결국 문재인 정권의 중국 편향외교는 한미동맹 파트너십의 근본적 의구심을 종식 시킬 수 없음을 의미하는 것이다. 어설픈 중립은 결국 북핵을 비롯해 국제관계의 어떤 문제도 풀 수 없다는 사실을 잊지 않아야 한다. 또 무엇보다 동맹의 '현대화'가 시급하다. 한미관계가 혈맹으로 맺어진 단순 안보에 그쳐서는 안 된다. 백신을 포함한 글로벌 보건 동맹에 이를 수 있도록 양국간 관계와 상호역할을 확장시켜야 할 때이다.

미국 국무부, NSC, 연방의원들, 전략싱크탱크, 그리고 재계 단체까지 내가 제시한 한미동맹의 정상화 방안에 대해 전적으로 공감한다며 일관된 반응을 보였다. 그 외에도 존스홉킨스 사이스(SAIS) 국제대학원의 아시아태평양 소장, 미국 정보통신기술협회 핵심인사들, 그리고 북한자유연합 대표 수잔 숄티 여사와 하버드 벨퍼연구센터 소속 탈북민 프로젝트 담당자 등 다양한 사람들을 만났다.

인권변호사 출신 오바마의 단골집 에빗그릴에서 수잔 숄티 대표를 만난 일은 특히 기억에 남는다. "정치가 아닌 진심을, 권력이 아닌 신념을 지키는 리더가 되라"는 북한인권운동의 대모 숄티 대표의 진심어린 당부는 진짜 인권은 편식하지 않는 인권이라는 것을 다시 한 번 깨닫게 해 주었다. 평생을 북한인권을 위해 헌신해 온 숄티 대표의 가장 큰 궁금증은 인권 변호사 출신 문재인 대통령의 진심이었다. 숄티 대표는 일반상식과는 괴리된 선택적 인권의식이 아닌, 억압받고 고통받는 북한주민을 위한 올바른 인식을 문 대통령이 갖춰야한다며 3시간 동안 쉬지 않고 목소리를 높였다. 실제로 이분의 노력 덕분에 워싱턴 북한자유주간이었던 지난 4월 28일에는 북한인권에 관한 바이든 정부의 강력한 옹호와 북한의 그릇된 행태에 대한 성찰을 촉구하는 성명서가 발표되기도 하였다. 미국 의원들은 「대북전단금지법」에 대해 "한국정부가 왜 그런 시대착오적 법안을 통과시켜 인권퇴보를 자행하는지 도무지 이해할 수 없다"는 반응이었다.

백신 확보를 위해

백신 도입 문제는 정파에 상관없이 국민 안전을 위해 작은 힘이라도 보태겠다는 목표로 다녀온 나의 진심이었고, 실제 만난 미국 조야 인사들의 공감과 지지를 받아내었던 여정이었다. 미국 국무부, NSC, 연방의원들, 전략싱크탱크, 그리고 미 상공회의소 임원단까지 만나, 경제협력과 함께 미국기업인 화이자, 모더나에 백신의 한국 우선공급 지원을 요청하도록 당부했다. 이는 민간 차원의 협조 요청을 한 셈인데, 이렇듯 다각적인 소통을 통해 길이 뚫리기를 바랬기 때문이었다. 미국 연방하원의원으로 크리스토퍼 스미스,

앤디 김, 영 김, 미셸 박 스틸 의원도 만났다. 만나는 분에게마다 한미동맹의 현대화 차원에서 백신 우선지원을 요청했다. 모두 돕겠다고 했다.

특히 앤디 김 연방하원의원의 경우, 화상회의를 통해서 '한미동맹의 현대화'에 대한 의견을 나누었는데, 앤디 김 의원은 그날 바로 해리스 부통령을 만나 동맹인 대한민국에 대한 백신우선지원을 강하게 제안했다고 한다. 현지 언론에 의하면, 해리스 부통령은 한국에 대해 우선공급 계획이 없었다고 하면서 충분히 공감이 가니 한국에 대한 백신 우선 지원을 검토하겠다고 약속했다고 한다. 앤디 김은 민주당 소속 의원으로서 해리스 부통령과 같은 정당 소속이어서 신속한 소통이 이뤄졌던 것으로 생각된다.

커트 캠벨 백악관 국가안보회의(NSC) 인도태평양조정관도 만났다. 그는 한국을 최우선으로 하되, 여유분은 많지 않다고 했다. 그러나 1시간 넘게 대화를 나눈 후, 대화를 마치면서는 대한민국에 백신 우선 지원을 확실히 할 것이라고 밝혔다. 다만 당분간은 보안이라고 했다. 보안이라고 하니 더욱 신뢰가 갔다. 귀국 후 언론보도를 통해 대한민국에 대한 미국의 백신 우선지원 검토 소식을 듣게 되어 큰 보람을 느꼈다.

이번 방미를 통해 대한민국에는 아직 '동맹의 가치'를 군건히 지키려는 정치인이 있다는 사실을 알렸다. 나아가 더욱 발전적인 가치동맹을 주창했다. 반향도 있었다. 백악관, 의회를 비롯해 조야의 많은 분들이 진심으로 호응해 주셨고 화답해 주었다. 며칠의 일정을 돌이켜 보면 나라 밖에서 마주한 현실은 생각보다 더 심각했다.

직접 만난 미국의 정·재계 인사마다 입을 모아 한미동맹을 걱정했다. 흔들리는 한미동맹, 지금이 마지막 기회일 지도 모른다는 생각이 들었다.

'한미동맹의 정상화 및 현대화'는 물론이고, 기존의 북핵 안보문제뿐만 아니라 코로나 백신 확보, (북한)인권문제, 기후 등 포괄적인 문제를 다각적으로 협의하며 해결해 나가야 한다는 확신을 갖게 되었다. 또한 시대착오적 세계관에 갇힌 운동권 세대의 어설픈 내수용 정치를 하루빨리 정리해야 한다는 절박한 마음이 들었다.

지금 우리는 글로벌 차원에서 자유주의적 국제질서가 뿌리내릴 수 있는 다양한 협력이 필요하다. 팬데믹, 기후변화, 사이버, 핵확산, 테러리즘, 재난재해, 빈곤 등 다양한 비전통적 위협요소들에 국제사회와 공동 대응하고, 동맹과 함께 민주주의와 인권 증진을 위한 노력을 함께 모색해야 한다.

야당의 입장에서 의미 있는 방미 행보를 준비하는 것은 결코 쉽지 않은 일이었다. 그러나 많은 분들의 도움과 특히 청년 3인방의 헌신에 의해 방미일정을 잘 마치고 성과를 낼 수 있었다. 도움을 주신 많은 분들께 감사의 마음을 전한다.

변화를 두려워하지 말고…

암호화폐 광풍으로 혼란스럽던 어느 날, 나는 페이스북에 다음과 같은 글을 올렸다.

"암호화폐, 변화를 두려워하지 말고 미래를 주도합시다."

암호화폐 투자는 위험성이 존재합니다. 저는 암호화폐 시장이 더욱 거대해질 것이라고 믿고 있지만, 암호화폐에 대한 무분별한 투자는 반대합니다. 그 누구도 여러분의 투자 손실을 책임져 주지 않을 것입니다.

그러나 미래 화폐는 결국 디지털 화폐로 전환될 것입니다. 우리는 현재 암호화폐가 가지고 있는 위험에 대해 속속들이 알아야 합니다.

하지만 세상이 변화하는 것을 두려워해서는 안 됩니다. 단지 위험하다고 해서 변화를 직시하지 못한다면 변화하는 세상에서 주도권을 빼앗기게 될 것입니다.

우리는 암호화폐 시장에 제도적 안전장치를 마련하는 노력을 기울임과 동시에 다가올 암호화폐 시장을 주도하는 국가가 되어야 합니다.

이러한 변화를 이끄는 역동성은 대한민국이 미래 성장동력을 확보하며 디지털 강국, 블록체인 기술 강국으로 세계의 리더가 되는 기회를 제공할 것입니다.

투자자 보호는 외면하면서 투자수익에 세금을 물리겠다는 것은 국민을 위하는 올바른 국가의 자세가 아닙니다. 암호화폐 특별법을 조속히 마련하고 관련 제도에 대한 정비를 통해서 거래 안전성을 마련하는 것이 우선되어야 합니다.

이미 암호화폐 시장은 일시적 현상으로 볼 수 없을 만큼 세계적으로 거대해졌습니다. 암호화폐는 우리에게 미친 소리처럼 다가왔었지만, 미래의 변화를 두려워하지 않았던 사람들은 암호화폐 시장의 주도자가 되고 있습니다.

암호화폐에 대한 위험성과 변동성, 그리고 투자책임에 대해 경고하는 것과 암호화폐를 무조건 부정하는 것은 전혀 다른 이야기입니다. 암호화폐는 결국 미래사회의 화폐가 될 것이기 때문입니다. 지금 암호화폐 시장을 들여다보면서 국가가 해야 할 일, 정치가 해야 할 일은 투자자를 보호할 수 있는 제도를 정비하고, 암호화폐 전문가를 양성하고, 블록체인 기술을 선도할 수 있는 지원을 아끼지 않는 것입니다.

암호화폐에 대한 안전한 투자환경을 조성하는 것은 대한민국이 금융으로 미래 세계를 선도할 수 있는 큰 힘이 되어 줄 것입니다.

국가가 미래로 향하는 국민의 발걸음을 잡아서는 안 됩니다. 더 안전하게 뛸 수 있는 판을 제공할 때 대한민국이 다시 한번 세계 속에 우뚝 설 것입니다. 우리 함께 변화를 두려워하지 말고 미래를 주도합시다.

그렇다. 지금 세계 모든 국가들이 미래를 바라보며 미래의 먹거리를 확보하기 위한 경제전쟁에 뛰어들었다. 4차 산업혁명의 도도한 물결 속에서 도태되지 않고 앞서가기 위해 국가차원의 시스템 점검과 변화가 한창이다. 암호화폐 역시 과거에는 생각하기도 힘든 것이었지만 이제는 현실이 되었다.

우리나라는 현재 누구에게든 지금 우리에게 필요한 시대정신이 무엇이냐고 묻는다면 거의 대부분이 '공정'과 '정의'라고 대답할 것이다. 공정과 정의는 정말 중요한 가치이다. 그러나 좀 더 엄격한 시각에서 바라본다면 어찌 보면 이미 이루었어야 할 가치이다. 문재인 정권이 그 가치를 내팽개쳐 버렸기에 다시 우리 앞에 소환된 것이다. 하지만 4차 산업혁명 시대의 미래를 바라보면 그것만으로는 부족하다. 4차 산업혁명 시대의 주인공은 우리 다음 세대인 청년들이다. 우리가 다음 세대와 함께 현재 잘못된 것들을 바로잡아 우리나라가 '정상(正常)국가'로 회복되어야 '초일류 정상(頂上)국가'가 된다는 신념으로 함께 나아가기를 진정으로 바라는 마음이다.

'다음 세대와 함께하는, 초일류 정상국가'

나의 꿈이다. 국민들과 함께 꾸고 싶은 꿈이다.